移动电子商务
——基础理论及营销实务

哈乐群 方 志 / 主编

电子科技大学出版社
University of Electronic Science and Technology of China Press

·成都·

图书在版编目（CIP）数据

移动电子商务：基础理论及营销实务 / 哈乐群，方志主编. -- 成都：成都电子科大出版社，2025.4.
ISBN 978-7-5770-1530-9

Ⅰ. F713.36

中国国家版本馆CIP数据核字第2025TD2875号

移动电子商务——基础理论及营销实务
YIDONG DIANZI SHANGWU——JICHU LILUN JI YINGXIAO SHIWU

哈乐群　方　志　主编

策划编辑	卢　莉
责任编辑	姚隆丹
责任校对	赵倩莹
责任印制	梁　硕

出版发行	电子科技大学出版社
	成都市一环路东一段159号电子信息产业大厦九楼　邮编　610051
主　页	www.uestcp.com.cn
服务电话	028-83203399
邮购电话	028-83201495
印　刷	成都市火炬印务有限公司
成品尺寸	170 mm×240 mm
印　张	12.75
字　数	280千字
版　次	2025年4月第1版
印　次	2025年4月第1次印刷
书　号	ISBN 978-7-5770-1530-9
定　价	68.00元

版权所有，侵权必究

前言

随着互联网技术的不断发展，全球商业模式也经历了深刻的变革。近年来，随着移动通信技术的普及与智能终端设备的迅猛发展，移动电子商务迅速崛起并成为全球商业生态的重要组成部分。它不仅颠覆了传统的商业模式，还在消费者行为、企业运营和营销策略等方面引发了深刻变革。移动电子商务借助便捷的无线网络和移动设备，让消费者能够随时随地进行商品浏览、选择、支付等交易行为，极大地提升了购物的便利性和个性化体验。与此同时，它也为商家带来了新的商业机会与营销模式，促进了全球化、智能化及定制化服务的发展。

在这个快速变化的时代，理解并掌握移动电子商务的基础理论、发展趋势、技术支持以及营销实务，已成为企业提升竞争力、优化运营和实现长期发展的关键。移动电子商务的基本框架涵盖多种技术支持与平台整合，例如移动支付、物联网、5G通信等技术。这些技术不仅是移动电子商务正常运行的基础，也为商家提供了创新营销和优化客户体验的可能性。与此同时，消费者需求的不断变化和市场竞争的加剧，促使企业必须更加注重精细化运营、精准营销和数据驱动的决策，这使得移动电子商务成为一个充满挑战和机遇的商业领域。

本书旨在通过系统介绍移动电子商务的基础理论、关键技术、市场环境、营销理论及实务等内容，帮助读者全面了解这一领域的前沿知识与发展趋势。本书以理论框架为基础，深入探讨了移动电子商务的实际应用，尤其是在营销实务中的具体策略与方法。通过对移动端消费者行为的分析、营销渠道选择与整合、精准营销策略的应用等方面的讨论，本书力求为读者提供一个全方位的参考与指导。

由于编者水平有限，书中难免存在疏漏，恳请广大读者不吝批评和指正。

编 者
2025年2月

目 录

第一章　移动电子商务概述 ·· 1
 第一节　移动电子商务简介 ··· 1
 第二节　移动电子商务的技术支持与商业模式 ······················· 5
 第三节　移动电子商务的生态系统及利益相关者 ····················· 11
 第四节　移动电子商务的历史演变与未来趋势 ························ 15
 第五节　案例分析：移动电子商务的成功案例 ························ 18
 习题 ··· 22

第二章　移动电子商务的技术基础 ··································· 23
 第一节　移动互联网与无线通信技术概述 ···························· 23
 第二节　支撑移动电子商务的关键技术 ······························ 29
 第三节　移动支付与安全机制 ······································ 33
 第四节　物联网与5G技术在移动电子商务中的应用 ·················· 39
 第五节　案例分析：京东的无人配送与5G技术应用 ·················· 44
 习题 ··· 46

第三章　移动电子商务市场环境分析 ································· 47
 第一节　移动电子商务的宏观经济环境 ······························ 47
 第二节　移动电商平台的竞争格局 ·································· 55
 第三节　消费者行为分析 ·· 59
 第四节　案例分析：阿里巴巴的移动电子商务营销策略 ··············· 65
 习题 ··· 67

第四章　移动电子商务的营销理论 ··································· 68
 第一节　数字化营销与传统营销的区别 ······························ 68
 第二节　移动端消费者购买决策的营销影响 ·························· 73
 第三节　移动营销理论：4C、4P模型在移动端的应用 ················ 78
 第四节　用户生命周期管理及差异化营销策略 ························ 84

第五节　案例分析：拼多多的社交电商营销策略……90
习题……92

第五章　移动电子商务的营销实务……93

第一节　移动端营销渠道的选择与整合……93
第二节　精准营销：基于用户数据的洞察与应用……100
第三节　内容营销在移动端的设计与推广……104
第四节　营销活动策划与效果评估……109
第五节　案例分析：小米的移动端精准营销与社交电商……113
习题……116

第六章　移动电子商务的运营管理……117

第一节　移动电子商务的供应链管理……117
第二节　商品与服务的数字化运营策略……122
第三节　客户关系管理在移动端的实施……131
第四节　运营效率提升与成本优化路径……137
第五节　案例分析：唯品会的精准供应链与营销策略……146
习题……148

第七章　移动电子商务的服务与体验设计……150

第一节　移动端用户体验设计的原则与实践……150
第二节　服务设计思维在移动电商中的应用……155
第三节　智能化服务与客户交互优化……161
第四节　用户留存与满意度提升策略……167
第五节　案例分析：美团的移动端服务体验与营销策略……173
习题……175

第八章　移动电子商务的未来发展与创新……177

第一节　人工智能与大数据在营销中的前瞻性应用……177
第二节　元宇宙与虚拟现实对移动电子商务的潜在影响……181
第三节　移动电子商务与绿色经济结合的趋势……186
第四节　移动电子商务的技术迭代与新商业模式探索……190
第五节　案例分析：京东的人工智能与大数据驱动的营销创新……194
习题……196

参考文献……198

第一章　移动电子商务概述

第一节　移动电子商务简介

一、移动电子商务的概念与基本特征

随着信息技术的迅速发展，特别是移动互联网、云计算、大数据和人工智能等技术的广泛应用，移动电子商务作为一种新型商业模式，已经成为数字经济的重要组成部分。它依托无线通信网络和智能移动终端（如智能手机、平板电脑等），使消费者能够在任何地点、任何时间进行商品交易、信息交互及支付等商业活动。与传统电子商务相比，移动电子商务具有突破空间与时间限制的优势，能够更加灵活、个性化地满足消费者需求，从而在全球范围内产生了深远的经济与社会影响。在此背景下，移动电子商务不仅是信息技术与商业模式的深度融合，也是全球商业运作方式转型的重要标志。

（一）移动电子商务的概念

移动电子商务是指利用无线通信技术、移动互联网和智能终端设备，提供在线商品和服务的展示、交易、支付及售后服务等一系列商业活动的商业模式。其本质是将传统的电子商务模式通过技术手段的创新，转移至更加便捷、灵活的移动平台之上。不同于传统电子商务的桌面互联网环境，移动电子商务依托移动设备的普及和无线网络的覆盖，使得消费者能够在任何时间和地点进行购物、支付、信息查询等操作。这种商业模式的核心驱动力来自无线通信技术的发展，尤其是4G和5G技术的广泛应用，它们为移动电子商务提供了更快的数据传输速度和更稳定的网络连接。

（二）移动电子商务的基本特征

1. 便捷性

便捷性是移动电子商务最显著的特征之一。通过移动设备，消费者可以随时随地获取产品的信息、进行商品浏览、支付购买，无须受限于特定的空间或时间。移动设备的便携性使得消费者能够充分利用碎片化时间，如在通勤途中、等待时、旅行过程中等，完成购买决策和支付操作。此外，随着5G网络的普及，数据传输速度和网络响应时间得到了显著改善，这进一步提升了移动电子商务的便捷性。消费者不再需要等待页面加载或支付信息确认，快速流畅的操作体验极大地增强了用户的满意度。

便捷性还体现在多种支付方式的融合应用上。借助移动支付技术（如支付宝、微信支付等），用户可以通过指纹识别、面部识别等生物识别技术快速完成交易，免去了传统支付过程中的烦琐步骤，提高了交易效率。移动支付的便捷性还减少了消费者的支付摩擦，从而增强了电子商务平台的竞争力。

2. 实时性

移动电子商务的实时性特征主要体现在信息的即时更新和反应速度的提高上。通过移动设备，用户可以随时随地获取商品的最新信息，包括价格、库存、促销活动等。移动平台能够根据用户需求，实时推送个性化的商品推荐、优惠信息以及相关活动的提醒，进一步提高了用户的参与度和购买欲望。

移动电子商务的实时性还体现在交易过程中的即时反馈上。例如，订单生成后，用户可以立刻收到订单确认、支付成功、发货信息等通知，增加了购物的透明度和安全感。在物流配送环节，基于移动端的实时跟踪功能，用户可以随时查询包裹的最新状态，了解商品的配送进度，从而减少了用户的不确定性，提升了购物体验。

3. 个性化

个性化是移动电子商务区别于传统电子商务的又一重要特征。移动电子商务平台通过收集和分析用户的历史行为、购买偏好、浏览习惯等数据，利用大数据技术和人工智能算法进行深度挖掘，为用户提供个性化的商品推荐，带来定制化的购物体验。通过精准的推荐系统，平台能够向用户推送符合其兴趣和需求的商品，从而降低了用户寻找商品的时间成本，同时也提高了商家的转化率。

个性化不仅体现在商品推荐上，还体现在营销方式的定制化上。例如，根据用户的地理位置、消费习惯及社交圈数据，商家可以推送特定地区或特定群体的专属优惠，从而增强消费者的购买欲望和忠诚度。此外，个性化还在产品展示和用户界面设计上有所体现，平台会根据用户的浏览行为动态调整界面内容，以更好地适应个体需求，提升用户体验。

4. 融合性

融合性是移动电子商务的另一个重要特征，它体现了线上与线下、传统与创新的有机结合。移动电子商务打破了传统零售模式中的线上与线下界限，整合了多种交易渠道和业务模块，为消费者带来了全方位的购物体验。移动设备不仅提供了商品浏览、支付、物流查询等基本功能，还可以与社交媒体、评价平台、即时通信工具等无缝连接，从而形成了一个协同运作的商业生态系统。例如，消费者可以通过社交平台分享购买经验、推荐商品，甚至可以通过直播购物等方式直接参与到商家的销售过程中。线上与线下的结合也进一步增强了消费者的互动性，传统商场可以通过移动端进行线上预约、线下提货等操作，而消费者则可以根据个人需求选择最适合的购物方式。此外，物理商店与在线商店之间的互动，为移动电子商务的发展提供了更多灵活的商业场景。

二、移动电子商务与传统电子商务的对比分析

移动电子商务和传统电子商务虽然都属于电子商务的范畴，并且在商业活动中具有重要地位，但它们在技术基础、用户体验、应用场景等方面展现出了显著的差异。通过对这两者的对比分析，我们可以更好地理解移动电子商务的独特优势、面临的挑战以及未来发展趋势，为未来电子商务模式的创新提供理论支持和实践指导。

（一）技术基础的差异

在技术基础层面，传统电子商务依赖固定的桌面计算设备和宽带网络，其模式建立在浏览器展示技术和网页设计的基础之上，同时也依赖计算机的硬件性能和互联网的稳定性。传统电子商务系统通常包含商品信息管理系统、库存管理系统等模块。同时，借助支付认证和加密技术保障线上交易的安全性和效率。然而，这一模式的局限性在于其对物理设备的依赖，使得用户需要在固定地点使用较为庞大的设备来完成交易。这种方式在时间和空间上都受到了一定的限制。

相比之下，移动电子商务的技术基础则完全不同。随着智能移动终端的普及以及无线网络技术的快速发展，移动电子商务的技术架构正变得更加灵活和动态。移动设备的便捷性与高效性使得移动电子商务能够突破传统电子商务依赖固定设备的局限。现代移动电子商务依赖高度集成的移动应用程序和无线网络，其中5G技术的应用提高了连接速度，增强了网络稳定性。与此同时，移动电子商务还借助大数据、人工智能、物联网等新兴技术的优势，通过智能化的算法和精准的地理位置服务为消费者带来定制化的用户体验。这些技术手段不仅提升了交易效率，还使得移动电子商务能够实现更加精准的消费者画像和个性化服务，显著提高了商业运营的智能化水平。

（二）用户体验的差异

传统电子商务的用户体验通常与使用环境和设备的稳定性息息相关。用户需要通过固定设备如计算机，登录电商平台进行浏览、选择商品、填写订单、选择支付方式等一系列操作。这种操作方式不仅依赖较为复杂的交互过程，还对用户的时间和空间要求较高，特别是在移动性和灵活性方面，传统电子商务的操作过程往往显得笨重且不够高效。用户需要固定在某一地点，通过较大的屏幕来完成所有的操作，体验上相对固定和单一。

与传统电子商务相比，移动电子商务的用户体验更具便捷性和灵活性。用户可以通过智能手机、平板电脑等便携设备，随时随地进行商品浏览、交易支付和服务获取等操作。智能手机触摸屏、语音识别、人机界面的友好设计等，使得移动电子商务的操作更加简便且直观。触摸屏的交互设计比传统的鼠标和键盘操作更为自然；语音识别技术则进一步降低了操作门槛，提升了互动体验的流畅性。移动电子商务的即时响应能力、实时推送和通知系统也极大地增强了用户的参与感和控制感。

同时，移动设备的便携性使得用户能够高效利用碎片化时间进行购物，这对于现代消费者尤其重要。通过移动设备，用户能够在通勤、排队、休息等零散时间内完成购物活动，不再受限于固定的购物时段和地点。这种基于移动设备的购物方式，符合用户日益增长的个性化、灵活化需求。移动电子商务的这种特点不仅提升了用户体验，也在一定程度上改变了传统消费模式，使得购物不再是一个线性的、长时间的活动，而是碎片化的、多时段的消费行为。

（三）应用场景的差异

传统电子商务的应用场景主要集中在商品展示、信息浏览、订单生成、支付完成等环节。其核心功能围绕用户在线获取商品信息和完成交易的需求展开，企业通过综合电商平台展示大量商品，并通过在线支付、订单管理等技术手段支持完整的交易流程。这一模式虽然能够满足消费者对商品获取的基本需求，但其服务的广度和深度相对有限，主要集中在提供商品和交易两个层面。

移动电子商务的应用场景则更加多元化和创新化。借助智能手机、平板电脑等便携设备，移动电子商务不仅仅局限于商品交易平台的构建，它将电子商务应用扩展到了社交媒体、即时支付、地理位置服务等多个领域。例如，消费者不仅可以在移动设备上浏览商品、完成交易，还可以通过社交媒体平台与商家或其他消费者互动，获取产品推荐、参与促销活动或接受个性化服务。移动电子商务借助社交媒体和社交网络的力量，通过社交裂变、分享和用户评价等功能，使得消费者的参与度和黏性显著提升。

移动电子商务还充分利用了地理位置服务（location based services，LBS）来拓展其应用场景，用户可以根据当前位置获取附近商家的优惠信息或选择附近的线下服务。通过集成LBS和其他技术，移动电子商务不仅满足了线上交易的需求，还为消费者提供了更加个性化的本地化服务。这一应用场景的扩展，使得移动电子商务在实际使用过程中更具灵活性、互动性和多样性，也为商家提供了更丰富的用户互动方式和新的商业机会。

（四）核心优势与未来发展趋势

移动电子商务的核心优势主要体现在灵活性、即时性和个性化三个方面。灵活性指的是消费者可以通过智能设备随时随地进行购物和支付，满足了现代消费者对于高效、便捷购物方式的需求；即时性体现在交易和信息交互的实时性上，消费者可以及时获取商品信息、参与促销活动并进行快速支付；个性化则表现在大数据与人工智能技术的应用上，通过对用户数据的深度分析，移动电子商务能够为消费者提供更精确的商品推荐和定制化服务。

尽管传统电子商务仍在全球范围内占据着重要市场份额，并在一定程度上通过优化供应链、提升物流配送效率等手段持续维持其市场竞争力，但随着技术的快速发展和消费者需求的日益变化，移动电子商务凭借其灵活性、即时性和个性化优势，正逐步成为主流的电子商务模式。

第二节　移动电子商务的技术支持与商业模式

一、技术支持理论

在全球信息化的时代背景下，移动电子商务的迅猛发展离不开一系列核心技术的支撑和协同作用，它们构成了现代移动电子商务生态系统的技术基础。从移动互联网到云计算，从大数据技术到人工智能与区块链……这些技术共同推动了移动电子商务的创新性发展。

（一）移动互联网：推动商业互动的核心技术

移动互联网是移动电子商务发展的核心技术之一。其基础设施主要包括无线网络技术和终端设备。随着通信技术的不断进步，特别是从3G到4G，再到5G的升级，移动互联网的速度、稳定性和广泛覆盖性得到了显著提升。这些技术进步不仅推动了信息的高效传输，也拓展了移动电子商务的应用场景，使消费者能够在任何时间、任何地点，通过智能手机、平板电脑等终端设备，完成在线购物、支付和互动等操作。

在5G技术的支持下，移动互联网不仅能满足大规模数据传输需求，缩短交易过程的延迟，还提供了低延迟响应能力，确保了用户在浏览商品、下单支付、观看视频广告等场景的流畅体验。移动互联网的普及使得零售商能够利用智能设备和基于位置的服务向用户提供更加个性化的产品推荐，并通过优化用户体验提升客户满意度。这些技术为商家提供了拓展市场、增加用户黏性及提升品牌影响力的机会。

（二）云计算：为平台提供弹性与可靠性

云计算是移动电子商务的另一个基础性技术，特别是在支持大规模数据处理和存储方面，云计算发挥了至关重要的作用。通过云服务，电子商务平台能够获得弹性的计算能力，确保在面对大规模用户访问和交易请求时，能够灵活应对并进行资源扩展。云计算的基础设施通常依赖虚拟化和分布式计算，能够在多个节点之间进行资源调度，保证平台高效、稳定地运行。

云计算技术的虚拟化特性使得计算资源不再局限于单一的物理服务器，而是通过虚拟化平台对计算能力进行动态分配，这大大提高了资源利用率。同时，云计算的分布式计算特性使得数据能够分布式存储与处理，提高了系统的容错性与可用性，确保了交易数据和用户信息的安全性。特别是在面对高并发、高流量的购物季节或促销活动时，云计算能够保证平台平稳运行，避免因访问量激增导致的系统崩溃。

更为重要的是，云计算的成本优化优势使得企业能够根据需求灵活调整资源配置，避免了高昂的初期投入。因此，无论是大规模企业还是小型创业公司，都能在云平台的支持下快速启动并扩展其移动电子商务业务。此外，云计算还支持跨地域的数据备份和恢复机制，为平台提供了良好的灾备能力，确保在突发情况下能够快速恢复，保证用户体验和平台的服务连续性。

（三）大数据技术：洞察用户行为与优化决策

随着移动电子商务平台用户数量的激增，大数据技术成为这一行业的另一重要支撑。平台产生的海量数据不仅包括用户浏览、搜索、购买等行为数据，还涉及交易记录、支付习惯、产品评价等各类信息。这些数据的分析和处理，能够为平台提供深刻的市场洞察，并帮助企业优化运营策略。大数据技术使得平台可以通过精准的数据挖掘与分析，深刻理解用户的需求与偏好，从而提升用户体验和交易转化率。

在移动电子商务中，基于大数据的个性化推荐是最常见的应用之一。通过对用户历史行为数据的分析，平台能够为用户推荐符合其兴趣的商品，提高用户购买的可能性。同时，大数据技术还能够在用户支付、评论、行为反馈等方面进行深度分析，帮助商家优化营销策略。比如，实时数据分析能够帮助平台根据市场变化进行价格调整和库存管理，有效应对供应链的波动。此外，大数据技术还在风险控制和欺诈检测中发挥着至关重要的作用。平台通过分析用户行为模式、交易数据以及网络访问记录，可以迅速发现并预防潜在的欺诈行为，从而提高交易安全性。

（四）人工智能：提升智能化服务与用户体验

人工智能技术的加入，为移动电子商务注入了更强的智能化特征，推动了行业向更加个性化、自动化的方向发展。通过自然语言处理、机器学习和深度学习等技术，移动电子商务平台能够为用户提供智能客服、语音购物、个性化推荐等服务，从而大幅提升用户体验。

智能客服系统利用自然语言处理技术，能够模拟与用户的对话交流，解答常见问题、提供售前售后服务，甚至在复杂问题上为用户提供个性化解决方案。这不仅提高了服务效率，也提升了用户对平台的满意度。语音购物功能的出现使得用户通过语音指令即可完成商品搜索、购买等操作，这为用户提供了更加便捷的购物体验，特别是对于行动不便或时间紧迫的用户，语音购物极大地提高了他们的购物效率。

人工智能技术在产品推荐方面的应用也逐渐深入，机器学习算法可以根据用户的历史购买记录、浏览行为以及社交网络数据，为用户推荐最符合其需求的商品。这样的个性化推荐不仅提升了用户体验，也有效提高了转化率和用户忠诚度。

（五）区块链：增强数据透明度与交易安全性

区块链技术作为一种去中心化的分布式账本技术，正在成为移动电子商务中的重要支撑技术。区块链的核心优势在于其数据的透明性、不可篡改性和去中介化，这使得它在提高交易透明度、保障交易安全性方面具有巨大潜力。尤其在支付结算、身份认证和数据存储等领域，区块链为移动电子商务平台提供了全新的解决方案。

区块链技术通过去中心化的方式，消除了传统支付系统中的中介环节，使得交易双方可以直接进行价值交换，从而减少了交易成本和时间。同时，区块链提供的高安全性保证了交易记录的不可篡改性，这使得用户对平台的信任感极大增强。在支付过程中，区块链技术能够确保资金流向和交易的完整性，有效避免支付过程中的欺诈行为。随着跨境电商的迅猛发展，区块链在国际支付领域的应用前景广阔，能够为全球买卖双方提供更加安全、快捷、透明的交易通道。

二、商业模式分析

随着信息技术的迅猛发展和消费者需求的日益变化，移动电子商务已成为现代商业的一种重要形式。其商业模式的创新不仅依赖新技术的应用，还得益于对市场交易、平台经济、价值链、消费者行为、生态系统及资源基础等理论的深入理解与运用。移动电子商务通过将传统商业模式与移动技术深度融合，形成了一种全新的商业生态系统。这一模式不仅为企业提供了新的竞争优势，也为消费者提供了更加便捷、智能和个性化的服务体验。

（一）市场交易理论与移动电子商务商业模式的关系

市场交易理论关注的是市场交易成本与交易效率的关系。交易成本是指在市场交换过程中所产生的费用，包括信息获取成本、谈判成本、合同执行成本等。传统的商业模式中，企业与消费者之间的交易往往受到信息不对称和沟通成本的制约，导致交易效率较低。而移动电子商务通过技术创新，尤其是移动互联网技术的普及，显著降低了这些交易成本，从而提高了市场的运作效率。

在移动电子商务平台的运作模式中，消费者和商家的互动更加直接且高效。消费者能够通过智能终端设备随时随地进行商品搜索、比价、购买等操作，而商家则能通过精准的市场定位和定制化服务，更加直接地满足消费者的需求。这种去中介化的交易方式减少了中间环节，不仅缩短了交易时间，还降低了信息不对称性，使得消费者和商家之间的交易更加透明和高效。

移动电子商务平台还提供了更加便利的支付和物流服务。例如，在线支付系统和智能物流管理系统的应用，使得消费者可以在几乎没有任何障碍的情况下完成交易，而商家则能够实时跟踪订单状态，及时调整库存和配送计划。这种技术支持下的交易流程优化，进一步降低了交易成本，推动了市场发展，提升了交易效率。

（二）平台经济理论在移动电子商务商业模式中的应用

平台经济理论主要探讨的是平台作为连接各方资源的中介角色如何通过协作和共享实现网络效应，进而推动市场的规模化发展。平台经济的核心在于通过资源的整合与协同，提升各方的整体效益。在移动电子商务的环境中，平台经济发挥着至关重要的作用。

移动电子商务平台不仅是一个交易的媒介，更是一个多方资源整合和协作的生态系统。平台通过连接消费者、商家、支付服务商、物流服务商等多个利益相关者，形成了一个协同的商业网络。平台通过聚集大量用户和商家，实现了网络效应，即随着平台用户和商家的增加，平台的价值和吸引力呈指数增长。平台不仅提供了商品和服务的交易通道，还通过广告、数据分析等附加服务创造了新的收入来源。

在平台经济模式下，平台本身不再是传统意义上的生产者，而是价值创造的协调者和促进者。通过数据分析、用户行为监测等手段，平台能够精准地了解消费者需求，优化商品推荐和广告投放，从而提高交易的转化率。此外，平台经济的规模化效应使得商家能够获得更多的市场曝光和资源支持，进一步推动了移动电子商务的发展。

（三）价值链理论与移动电子商务商业模式的优化

价值链理论提出，企业通过优化其核心业务流程，提升产品和服务的价值创造能力，以增强市场竞争力。在传统商业模式中，企业的价值链由多个环节构成，包括产品设计、生产制造、销售渠道、售后服务等。随着移动电子商务的发展，企业通过引入移动技术和大数据分析，对这些环节进行重构和优化，从而提升整个价值链的效率。

在移动电子商务环境中，产品设计和生产环节的创新往往依赖大数据的支持。通过分析消费者的购买行为、偏好以及市场趋势，企业可以更精准地预测消费者需求，及时调整产品设计和生产计划。例如，通过移动终端设备收集的用户数据，企业能够发现哪些产品类型更受欢迎，从而快速响应市场变化，优化产品组合。

在销售环节，移动电子商务平台的应用使得企业能够通过多渠道营销策略接触到更广泛的消费者群体。企业不仅可以通过移动应用、社交平台等渠道直接与消费者进行互动，还可以通过定制化的广告投放、个性化推荐等方式提高营销的效果。这一过程的优化使得企业能够更好地响应市场需求，降低库存压力，并提升产品的销售效率。

物流和售后服务也是价值链中的重要环节。企业借助云计算、物联网等技术，能够实现智能化的库存管理和精准的配送调度。通过移动平台，消费者可以随时跟踪订单进度，享受更为快捷的配送服务。此外，企业通过智能客服系统和在线售后服务平台，为消费者提供及时的技术支持和问题解决方案，进一步提升了消费者的满意度和忠诚度。

（四）消费者行为理论与移动电子商务商业模式的创新

消费者行为理论关注的是消费者在购买决策过程中所受到的各种内外因素的影响。在传统商业模式中，消费者的购物行为主要受时间和空间的限制。然而，随着移动互联网的普及，消费者的行为发生了显著的变化。特别是在移动电子商务的环境下，消费者对便捷性、个性化和实时性的需求愈发强烈，这一变化推动了商业模式的不断创新。

在移动电子商务平台中，消费者可以随时随地进行商品的查询、比价、购买等操作。平台通过大数据分析和个性化推荐系统，能够精准识别消费者的兴趣和需求，并提供量身定制的产品和服务。个性化推荐不仅能提高交易转化率，还能增强消费者的购物体验，从而提升平台的用户黏性。

社交化购物也是移动电子商务的一大趋势。消费者越来越依赖社交平台获取商品信息、分享购物经验以及进行购买决策。社交媒体的用户评价和口碑传播在消费者决策中发挥着越来越重要的作用。通过社交化购物，消费者能够借助他人的推荐和评价，做出更加明智的购买决策，这也促进了移动电子商务平台的多元化发展。

移动电子商务还为消费者提供了更多的即时性购物体验。通过推送通知、限时折扣、秒杀活动等促销手段，平台能够迅速吸引消费者的注意力，激发其购买欲望。这种即时性购物模式打破了传统购物的时间和空间限制，为消费者提供了更加灵活和高效的购物体验。

（五）生态系统理论与移动电子商务商业模式的协同发展

生态系统理论强调，企业的成功不仅依赖自身的能力，还依赖与其他利益相关者的协作与共生。在移动电子商务的环境下，企业不仅关注自身的价值创造，还注重与消费者、供应商、合作伙伴等各方的互动与协同。通过构建一个由多个利益相关者组成的生态系统，企业能够提升整体创新能力和市场竞争力。

移动电子商务平台通过整合不同利益相关者的资源，形成了一个协同的商业生态系统。平台不仅连接消费者和商家，还包括支付服务提供商、物流供应商、广告商等多个利益相关方。通过平台的协调作用，参与者能够共享资源、互通信息，提升整个生态系统的运作效率。这种多方协作的商业模式，不仅增强了企业的市场竞争力，也促进了行业的整体创新性发展。

（六）资源基础理论与移动电子商务商业模式的差异化竞争

资源基础理论认为，企业的竞争优势源于其拥有的独特资源和能力。在传统商业模式中，企业的资源主要体现在资金、技术、品牌等方面。然而，在移动电子商务的背景下，企业的核心资源不仅包括传统的硬性资源，还包括大数据、用户资源等软性资源。通过对这些资源的整合和优化，企业能够构建出具有差异化竞争优势的商业模式。大数据和用户资源的有效利用，使得企业能够更精准地了解消费者的需求和偏好，从而提供更加个性化和定制化的服务。此外，移动电子商务企业还可以通过品牌价值的塑造和技术创新，增强自身在市场中的竞争力。

第三节　移动电子商务的生态系统及利益相关者

一、移动电子商务生态系统的构成

移动电子商务生态系统是一个复杂的动态系统，由多个相互依存的主体共同构成，并在特定的技术、经济和社会背景下运行。这一生态系统的形成和发展依赖各组成部分之间的协同作用和交互关系，其核心是通过技术支持与市场机制推动商品和服务的流通，满足消费者需求，同时为商家提供价值增值的可能性。

在移动电子商务生态系统中，平台作为枢纽角色，承担了资源整合和信息交互的主要功能。平台不仅是技术的载体，更是商业活动的核心场所，其重要性体现在对交易规则的制定、流量资源的分配以及提供技术支持等方面。平台通过算法、数据分析和技术工具优化供需匹配效率，同时对商家和消费者的行为进行引导和规范，从而维持生态系统的平稳运行。此外，平台的运营策略直接影响生态系统的健康度和可持续性。平台之间的竞争也使得生态系统不断升级，形成动态演化的过程。

商家是生态系统中不可或缺的组成部分，其主要作用是提供商品或服务。商家的多样化和专业化直接影响消费者的选择范围和消费体验。在移动电子商务中，商家不再局限于传统的企业或个体工商户，而是包括自媒体电商、品牌自营店以及跨境电商等多种形式。这种多样化的经营主体通过数字化技术深度融入生态系统，利用平台的工具和资源实现营销、销售及服务的数字化转型。此外，商家的核心竞争力不仅体现在产品质量和服务水平上，还体现在对消费者需求的洞察力以及应对市场变化的灵活性。为了在激烈的市场竞争中占据优势，商家需要借助平台提供的数据分析工具，精准定位目标用户，并通过灵活的营销策略提升品牌形象和用户黏性。

消费者在生态系统中占据终端地位，是商品和服务的最终使用者，也是生态系统运转的核心驱动力。随着移动设备的普及和数字化技术的发展，消费者行为呈现出多样化和个性化的趋势。这种变化不仅改变了传统的消费模式，也对整个生态系统提出了新的要求。消费者的决策行为既受到价格、质量、品牌以及社交影响等多方面因素的制约，同时也在一定程度上影响商家的经营策略和平台的运营方式。消费者的参与行为不仅限于购买环节，还包括评价、分享以及互动，这种行为反过来为生态系统的其他参与者提供了重要的数据支持。在移动电子商务生态系统中，消费者体验的优化成为各方追求的共同目标，从而促进了生态系统整体价值的提升。

移动电子商务生态系统的运行需要强大的技术支持。技术是生态系统发展的基石，为平台的运行、商家的经营和消费者的体验提供了保障。从基础设施层面看，移动互联网的普及和智能设备的升级为移动电子商务提供了可能性。从应用层面看，人工智能、大数据和区块链等技术的应用进一步提升了生态系统的智能化和安全性。技术的进步不仅促进了交易效率的提升，还拓展了生态系统的边界，使其具备了更强的包容性和适应性。

整个生态系统的健康运行还需要有监管机制和政策支持。无论是平台的规则制定还是商家的行为规范，都需要在法律法规的框架内进行。政府通过出台专项扶持政策，如对符合条件的移动电商企业给予税收优惠、研发补贴，或是设立产业发展基金，助力企业在技术创新与市场拓展上取得突破；同时，推动跨部门数据共享与协同监管，简化行政审批流程，为移动电子商务行业营造更加开放、公平的政策环境。此外，消费者权益的保障也是生态系统可持续发展的重要方面。在这一过程中，监管机构、行业协会以及社会公众共同参与，形成了一个多方协作的治理体系，为整个生态系统的平稳运行提供了外部支持。

移动电子商务生态系统的构成是动态的，也是开放的。随着社会经济的发展和技术的不断进步，生态系统的边界和内部结构也在不断变化。平台与平台之间、商家与消费者之间的互动关系在这种动态过程中逐步优化，形成了一种平衡与进化并存的态势。移动电子商务生态系统不仅是技术和商业的结合体，也是社会经济活动的重要组成部分，其未来发展潜力无疑是巨大的。

二、各利益相关者的角色与作用

在移动电子商务生态系统中，各利益相关者通过协同作用，共同推动整个系统的运转与发展。平台提供商、技术支持方以及内容创作者是其中的核心组成部分，各自承担着特定的角色，发挥着关键作用。这些利益相关者通过分工合作，在促进资源整合、技术创新以及用户体验提升等方面形成了动态的互动机制，共同塑造了移动电子商务的繁荣生态。

平台提供商是整个生态系统的核心，其主要作用在于提供一个集成化的交易和服务环境。通过构建功能完善的平台架构，平台提供商不仅为其他利益相关者提供了高效的技术基础，还在促进资源优化配置、建立规则体系和维持交易安全性方面发挥着主导作用。平台提供商需要通过强大的技术能力和数据管理能力，整合多方资源，使交易流程更加便捷，操作界面更加友好，从而吸引和留存更多用户。同时，他们在制定平台规则和规范时，承担着平衡不同利益群体需求的任务。无论是保障消费者权益，还是支持内容创作者和其他合作方的发展，平台提供商都必须在公平性和效率性之间找到最佳平衡点。

技术支持方作为平台功能实现的关键驱动力，主要在技术开发、基础设施建设和技术维护方面发挥重要作用。技术支持方通过提供稳定的网络环境、先进的技术工具以及持续的技术更新，保障了平台的正常运行与技术领先性。技术支持方通常需要针对平台的不同需求，设计定制化的技术解决方案，以满足多样化的业务场景和复杂的交易模式。与此同时，技术支持方在数据安全和隐私保护方面的工作尤为重要。随着移动电子商务的发展，数据泄露和信息滥用的风险不断增加，技术支持方通过加密技术、身份验证和风险防控系统的应用，为平台和用户提供了可靠的安全保障。

内容创作者作为生态系统中的活跃力量，在丰富平台内容和吸引用户注意力方面发挥着至关重要的作用。内容创作者通过创造有吸引力的内容，直接影响着用户的购买行为和参与度。内容创作者不仅需要具备专业的知识和技能，还必须能够把握市场趋势和用户需求，以创作出能够引发用户共鸣的内容。同时，他们还在塑造品牌形象和增强用户黏性方面扮演着重要角色。通过生产高质量的内容，内容创作者能够帮助平台提升用户忠诚度，吸引更多潜在用户的加入。此外，内容创作者在平台和消费者之间架起了沟通的桥梁，能够通过实时互动和反馈，直接传递用户的需求和意见，促进平台功能的优化和用户体验的提升。内容创作者与平台提供商的合作关系具有高度的协同性，前者的成功离不开后者的支持，而后者的繁荣同样依赖前者的贡献。

这些利益相关者在生态系统中的相互作用并非单向的，而是动态的、多维度的。他们之间通过复杂的互动形成了一个相互依赖的网络,每一方的行为都可能对系统的整体运行产生深远的影响。平台提供商需要根据技术支持方的能力调整平台功能设计,同时在内容创作者的支持下实现用户增长。技术支持方的技术创新不仅能够增强平台的核心竞争力,还能为内容创作者提供更高效的创作工具和传播渠道。而内容创作者则通过自身的创意和影响力,反过来促进平台提供商和技术支持方进一步优化资源配置与技术应用。

在整个生态系统的运作中,这些利益相关者共同面对快速变化的市场环境和多样化的用户需求,因此需要保持高度的灵活性与协作性。他们之间的关系并非静态的,而是在市场竞争、政策调整和技术进步的推动下不断演化。只有通过持续的创新和高效的合作,才能应对日益复杂的市场挑战,推动移动电子商务生态系统的长期发展。这种协作模式不仅能够为各方创造更多价值,还能为整个行业的可持续发展奠定坚实的基础。利益相关者的共同努力使得移动电子商务在功能性、用户体验和技术层面不断取得突破,从而进一步巩固了其在现代经济中的重要地位。

三、利益相关者间的协作关系

利益相关者之间的协作关系是现代复杂社会体系中维持生态系统健康发展的核心因素。利益相关者不仅包括直接参与某一事务的个人和组织,也涵盖具有间接影响力的外部群体。在多元化的利益诉求下,利益相关者间的协作并非简单的利益共享或资源分配问题,而是一个动态的互动过程。这一过程中,各方通过沟通、妥协和共同行动,形成了一种相互依赖的关系网络,对生态系统的长期稳定和可持续发展起着至关重要的作用。

利益相关者协作的内在动力来源于其目标的交叉性和资源的互补性。在实践中,利益相关者的目标并非总是完全一致的,但在生态系统的健康发展问题上,往往存在一定的共通性。这种目标的交叉性促使各方有动力去寻求合作,而非彼此对抗。同时,由于利益相关者的资源和能力分布具有差异性,每一方往往在某些领域拥有独特的优势,这种资源的互补性使得合作成为一种优化资源配置的必然选择。协作关系的形成与巩固,可以有效弥合不同主体之间的利益分歧,降低由于信息不对称或利益冲突导致的系统失衡风险。

在协作模式的构建中,信任是至关重要的基础。利益相关者之间的信任不仅是顺畅沟通的前提,更是实现长久合作的保障。信任的建立需要各方在互动过程中展现出真诚和透明,同时能够履行承诺并体现一致性。信任的缺失可能导致合作的破裂,甚至对整个生态系统产生负面影响。因此,利益相关者在协作过程中必须持续维护这种关系的稳定性,以实现协同效应的最大化。此外,利益相关者间的协作还依赖有效的治理结构。这一结构包括明确的规则设定、公正的利益分配机制以及科学的决策流程。规则的设定能够为协作提供行为边界和规范，同时降低因规则模糊带来的冲突风险。而利益分配机制则通过合理的激励和约束手段，确保各方在合作中感受到公平，从而激发其参与协作的积极性。科学的决策流程能够在尊重多方意见的基础上，提高决策的合理性和有效性，使得协作成果更具可持续性。

在多样化的协作模式中，信息共享机制发挥了关键作用。利益相关者之间的信息交流不仅能够消除信息不对称问题，还能够为科学决策提供依据。信息共享不仅包括数据的交换，还涉及知识、经验和洞察的传播。这种多层次的信息流动可以提高协作的效率，同时帮助各方更好地理解生态系统的复杂性和相互依赖性，从而在合作中形成更为深远的共识。

协作的有效性还依赖动态适应性。生态系统是不断变化的，利益相关者需要根据外部环境和内部需求的变化，灵活调整合作的方式和内容。动态适应性不仅能够提高协作的效率，还能够增强生态系统的弹性和抗风险能力。在这一过程中，学习机制尤为重要。通过对以往经验的总结和反思，各方可以在合作中不断优化自身的策略，并通过相互借鉴提升整体效能。

利益相关者协作的意义不仅体现在生态系统内部，还对社会的整体运行产生了积极影响。通过协作模式的推广，可以构建更加和谐的社会关系网络，同时提升公共问题解决的能力。这种能力的提升不仅有助于生态系统的健康发展，也能够为其他领域提供宝贵的经验。由此可见，利益相关者间的协作不仅是一种策略选择，还是一种系统性思维的体现。

第四节　移动电子商务的历史演变与未来趋势

一、移动电子商务的发展历程

移动电子商务的发展历程是一个充满动态变革的过程，其演变路径反映了技术进步、市场需求变化以及社会经济环境共同作用下的复杂互动。从起步阶段到全面普及，这一过程既体现了信息技术的跨越式发展，也揭示了商业模式与消费者行为的深刻变革。

移动电子商务的起点可以追溯到移动通信技术初步实现商用化的阶段。这一时期，虽然移动设备的功能尚显单一，但其便携性和即时通信的特性为商业活动的移动化奠定了基础。短信服务是最早实现的移动商务形式之一，通过短信订购商品或服务的模式展现了移动设备在商业交易中的潜力。然而，由于当时移动网络的传输速率较低、设备性能有限，移动电子商务的规模化应用仍面临诸多技术和操作瓶颈。

随着移动通信技术的持续迭代，第二代和第三代移动通信技术的出现标志着一个重要的发展节点。移动设备开始具备更高的网络连接速度和更强的数据处理能力，为移动电子商务的功能拓展提供了技术支持。同时，彩信、多媒体短信和早期的移动浏览器相继问世，使得基于图形界面和多媒体展示的移动商务应用成为可能。这一阶段，企业开始探索将电子商务平台与移动终端结合的可能性，尽管操作仍不够便捷，但用户体验已初步具备吸引力。

进入智能手机时代后，移动电子商务迎来了快速发展的转折点。智能手机不仅实现了硬件性能的全面提升，同时通过应用商店生态系统为移动电子商务提供了灵活且多样化的应用载体。移动设备操作系统的开放性使得开发者能够设计出更具针对性和互动性的应用程序，这些程序不仅优化了用户体验，还降低了消费者与电子商务平台之间的技术门槛。此外，移动支付技术的兴起使交易流程更加便捷和高效，从而极大地推动了移动电子商务的实际普及。

移动网络的进一步升级和普及则是推动这一领域持续发展的另一关键动力。4G技术的商用化实现了高带宽、低延迟的数据传输，使得高清图片、视频展示以及实时互动成为可能。这不仅提升了用户在移动端的购物体验，也为商家开辟了更加丰富的产品展示和推广方式。与此同时，基于位置服务的应用开始广泛应用于移动电子商务场景，赋予了这一领域新的商业价值。消费者可以随时随地搜索附近的优惠信息或商家服务，移动电子商务逐渐成为人们生活中不可或缺的一部分。

人工智能、大数据和物联网技术的融合发展为移动电子商务注入了更多智能化和个性化的特性。通过对用户行为数据的深度分析，平台能够精准预测消费者需求，提供更加个性化的推荐服务。语音识别、图像识别等人工智能技术的应用，使得消费者与电子商务平台之间的交互更加自然和高效。移动终端设备也逐步与其他智能设备实现互联，为用户提供了跨场景的无缝购物体验。现阶段，移动电子商务已超越传统电子商务的功能边界，成为新零售模式的重要组成部分。线上与线下的深度融合进一步扩展了移动电子商务的应用场景，社交媒体平台的商业化也为其注入了新的发展动力。直播电商、社交电商等创新模式的崛起，使移动电子商务不再局限于单一的交易平台，而是成为一种更加多元化的商业生态。

从整体来看，移动电子商务的发展是科技创新与商业需求相互驱动的结果。从最初的技术探索到如今的多元化、智能化发展，移动电子商务的演变不仅反映了技术应用的突破，也揭示了消费者行为模式的深刻变革。这一领域的未来发展仍将继续受到技术进步、市场环境变化以及政策支持等多重因素的影响，展现出持续创新的巨大潜力。

二、未来移动电子商务的技术趋势

未来多种新兴技术将深刻影响移动电子商务的发展，推动其在商业模式、用户体验以及运营效率等方面实现质的飞跃。人工智能、5G技术与物联网作为当前科技领域的核心驱动力量，不仅改变了传统电商的运作模式，也为移动电子商务指明了全新的发展方向。

人工智能作为移动电子商务技术创新的重要引擎，在数据处理、用户行为预测与个性化服务等方面展现了巨大潜力。其在智能推荐系统中的应用，可以通过深度学习与大数据分析全面解读用户行为，从而实现精准营销。人工智能还能够通过自然语言处理技术优化用户与平台的交互方式，为消费者提供更智能、更自然的购物体验。人工智能驱动的自动化客服系统能够实现全天候服务，提高用户满意度并降低人工成本。在库存管理与供应链优化方面，人工智能也发挥着不可替代的作用，它利用预测算法和数据分析提升商品供需匹配的效率，减少库存积压，降低物流成本。

5G技术的快速普及为移动电子商务的发展注入了全新的动力。凭借超高的传输速率、超低延迟与大规模连接能力，5G技术为实时交互与多媒体内容的无缝呈现提供了技术支撑。这种技术优势使得移动电子商务能够更加高效地支持高清直播、虚拟现实与增强现实的应用场景，从而大幅提升消费者的购物沉浸感与体验满意度。同时，5G的广泛应用还使移动支付更加便捷与安全，为无缝衔接的购物流程奠定了基础。在运营端，5G技术助力实时数据传输的加速，为平台提供更精确的用户洞察与更灵活的运营策略。5G网络的边缘计算能力还能支持移动电商平台实时处理大量分散的数据，从而实现对复杂场景的精准分析以及快速响应。

物联网的崛起为移动电子商务的未来拓展了更多样的应用场景。通过智能设备的互联互通，物联网使得移动电商得以延展至全新的应用领域。这种技术能够帮助企业收集更全面的用户数据，从而实现对消费者需求的动态感知与精准满足。同时，物联网设备的协作能力能够优化供应链管理，实现生产、库存与物流环节的智能化。尤其在智慧物流方面，物联网技术可以通过实时定位与数据追踪显著提高配送效率，降低运营成本。在用户端，物联网推动了智能家居购物的普及，使消费者能够通过语音助手或其他智能终端实现商品的自动采购与补货，从而带来更便捷的购物体验。

上述技术的融合发展还将推动移动电子商务实现生态化升级。在人工智能、5G 技术与物联网的协同作用下，移动电商平台将逐步构建起以消费者为中心的智能生态系统。这个系统不仅能打破时间与空间的限制，为用户提供即时的个性化服务，还能推动平台在商业价值与社会价值方面的双重提升。此外，技术的整合还将催生更多创新的商业模式与服务形态，为企业开辟全新的盈利路径。

在未来的发展进程中，这些技术的不断迭代将使移动电子商务更具包容性与适应性，从而为全球商业格局带来颠覆性的变化。人工智能将进一步推动平台从以产品为中心向以用户为中心的转型；5G 技术的深化应用将使得移动电商平台在服务时效性与内容表现力上实现质的飞跃；而物联网的普及则将逐步实现万物互联的理想场景，为商业生态的扩展带来无限可能性。通过这些技术的持续创新，移动电子商务必将在未来展现出更强的生命力与竞争力。

第五节　案例分析：移动电子商务的成功案例

一、案例1：阿里巴巴的移动支付模式——支付宝

阿里巴巴集团的支付宝自推出以来，便迅速成为中国乃至全球最具影响力的移动支付平台之一。其成功不仅代表着中国数字支付体系的崛起，也标志着移动电子商务模式的成熟与转型。支付宝的成功，首先源于其能够全面满足消费者日常生活中各类支付需求的综合功能。无论是线上购物、线下扫码支付，还是消费金融、生活服务支付，支付宝都能够提供一站式的解决方案。通过这种功能的整合，支付宝极大地方便了消费者的支付体验，使得支付不再局限于传统的现金或银行卡支付，而是通过智能手机轻松实现。特别是与传统支付方式相比，支付宝不仅打破了空间和时间的限制，还提升了支付的便捷性和实时性，消费者无论在何时何地，都可以通过支付宝进行安全高效的支付操作。

支付宝的成功，不仅体现在其在国内市场的领先地位，还在于其积极布局国际化市场，在推动跨境支付的普及等方面取得的成果。随着中国经济的快速发展，越来越多的中国消费者开始出境旅游、留学、购物，传统的跨境支付方式已经无法满足这一庞大市场的需求。支付宝顺应这一趋势，迅速推出了跨境支付功能，使得中国消费者能够通过支付宝在全球范围内进行支付。无论是欧美、日本还是东南亚，支付宝已经成为许多海外商户的主要支付工具之一。尤

其是在一些特定市场，支付宝与当地支付平台的合作，推动了国际化支付体系的无缝对接，为全球消费者提供了更加便捷的支付方式。这种跨境支付模式的创新不仅降低了交易成本，也缩短了支付时间，从而提升了国际电商交易的流畅性。

在全球化的支付环境中，支付宝通过强大的技术支持和本地化的服务进一步增强了其国际竞争力。支付宝采用了领先的加密技术和风控体系，确保了交易的安全性和用户的资金安全。同时，支付宝也通过智能推荐和个性化服务，精准地分析用户的消费行为，推送符合用户需求的服务。例如，支付宝会根据用户的消费习惯，提供信用卡还款提醒、消费积分、金融产品推荐等服务，进一步增强了用户黏性。这些个性化服务不仅提升了用户的支付体验，也为商家提供了精准的市场营销工具，使得商家能够更有效地进行用户转化和品牌推广。

支付宝在消费金融领域的布局同样值得关注。支付宝创新性地将线下支付与线上支付结合起来，推动了线下商户和消费者之间更加便捷的交易方式。通过二维码支付技术，用户只需通过手机扫描商家的二维码，便可实现快速支付。而商家则通过支付宝的开放平台，能够获得更为精准的用户数据，进而优化营销策略。支付宝推出的"口碑"平台，使商家能够通过大数据分析，了解消费者的购物偏好，定制个性化的促销活动。这种线上线下结合的支付模式，不仅促进了线下商业的数字化转型，也为传统零售行业注入了新的活力。

支付宝之所以能在激烈的市场竞争中脱颖而出，还与其不断创新和完善的支付生态系统密不可分。作为一个综合性支付平台，支付宝并不仅仅满足于传统支付需求的实现，还不断探索新的商业模式。例如，支付宝推出的芝麻信用服务，通过利用大数据、人工智能等技术，评估用户的信用状况，为用户提供更加灵活的信用服务。用户可以凭借芝麻信用分，享受一系列优惠和特权，如无须押金租赁共享单车、免押金租房等。芝麻信用不仅增强了用户的信用意识，也进一步推动了支付宝的支付生态与信用体系的融合。

支付宝的成功离不开其在技术研发和用户需求之间的精准把握。从最初的移动支付工具，到如今的全方位生活服务平台，支付宝始终走在技术创新的前沿，利用大数据、云计算、人工智能等前沿技术，不断推动支付生态的升级与完善。随着5G技术的逐渐普及，支付宝有望在未来继续拓展其支付平台的功能，例如实现更加智能化、便捷化的支付体验，进一步提升其在全球市场中的竞争力。

▶ **案例讨论问题**

1. 结合支付宝的案例，分析其在移动支付领域的便捷性和实时性优势。
2. 移动支付的个性化特点如何提升了用户体验？支付宝如何利用数据分析来推送个性化服务？
3. 在支付宝的发展过程中，如何体现了移动电子商务与传统电子商务的区别？

二、案例2：亚马逊的移动电商策略

亚马逊作为全球最大的电子商务公司之一，其在移动电商领域的成功不仅改变了人们的购物方式，也为传统零售商提供了宝贵的经验和借鉴。通过强大的技术支持和不断创新的商业模式，亚马逊将自身打造成了一个多元化、灵活高效的购物平台，极大地提升了消费者的购物体验，并改变了全球消费者的消费习惯。亚马逊移动电商的成功，首先体现在其无缝的购物体验上，这种体验不仅仅体现在移动端应用的操作界面简洁流畅，还体现在为用户提供随时随地的购物便利性。用户只需打开亚马逊的移动应用（Amazon App），便可以浏览到海量商品，查看商品详情，完成购买，甚至参与特定的促销活动。消费者可以在任何时间、任何地点，根据自己的需求进行商品搜索和购买，打破了传统电子商务在时间和空间上的限制，真正实现了随时随地购物的便利。

在亚马逊的移动电商战略中，用户体验无疑是最重要的一个因素。为了确保用户在购物过程中能享受到便捷、流畅的体验，亚马逊在应用设计上不断优化，力求做到用户界面简洁、操作直观和功能多样。无论是商品浏览、加入购物车、支付结算，还是订单跟踪、客服咨询，用户都能够通过几步简单的操作完成整个购物流程。亚马逊深知，在移动互联网时代，消费者对便捷性和流畅度的需求日益增加，任何一个细小的烦琐操作都可能导致用户流失。因此，亚马逊通过对移动应用的精心设计，成功地吸引了大量用户，并为他们提供了一个高度个性化、极具便利性的购物体验。此外，亚马逊通过数据分析技术的不断创新，使得移动电商平台的推荐系统变得更加智能和精准。亚马逊的推荐系统基于大数据和机器学习算法，能够根据用户的浏览记录、搜索习惯、购买历史等信息，实时推送个性化的商品推荐。这种个性化的推荐不仅能提高用户的购买转化率，也能极大地增强用户的购物体验。通过对用户行为的深入分析，亚马逊能够准确地预测用户的需求，进而推送符合其偏好的商品。例如，如果一个用户经常购买与健身相关的商品，亚马逊的推荐系统就会优先推送健身器材、营养品等相关产品，这种精准的商品推荐不仅可以帮助用户更快地找到自己需要的商品，提升购物的效率，也提高了用户对平台的依赖性和忠诚度。

亚马逊的个性化推荐不仅仅局限于商品展示的层面，更通过个性化的营销策略进一步增强了用户的参与度和购买欲望。亚马逊会根据用户的购买记录和浏览行为，发送个性化的折扣券、限时优惠等信息，吸引用户进行二次购买。此外，亚马逊还在促销活动中加入了定向推送机制，通过推送符合用户需求的商品和优惠信息，促使用户在购物过程中更加专注和高效。这种个性化的营销策略，使得亚马逊能够在全球范围内吸引大量的用户，并不断提升其市场份额。

在亚马逊的移动电商策略中，语音购物也是一项创新功能。借助亚马逊的Alexa语音助手，消费者能够通过语音指令完成商品搜索、购买、支付等一系列操作。语音购物的出现，不仅提高了购物的便捷性，还使得购物过程变得更加人性化。用户无须再通过烦琐的手指点击，只需要简单的语音命令，就能完成购物。尤其是在忙碌的生活中，语音购物为用户提供了更为高效和便捷的购物方式。无论是做饭时，还是在驾车过程中，用户都可以通过语音与Alexa进行互动，随时随地完成购物任务。亚马逊通过这一创新的功能，不仅提升了移动电商的便捷性，也推动了智能家居技术的普及和应用，进一步巩固了其在全球电商行业的领导地位。

除了语音购物，亚马逊还在支付系统的便捷性上进行了创新，推出了Amazon Pay这一支付平台。通过Amazon Pay，消费者可以在其他网站或商户的在线平台上使用自己的亚马逊账户进行支付，免去一次次填写个人信息的麻烦，极大地提高了支付的便捷性和安全性。此外，亚马逊还利用其庞大的物流网络，提供了快速、可靠的配送服务。无论是Prime会员的免费次日达服务，还是全球范围内的跨境配送，亚马逊的物流系统都保证了消费者能够在最短的时间内收到商品。通过这些创新，亚马逊的移动电商平台不仅在技术层面实现了突破，更在消费者的心目中树立了高效、便捷、安全的购物形象。

亚马逊的移动电商策略成功的另一个重要因素是其全球化的运营模式。凭借强大的技术支持和广泛的物流网络，亚马逊能够在全球范围内实现商品的迅速配送，并且在多个国家和地区推出符合当地需求的移动电商服务。无论是通过Amazon App进行购物，还是通过Amazon Pay进行支付，亚马逊都能够为全球消费者提供一个统一而流畅的购物体验。这种全球化的运营模式，使得亚马逊不仅在美国市场占据主导地位，也在全球范围内赢得了广泛的市场份额。

▶ **案例讨论问题**

1. 亚马逊的移动应用在便捷性方面有什么独特优势？请结合实际情况分析。
2. 如何通过实时性来提升用户参与度？亚马逊如何在这一点上取得成功？
3. 亚马逊的个性化推荐系统如何利用用户行为数据提高用户的购物体验？

习　　题

（一）选择题

1. 移动电子商务的基本特征之一是（　　）。
A. 依赖桌面计算机
B. 提供随时随地的购物体验
C. 需要较长的支付流程
D. 仅限于电子产品交易

2. 移动电子商务与传统电子商务的主要区别是（　　）。
A. 传统电子商务依赖移动设备进行交易
B. 移动电子商务突破了时间和空间的限制
C. 传统电子商务不支持跨境支付
D. 移动电子商务没有实时信息反馈功能

（二）简答题

1. 简述移动电子商务的便捷性特征，并举例说明其如何改善消费者的购物体验。
2. 如何通过实时性提高移动电子商务平台的用户参与度和购买欲望？请举例分析。
3. 结合你对移动电子商务的理解，谈谈个性化服务对用户购物决策的影响。

（三）案例分析题

结合实际案例（如支付宝、亚马逊等），分析移动电子商务的基本特征在实际运营中的体现。请详细讨论每个特征如何提升用户体验以及企业的市场竞争力。

第二章 移动电子商务的技术基础

第一节 移动互联网与无线通信技术概述

一、移动互联网的发展与现状

随着信息技术的持续进步与全球化进程的推进，移动互联网的蓬勃发展已经成为现代社会数字化转型的核心驱动力之一。它不仅改变了人们的日常生活方式，也深刻影响了经济模式、商业结构以及消费习惯。在技术架构上，移动互联网的构建依赖无线通信技术、计算设备的不断升级以及云计算、大数据、人工智能等技术的融合，它成为支撑现代电子商务发展的重要基石。

（一）无线通信技术与移动互联网的基础设施演进

移动互联网的核心技术之一便是无线通信技术。自20世纪末期2G通信技术的首次应用以来，随着网络带宽的提升和通信技术的演进，移动互联网逐步从一个仅限于基础语音与短消息服务的通信工具发展为一个全方位的信息交互平台。3G、4G以及目前广泛部署的5G技术，逐步打破了信息传输的时空限制，大幅提升了网络带宽与可靠性，显著降低了延迟。尤其是5G网络的到来，凭借其超高的传输速度和低延迟特性，极大地改善了用户的移动体验，为移动互联网提供了更强大的技术支撑。

与此同时，移动设备的硬件水平也随着时间的推移不断提升。从初期的功能手机到智能手机的普及，硬件的进步为移动互联网的迅速发展提供了必不可少的支持。现代智能手机不仅具备了强大的计算能力、图形处理能力，还能支持各种复杂的操作系统和应用程序，用户可以通过移动设备完成更为丰富的任务，从信息查询到娱乐消费，再到各种形式的在线购物和支付活动等。

此外，移动互联网的另外两个关键是云计算和大数据技术的成熟。云计算使得海量数据可以高效存储和处理，支持了电子商务平台的扩展和运营。大数据技术则通过实时分析用户行为和偏好，为精准营销和个性化服务提供了基础。这些技术的发展和互补性为移动互联网在全球范围内的普及与深化应用提供了强有力的保障。

(二) 移动互联网的发展历程及其对电子商务的推动作用

移动互联网最初的应用场景主要集中在信息传递和基本通信服务上，用户通过移动设备能够进行语音通话、发送短信、浏览网页等简单操作。然而，随着智能手机的普及和移动数据网络的覆盖，移动互联网的应用场景逐渐扩大。尤其是在移动通信网络的支持下，移动互联网迅速扩展到电子邮件、社交媒体、新闻阅读等领域，改变了人们的工作与生活方式。

2010年以后，随着4G网络的推出和智能手机的全面普及，移动互联网的应用进入了一个新阶段。移动互联网逐渐由一个信息接收平台转变为信息处理和互动的平台。社交媒体、即时通信、在线支付以及短视频等新兴应用层出不穷，用户可以在随时随地的场景中获取丰富的内容，与他人互动并进行在线交易。这一阶段，移动互联网的核心优势——高便捷性与实时性，成为推动数字经济发展的重要因素。5G网络的出现不仅进一步加速了这一进程，更为移动互联网开拓了更为广阔的应用前景。超高带宽、低延迟的特点使得虚拟现实、增强现实以及人工智能等前沿技术的应用成为可能，进而推动了物联网（Internet of things，IoT）与智能家居、智慧城市等新兴行业的发展。可以说，移动互联网已经成为现代数字社会的核心枢纽，它通过智能设备连接着每个人，并为各行各业和商业模式提供了创新的技术支持。

在推动电子商务的快速发展方面，移动互联网发挥了至关重要的作用。其最直观的表现是打破了传统电子商务中时间与空间的限制。通过移动互联网，消费者无论身处何地，均可通过智能设备访问电商平台、浏览商品信息、进行支付结算，从而实现"随时、随地、随心"的购物体验。此外，移动互联网的普及也使得精准营销成为可能。通过大数据分析和人工智能技术，商家可以收集并分析消费者的购物行为、偏好以及社交互动，为用户提供量身定制的商品推荐。这不仅提升了顾客的购买体验，也增强了商家的盈利能力。

(三) 移动互联网在全球化和跨境电商中的作用

随着移动互联网的进一步普及，跨境电商成为其重要的应用领域之一。传统的国际贸易往往受到语言、地域、法律、文化等多方面因素的限制，而移动互联网通过其高度的跨国网络连接能力，打破了这些壁垒，推动了全球消费市场的整合。通过移动设备，全球消费者可以轻松浏览和购买海外商品，享受便捷的支付和物流服务。这使得跨境电商行业呈现出爆发式增长。

特别是在发展中国家和地区，移动互联网为传统互联网难以普及的地区提供了便捷的购物途径。在很多发展中国家，移动设备的普及率往往高于传统的固定互联网接入设备，这使得这些地区的电子商务在很大程度上依赖移动互联网。因此，移动互联网不仅促进了全球电子商务市场的连接，还在促进数字经济普及、提升贸易便利性等方面发挥了重要作用。

跨境电商的快速发展还促进支付与物流系统的国际化。借助移动互联网技术，跨境支付系统得以实时、便捷地实现，消费者可通过手机完成全球支付，跨境购物的结算和汇率转换问题得到了有效解决。此外，智能物流系统的构建与移动互联网技术的应用也使得国际货物运输更加高效，物流环节的时效性得到了大幅提升，国际电商业务的运营效率和用户体验得到了显著改善。

（四）移动互联网的商业模式创新与影响

移动互联网的发展不仅改变了消费者的购物方式，也促进了电子商务商业模式的创新。传统的以企业对消费者（business to customer，B2C）为主的电子商务模式，逐渐向消费者对消费者（customer to customer，C2C）和线上到线下（online to offline，O2O）模式演变。在O2O模式中，移动互联网通过实现线上与线下的无缝连接，改变了传统零售行业的运作方式，推动了实体店面与电商平台之间的协同发展。消费者不仅可以在线上选择商品，还可以通过线下门店进行体验和购买。这种模式有效融合了线上与线下的优势，创造了更加灵活和多元化的消费方式。

与此同时，社交电商与直播电商等新兴商业模式的崛起，也使得移动互联网在电子商务中的地位愈加突出。通过社交平台与短视频应用，商家能够直接与消费者进行互动，实现商品推广与销售。尤其是在直播电商领域，消费者通过直播平台观看产品介绍并即时购买，进一步加速了消费决策的转化。此外，社交电商也通过建立社交网络与消费者建立紧密的关系，使得口碑传播和社交互动成为推动商品销售的重要因素。

移动互联网的普及使得平台经济的崛起成为可能。在这一经济模式下，企业通过提供开放平台，将商家、消费者、第三方服务提供商等多个参与方连接起来，形成一个互利共赢的生态系统。平台经济的核心优势在于其能够最大化地整合社会资源，降低信息不对称，优化资源配置，并通过数据分析实现精准匹配。各类电子商务平台通过优化商业生态链，为消费者提供更加个性化的服务，同时为商家创造更大的市场价值。

二、无线通信技术的原理与分类

无线通信技术是通过电磁波在空气中传递信息的一种方式，不依赖物理介质来实现信号的传输，因此突破了传统有线通信的局限性。随着科技的不断发展，无线通信已成为现代社会信息传输的重要支撑，广泛应用于各个领域，包括但不限于移动通信、物联网接入，以及在互联网场景下的智能设备等。无线通信的核心原理涉及电磁波的传播特性、调制与解调技术，以及通信协议与硬件设施的有机结合。为了有效保证无线通信的稳定性、效率和安全性，涉及的技术、协议和标准的设计需兼顾多个层面的要求，确保数据传输的高效性和可靠性。

（一）无线通信的基本原理

无线通信的基本原理依赖电磁波的传播特性。电磁波是一种无须借助导体就能传播的波动形式，能够通过空间传递信号。在无线通信过程中，信号通过发送端的天线转化为电磁波，经过空间传输后，接收端的天线再次将电磁波转化为电信号。调制与解调是无线通信中的两个重要环节，调制过程将信息信号转换为适合传播的高频载波，而解调则是还原过程，将接收到的电磁波中的信息提取出来。整个调制与解调过程的关键在于无线电频谱的合理利用与管理，不同频段的选择直接影响通信的质量与稳定性。

无线通信技术的实施需要依靠各种硬件设备协同工作，如收发模块、天线、调制解调器等。此外，信号的编码与解码、调制方式的选择等信号处理算法也是无线通信能够稳定运行的基础。不同类型的无线通信技术有着各自的特定硬件需求和网络协议设计，从而实现多种不同应用场景中的数据传输任务。

（二）无线通信技术的频谱资源管理

频谱资源的分配与管理在无线通信中扮演着至关重要的角色。频谱是无线通信信号传输的"道路"，不同的无线技术会占用不同的频段，且频谱资源有限。频段的划分直接影响无线通信的传输质量、传输速率及服务覆盖范围。例如，低频段（如30 Hz～3 GHz）常用于长距离通信，能够穿透障碍物，适用于广域通信；而高频段（如3～30 GHz）则适合短距离传输，能够提供更高的数据速率，因此常用于高速数据传输的场景。

在无线通信系统中，不仅有单向通信模式，还涉及双向通信模式。在双向通信模式下，用户可以发送和接收信息，这种模式在日常通信、社交互动等应用场景中非常常见。在无线通信的多用户场景中，多址接入技术得到了广泛应用，包括时分多址（TDMA）、频分多址（FDMA）、码分多址（CDMA）等。这些多址接入技术允许多个用户共享相同的频谱资源，同时确保数据传输的独立性和可靠性。

（三）无线通信技术的分类

无线通信技术可以根据不同的分类标准进行划分。下面将从覆盖范围、频率范围和应用功能三个维度进行详细介绍。

1. 按覆盖范围分类

根据覆盖范围，无线通信技术可分为短距离、中距离和长距离通信技术。

（1）短距离通信技术。这类技术主要用于设备之间的近距离通信。蓝牙技术、近场通信（near field communication，NFC）便是代表性的短距离无线通信技术。它们的应用范围通常为几米到十几米，适用于设备间的数据交换、支付和身份认证等场景。

（2）中距离通信技术。Wi-Fi是典型的中距离无线通信技术，适用于局域范围内的网络连接和数据共享。Wi-Fi的通信范围通常在几十米到几百米之间，且具有较高的数据传输速率，广泛应用于家庭、办公室及公共场所中。

（3）长距离通信技术。蜂窝网络（如4G/5G）和卫星通信技术属于长距离通信的代表。它们适用于广域范围内的通信，能够覆盖城市和农村的不同地区，提供稳定的语音与数据服务。

2. 按频率范围分类

依据工作频率，无线通信技术可分为低频通信、中频通信和高频通信。

（1）低频通信。低频技术通常用于长距离传输，具有较强的穿透力，适用于地面通信、卫星通信等场景。低频段的通信信号不容易受到障碍物的影响，因此能提供更为稳定的信号。

（2）中频通信。中频技术多用于中远距离通信，如中波广播、航空通信和海事通信等领域。中频技术能够在一定的距离内保证较为平稳的信号传输。

（3）高频通信。高频技术常用于需要高速数据传输的场景，如Wi-Fi 6和5G网络。高频信号具有较高的传输速率，但穿透力相对较弱，因此适用于相对较短的传输距离。

3. 按应用功能分类

根据应用功能，无线通信技术可分为数据传输、语音通信、定位服务等类型。

（1）数据传输：主要应用于信息的快速交换和共享，代表技术如Wi-Fi、蓝牙、紫蜂（Zigbee）等。数据传输类技术主要优化的是带宽、传输速率及覆盖范围等性能，以满足大数据传输的需求。

（2）语音通信：例如蜂窝网络中的移动通信技术（如4G/5G）即为语音通信的代表。语音通信技术重点优化的是语音质量、延迟和信号覆盖能力，以确保用户在各类环境中都能顺畅通话。

（3）定位服务：如全球定位系统（GPS）以及基于蜂窝网络的定位服务，主要用于提供位置信息及导航服务。定位服务技术的核心目标是提高定位精度、减少延迟，并扩展服务覆盖范围。

（四）无线通信技术的典型应用

1. Wi-Fi 技术

Wi-Fi 技术作为无线局域网的一部分，基于 IEEE 802.11 协议族运行，已成为日常生活中最为常见的无线通信技术之一。Wi-Fi 的基本工作原理是在 2.4 GHz 和 5 GHz 频段上利用射频信号进行数据传输。Wi-Fi 技术具备较高的带宽和中等距离的覆盖范围，因此该技术广泛应用于家庭、办公室及公共场所。在 Wi-Fi 技术的不断进化过程中，Wi-Fi 6 在传输速率、连接密度和延迟方面得到了显著提升。未来的 Wi-Fi 7 技术则将进一步提高网络容量与数据传输效率。

2. 蓝牙技术

蓝牙技术是一种短距离无线通信技术，主要用于设备间的数据交换。其工作原理基于跳频扩频技术，通过频率的快速变化来降低干扰的影响。蓝牙协议的灵活性使得其适用于点对点或点对多点的连接，被广泛应用于穿戴设备、无线耳机、车载系统等领域。蓝牙低功耗模式的出现进一步优化了能源使用效率，使其成为物联网设备中不可或缺的无线通信技术。

3. NFC 技术

NFC 技术作为一种极短距离的无线通信技术，通常工作在 13.56 MHz 的高频段。其通过电磁感应实现两台设备之间的快速配对与数据交换。NFC 的优势在于低功耗、便捷性及高安全性，因此在支付、身份认证等场景中得到了广泛应用。NFC 支持无接触的交互模式，已成为金融交易领域中的核心技术之一。

（五）无线通信技术的发展趋势

随着新兴技术的不断发展，无线通信技术也在持续创新与演进。5G、毫米波通信、量子通信等前沿技术的出现，为无线通信带来了新的突破。5G 技术的核心优势在于更高的传输速率、更低的延迟和大规模连接能力，将极大地提升物联网、智能城市等应用场景的通信能力。毫米波技术则能够支持超高速数据传输，适用于数据密集型的场景，而量子通信则提供了理论上绝对安全的通信方式，尤其在军事和金融等领域具有重要潜力。

随着人工智能和大数据技术的应用，无线通信的资源管理、网络优化和用户体验等方面也将得到全面提升。无线通信技术的未来发展不仅体现在技术性能的提升，还在于与其他领域的深度融合，如人工智能、物联网、云计算等，共同推动数字社会的建设。

第二节　支撑移动电子商务的关键技术

一、大数据技术

大数据技术作为信息化时代的核心驱动力量，正在深刻改变移动电子商务的发展模式与运营方式。在移动电子商务领域，通过大数据，海量的用户行为数据得以被采集、存储、分析与应用，成为企业优化业务流程、提高用户体验的重要资源。通过全面解析大数据在用户行为分析和精准营销中的作用，可以更加深入地理解其在移动电子商务中的战略意义与潜在价值。

用户行为分析是大数据技术在移动电子商务领域的重要应用之一。在数字化环境中，每位用户的行为都会通过移动设备留下数据足迹，这些数据涵盖了浏览、点击、搜索、购买等行为。大数据技术的强大计算能力能够高效处理这些海量的结构化与非结构化数据，并通过先进的算法模型，挖掘出深层次的行为模式。通过对这些行为数据的分析，企业可以准确把握用户的兴趣偏好、需求变化以及购买习惯，为个性化的产品推荐和服务优化提供数据支持。同时，大数据技术还可以对用户行为进行实时监测与预测，帮助企业预判用户可能的决策路径，从而设计针对性强的引导策略。用户行为分析的结果不仅有助于企业提升服务效率，还能增强客户黏性，提高用户忠诚度。

精准营销是大数据技术在移动电子商务中的另一重要实践领域。与传统的营销方式相比，精准营销强调根据数据驱动的洞察，制定个性化、定制化的营销方案。大数据技术使得企业能够全面掌握目标用户的基本特征、行为偏好和社交网络属性，从而实现营销资源的最优分配。在营销活动中，大数据不仅可以为潜在用户的精确识别提供依据，还可以通过分析用户的历史行为和当前情境，制定符合其需求和心理预期的营销策略。通过这种方式，企业能够显著提升营销信息的到达率和转化率，实现营销投入的高效回报。此外，大数据技术在移动电子商务中的应用还展现了强大的价值整合能力。它不仅能够为用户行为分析和精准营销提供支持，还能通过关联分析与模式挖掘，发现隐藏在数据背后的商业机会。大数据的预测功能进一步扩展了企业的业务边界，使其能够从更长远的视角规划战略目标。例如，通过数据的动态分析与模拟，企业可以在市场需求变化之前做出反应，从而占据竞争优势。同时，大数据技术的不断进步，也促使移动电子商务平台逐步从数据处理工具转变为智能决策支持系统，为企业制定科学的经营策略提供了更加全面的支持。

随着移动电子商务场景的多样化和用户需求的复杂化，大数据技术的应用还在不断深化与拓展。移动设备的普及使得企业能够从更多的接触点获取用户数据，而这些数据又进一步丰富了大数据分析的维度与深度。通过整合不同来源的数据，企业能够形成多维度的用户画像，实现更加精准的市场细分和服务匹配。与此同时，大数据技术与人工智能、云计算等技术的结合，也为移动电子商务的发展注入了新的动力。通过机器学习算法的嵌入，大数据分析的准确性与实时性得以进一步提升，推动了智能化营销与服务的实现。然而，大数据技术在移动电子商务中的应用也面临一些挑战，包括数据隐私保护、技术瓶颈以及法律法规的约束等问题。用户数据的广泛收集不可避免地引发了隐私和安全方面的担忧，如何在保障用户隐私的同时实现数据的合理利用，成为企业与行业亟待解决的难题。此外，大数据技术的应用对企业的技术基础设施和数据管理能力提出了较高要求，这对中小型企业构成了一定的进入壁垒。为应对这些挑战，企业需要在技术创新的基础上，制定规范的数据治理体系，并加强与监管部门的合作，以确保数据应用的合法合规。

大数据技术的广泛应用为移动电子商务带来了深远的变革，它不仅改变了企业与用户之间的互动方式，也重新定义了商业决策的逻辑与模式。通过不断优化用户行为分析与精准营销的实践，大数据技术正在为企业创造更高的商业价值，同时也在推动移动电子商务生态系统的整体进步。未来，随着技术的不断升级与应用场景的进一步扩展，大数据技术将在移动电子商务中扮演愈加重要的角色，为行业的发展注入更多的创新动力。

二、云计算技术

云计算技术在移动电子商务领域中的应用日益广泛，其提供的弹性存储与计算能力已成为推动移动电子商务发展的核心支撑力量。这种技术不仅显著提升了移动电子商务平台的运营效率，还深刻优化了用户体验。通过灵活的资源分配和高效的数据处理能力，云计算技术为移动电子商务平台提供了可靠的技术支持，使其能够应对复杂多变的市场需求与用户行为。

移动电子商务平台的用户体验在很大程度上取决于系统的响应速度、稳定性以及对大规模用户访问的承载能力。云计算技术的弹性特性使平台能够动态调整存储和计算资源的分配，从而在高峰期有效应对流量激增的挑战。通过自动化的资源扩展机制，云计算技术避免了因服务器过载导致的访问延迟或系统崩溃，从而保障了用户在平台上的流畅操作体验。同时，云计算的分布式架构能够有效提升数据处理的速度，使平台在短时间内完成复杂的运算任务。这种高效的响应能力在提升用户体验的同时，也提高了平台的可靠性和用户黏性。

存储能力是移动电子商务平台运行的关键因素之一，尤其是在大数据时代，用户行为数据、商品信息以及交易记录的存储需求不断增加。云计算技术提供的弹性存储能力能够根据数据量的变化动态调整存储空间的大小，避免了传统固定存储模式中的资源浪费和容量不足问题。这种弹性存储方式不仅提高了资源利用率，还降低了平台运营成本。此外，通过云计算技术支持的数据分层存储和分布式存储机制，平台可以实现数据的快速检索和实时更新，从而在信息呈现和用户交互过程中提供更高的效率和准确性。

云计算技术的计算能力同样在移动电子商务领域发挥了重要作用。面对日益复杂的市场环境，移动电子商务平台需要通过实时的数据分析与智能化的算法推荐，为用户提供个性化的服务与精准的商品推荐。云计算的高性能计算能力能够快速处理海量数据，支持复杂模型的训练与优化，使平台能够及时捕捉用户需求的变化趋势，提供符合用户偏好的个性化内容。这种数据驱动的服务模式不仅提升了用户的购物体验，也显著增强了平台的竞争力。

用户体验的提升还体现在云计算技术对跨区域业务支持的作用上。通过全球化的云服务节点部署，移动电子商务平台能够减少网络延迟，为来自不同地域的用户提供一致的访问速度和服务质量。同时，云计算的多语言支持和多货币结算功能，使移动电子商务平台能够快速扩展其国际化业务，满足全球用户的多样化需求。这种无缝的服务衔接和多样化的功能支持，为用户提供了便利的购物体验，并进一步推动了电子商务的全球化发展。

安全性和隐私保护是用户体验中不可忽视的部分。云计算技术在数据加密、权限管理和安全监控等方面提供了强有力的支持，帮助移动电子商务平台构建了安全可靠的交易环境。通过实时的安全监测与快速的故障恢复机制，云计算技术能够及时发现和解决潜在的安全威胁，保障用户的数据安全与隐私。这种高度安全性不仅增强了用户对平台的信任感，还为移动电子商务平台吸引和留住用户奠定了坚实的基础。云计算技术的可扩展性和灵活性为移动电子商务平台的创新与升级提供了广阔的空间。平台可以基于云计算技术快速试验和部署新功能，以满足用户的动态需求。通过云计算的支持，平台能够高效整合人工智能、区块链和物联网等前沿技术，为用户提供更智能化和多样化的服务。这种持续的技术创新不仅增强了用户的参与感和满意度，也为移动电子商务平台的长远发展提供了动力。

云计算技术通过其卓越的弹性存储与计算能力，为移动电子商务平台的运营提供了全方位的技术支持。在提升用户体验的过程中，这些能力不仅优化了平台的资源利用效率和服务质量，还显著增强了用户的信任感与满意度。云计算技术的广泛应用，不仅推动了电子商务行业的发展，也为其未来的持续创新与突破提供了无限可能。

三、人工智能技术

人工智能技术在商业领域的应用正以前所未有的速度和深度推进，其商业化探索也成为众多企业关注的重要方向。随着技术的逐步成熟和市场需求的不断扩大，人工智能在个性化推荐与智能客服等领域展现出极大的潜力与实践价值。这种技术驱动型的商业模式不仅推动了产业升级，也深刻影响了消费者的行为模式和企业的运营方式。

在个性化推荐领域，人工智能通过数据分析、模式识别和用户画像等核心技术，实现了高度精确的内容匹配和需求预测。这种能力源自人工智能算法对大数据的高效处理，包括对用户行为、兴趣偏好和消费习惯的深入挖掘。通过对历史数据的建模和实时数据的动态更新，个性化推荐系统能够以动态和前瞻性的方式为用户提供精准的产品或服务建议。这种技术的应用不仅提升了用户体验，使消费者能够更快捷地找到满足自身需求的内容，还优化了企业资源配置，提高了商品或服务的转化率。在这一过程中，人工智能技术通过增强消费者与产品之间的连接，进一步促进了商业价值的增长。

智能客服作为人工智能技术商业化应用的重要方向，展现了其在提升服务效率与优化用户体验方面的显著优势。基于自然语言处理和机器学习等技术的智能客服系统能够模拟人类语言行为，为用户提供快速、高效且准确的服务响应。这种交互形式的创新突破了传统客服模式的局限，实现了全天候服务的可能性，同时极大地降低了企业的人工成本。智能客服不仅能够处理高频、标准化的咨询，还能够通过情感分析技术捕捉用户在交互中的情绪变化，从而调整回应策略，提供更加个性化的服务体验。在数据积累的过程中，智能客服系统还能够通过深度学习不断优化自身的服务能力，从而满足用户日益多样化的需求。

人工智能技术在上述领域的应用并非孤立存在，而是深刻嵌入商业生态系统之中。它与其他技术和商业环节的协同作用使得商业模式变得更加智能化与多样化。个性化推荐系统的有效性不仅依赖算法本身的先进性，还需要结合精准的用户数据采集与分析能力，从而实现数据驱动的商业决策。与此同时，智能客服的成功应用也得益于人工智能技术与企业运营流程的无缝对接，使得技术应用从理论构想到实际落地具备更强的可行性和可操作性。

在人工智能技术商业化探索的背景下，个性化推荐与智能客服还展现出了一种相互促进的关系。个性化推荐系统通过对用户数据的深度分析，能够为智能客服提供更加全面的用户信息，从而帮助客服系统在与用户的交互中更准确地理解需求并提出相应的解决方案。而智能客服在与用户互动的过程中产生的大量数据，也为个性化推荐系统的优化提供了宝贵的资源。这种双向互动机制形成了数据闭环，使得两者在技术与应用层面实现了深度融合，并进一步推动了商业化的深入发展。此外，人工智能技术的商业化探索还推动了企业在商业策略、技术开发和数据管理等方面的全面革新。企业在应用个性化推荐系统与智能客服系统的过程中，开始更加注重用户数据的隐私保护与合法合规性，推动了相关领域的规范化发展。与此同时，人工智能技术的不断迭代与更新也促使了企业在技术研发上的持续投入，从而在商业竞争中形成技术领先的优势。在这一过程中，人工智能技术与商业价值之间的相互作用，形成了一个循环提升的动态过程，为企业创造了更大的市场机遇。

在未来的发展中，人工智能技术的商业化探索还将延伸至更加多元的领域，其潜力与价值将进一步显现。个性化推荐与智能客服作为人工智能应用的典型代表，将在技术优化、应用场景拓展和用户体验提升等方面持续发挥作用，同时为人工智能在商业领域的更广泛应用提供启示与方向指引。这种探索不仅反映了人工智能技术与商业需求的深度结合，也预示着一个更加智能化、个性化和高效化的商业时代的到来。

第三节　移动支付与安全机制

一、移动支付的分类与现状

在全球信息化进程的推动下，移动支付作为金融科技领域的重要组成部分，已逐渐成为现代经济活动中不可或缺的支付方式。随着智能手机和移动互联网的普及，移动支付不仅改变了传统支付方式的运作模式，还推动了经济体系的数字化转型。移动支付可分为不同的方式，每种支付方式背后都有其独特的技术支持和运营机制。

（一）移动支付的主要分类

1. 二维码支付

二维码支付是目前最为普及的移动支付方式之一。其主要原理是利用智能手机的摄像头扫描商家展示的二维码，通过互联网传输支付信息来实现资金的转移。在二维码支付系统中，用户通过扫描商家的二维码，或商家扫描用户提供的二维码，快速完成支付过程。二维码支付的最大优势在于其操作简便、适用场景广泛，且成本低廉，无须特殊硬件支持。

二维码支付的技术架构主要包括生成二维码、传输支付信息、验证支付信息及资金结算等几个步骤。在此过程中，支付平台通过后台系统对用户信息和支付请求进行认证，并对支付交易进行加密处理，确保支付的安全性。此外，二维码支付的实现并不依赖近场通信或物理接触，因此它在一定程度上突破了传统支付手段的空间限制，特别适用于线上支付和各类无现金交易场景。

2. NFC支付

NFC支付是一种基于无线通信的移动支付方式，它利用设备间的近距离无线通信技术进行支付。NFC支付通过建立在手机等移动设备中的NFC芯片，与支持NFC功能的支付终端（如POS机）进行短距离的数据交换。用户只需将带有NFC功能的手机靠近POS机，即可完成支付过程，无须手动输入密码或扫描二维码。

NFC支付的优势在于其支付过程快捷，用户体验良好。与二维码支付不同，NFC支付不需要依赖互联网或拍摄二维码，只需在支付终端与设备间完成短暂的通信即可实现支付。这一支付方式在一些大额支付和需要高安全性的交易中有较大优势，因为NFC支付通过物理接触加密通信，相对更加安全，且支持多重身份验证。

然而，NFC支付在技术实现和设备兼容性上仍面临一定挑战。用户设备和商家POS终端都需要具备NFC功能，这在全球范围内的普及仍需要时间。此外，NFC支付受限于设备的通信距离，一般在几厘米的范围内才能完成支付，因此用户在实际操作时需要更加精准地操作。

3. 声波支付

声波支付作为一种新兴的移动支付方式，主要利用超声波信号进行支付交易。其基本原理是在设备间通过超声波进行信息传输，用户通过将手机靠近支付终端，利用声音波形与支付系统进行信息交互。声波支付的优势在于其独特性和高安全性，它不依赖传统的蓝牙或Wi-Fi技术，而是通过频率波形的变化进行加密传输，从而有效防止了信号窃听和支付数据被篡改。

声波支付的实现主要依靠手机内置的超声波模块与商家终端设备间的信号传输。由于声波支付不需要近距离的物理接触，也不依赖现有的无线网络，因此在某些特定场景下，它可以突破其他支付方式的限制。然而，声波支付在兼容性和普及度上仍然存在瓶颈，需要更广泛的设备支持和用户教育。

4. 生物识别支付

生物识别支付是一种利用个体独特的生物特征（如指纹、面部、虹膜等）进行身份验证并完成支付交易的方式。与传统的密码或 PIN 码验证方式不同，生物识别支付可以提供更加精确且安全的身份验证。随着智能手机和移动设备中生物识别技术的广泛应用，越来越多的支付平台开始将指纹识别、面部识别等技术引入支付环节。

生物识别支付的主要优势在于其便捷性和安全性。用户无须记住密码或携带银行卡，只需通过指纹或面部识别即可完成支付。此外，生物识别技术通过采集用户的生物特征数据来保证支付过程中的安全性，极大地降低了伪造或盗用的风险。然而，生物识别支付在隐私保护和数据安全方面仍需严格的法律和技术保障，尤其是面部识别和虹膜扫描等技术可能涉及敏感数据的采集与存储，如何确保用户数据的隐私性和安全性成为普及该技术的关键。

（二）移动支付的应用现状

随着技术的进步与支付需求的不断增加，全球范围内的移动支付应用呈现出多样化和快速发展的趋势。移动支付在不同地区、行业及用户群体中得到了广泛应用，并且在推动无现金支付、提升支付体验等方面发挥了重要作用。

1. 二维码支付的普及与挑战

二维码支付在中国和其他一些新兴市场国家得到了广泛应用。随着智能手机的普及和移动支付平台的迅速发展，二维码支付成为商户和消费者之间最常用的支付方式之一。尤其是在中国，支付宝和微信支付等移动支付平台通过二维码支付实现了市场渗透，并与各类线上线下商户合作，形成了一个覆盖范围广泛的支付生态系统。二维码支付不仅解决了传统支付手段中的问题，还降低了用户和商户的支付成本，推动了移动支付的普及。

尽管二维码支付普及迅速，但仍然存在一定的挑战。例如，黑客通过伪造二维码进行支付诈骗的案件时有发生。此外，二维码支付也面临着终端设备兼容性、支付信息传输的安全性等技术难题。因此，在二维码支付的未来发展中，如何提高安全性和用户隐私保护仍然是一个亟待解决的问题。

2. NFC 支付的逐步应用

NFC 支付在全球范围内的应用逐渐增加，尤其是在欧美和亚洲一些发达国家，许多银行和金融机构都已经开始推广NFC支付技术。Apple Pay、Google Pay、Samsung Pay等移动支付平台通过NFC支付为用户提供了更加便捷和安全的支付方式。NFC支付的推广不仅仅依赖消费者端设备的普及，还依赖商家终端的改造和标准化建设。

尽管NFC支付具备较高的安全性和便捷性，但其推广面临着支付终端设备不完全兼容和设备普及率低的问题。在许多地区，尤其是一些发展中国家，NFC支付尚未得到广泛应用。因此，NFC支付的进一步普及仍然需要商家、消费者和支付平台共同努力，提高设备兼容性，加大推广普及力度。

3. 声波支付的探索与挑战

声波支付作为一种创新的支付方式，虽然尚处于探索阶段，但其独特的安全性和操作简便性在特定场景下具有较强的应用前景。在一些特定行业或场景中，声波支付能够有效突破其他支付方式存在的局限性。然而，由于技术尚不成熟和设备兼容性问题，声波支付在全球范围内的普及程度较低，仍需要进一步的技术创新和标准化建设。

4. 生物识别支付的前景

生物识别支付由于其高安全性和便捷性，在金融领域得到越来越多的关注。尤其是在银行和支付平台的应用中，指纹识别和面部识别已逐渐成为支付身份验证的主流方式。生物识别技术的推广，推动了无卡支付的发展，并促进了支付环境的安全升级。然而，生物识别支付也面临隐私保护、数据泄露等问题，如何平衡用户隐私和技术应用之间的关系，将是未来技术推广的关键所在。

二、移动支付的技术架构与工作流程

移动支付是信息技术与金融服务深度融合的产物，它通过智能设备、移动网络与支付平台的结合，突破了传统支付方式的局限性，为消费者和商家提供了便捷、高效的支付手段。随着科技的不断进步，移动支付已经不仅仅局限于传统的支付行为，而是成为一个涉及支付处理、风险管理、数据安全等多个方面的复杂系统。移动支付的技术架构与工作流程的优化，决定了其在现代经济活动中的广泛应用及发展潜力。

（一）移动支付的技术架构

移动支付的技术架构是指支持支付系统运作的硬件设施、软件组件和通信协议的集合。其核心目标是实现用户支付请求的高效处理、安全传输以及支付信息的可靠存储。移动支付的技术架构通常包括终端设备层、支付平台、后端系统与支付接口层、网络通信层以及安全保障层等。

1. 终端设备层

终端设备层是移动支付架构的前端部分，主要包括智能手机、平板电脑、可穿戴设备等具备支付功能的移动终端。该层的核心功能是实现用户的支付发起操作和支付信息的传递。随着技术的不断创新，移动支付终端设备的功能不断扩展，从早期的仅支持扫码支付到现在支持NFC支付、指纹识别支付、面部识别支付等多种方式，终端设备的支付能力不断增强。

终端设备层还涉及操作系统的选择与应用程序的运行环境。大多数移动支付终端都运行在安卓或iOS操作系统上，支付平台和金融机构通常提供专门的移动支付应用程序，让用户能够进行支付操作。用户通过安装并启动相关应用，输入支付指令，选择支付方式并确认支付信息来实现移动支付功能。

2. 支付平台

支付平台是移动支付架构的核心部分，负责支付交易的处理与结算。支付平台不仅实现了支付指令的接收、验证和处理，还与各大银行、支付机构以及商户系统建立了联系，通过支付网关与后台银行系统进行实时的数据交换。

支付平台的设计需考虑高并发、大规模数据处理及安全性。为了应对海量交易数据的处理需求，支付平台通常采用分布式架构，通过负载均衡、冗余备份等技术手段保证系统的高可用性。在数据处理方面，支付平台需要具备快速交易处理能力，确保支付指令能够及时响应。因此，支付平台必须采用高效的数据库管理系统及数据压缩算法等技术，确保系统在大流量负载下的稳定运行。

3. 后端系统与支付接口层

支付平台与金融机构、商户的后端系统通过标准化的支付接口进行连接，完成支付信息的交换与结算。支付接口层的核心功能是将支付请求转发给相关的支付通道或银行处理，进行资金的划拨和验证。在这一层，支付平台需要与不同的银行系统及第三方支付机构对接，支持各种支付通道，包括银行转账、信用卡支付、电子钱包支付及预付卡支付等。

后端系统的设计不仅要考虑支付处理效率，还必须具备强大的风控能力和资金清算能力。支付平台需要通过实时的风险评估机制，检查支付请求是否涉及欺诈行为，判断支付请求的合法性。

4. 网络通信层

网络通信层是移动支付技术架构的基础层，负责在各个系统组件之间传输数据。通信层不仅要求快速稳定，还需要保障数据的安全性。通信协议的选择至关重要，常见的通信协议包括HTTPS（超文本传输安全协议）、TLS（传输层安全协议）等，这些协议通过加密技术确保支付信息在传输过程中不被截获或篡改。

在无线网络环境下，尤其是移动数据网络的复杂性及不稳定性增加了通信层的难度。为了保证支付交易的顺畅进行，支付平台通常采用冗余网络设计，通过多条传输路径来确保网络的稳定性。

5. 安全保障层

在移动支付中，数据安全是一个不可忽视的问题。安全保障层主要包括身份验证、数据加密、防篡改技术等多个层面。为保护用户的敏感信息，移动支付平台通常采用多种加密手段，如对称加密、非对称加密、哈希算法等，确保支付过程中传输的数据不被恶意第三方获取或篡改。

此外，身份认证技术在保障支付安全方面也起着至关重要的作用。常见的身份认证方式包括密码、短信验证码、指纹识别及人脸识别等。随着生物识别技术的进步，指纹识别与人脸识别已成为越来越多支付平台的标准认证方式，极大地提升了支付的安全性和用户体验。

（二）移动支付的工作流程

移动支付的工作流程通常涉及多个环节，包括用户发起支付请求、支付信息的传输、交易验证与处理、支付确认与资金结算，以及异常处理与风险管理等。每个环节都需要不同的技术支撑，并且在每个环节之间都存在严格的安全验证与数据传输机制。

1. 用户发起支付请求

当在移动终端上进行支付时，用户首先需要在支付平台上选择支付方式并确认支付金额。用户通过输入密码、指纹或人脸识别等方式完成身份验证，确保支付操作的合法性。此时，支付平台会生成一个支付请求，包括用户信息、支付金额、商户信息等内容，并将该请求发送至相关处理系统进行进一步处理。

2. 支付信息的传输

支付信息的传输通常通过无线网络进行。在此过程中，支付平台通过使用加密协议（如 HTTPS）对支付信息进行加密，以确保信息的安全性。支付请求通过网络传输到支付网关，支付网关会将请求转发到银行或支付机构的后端系统，进行资金验证和账户查询。

3. 交易验证与处理

一旦支付信息到达银行或支付机构的后端系统，系统就会进行一系列验证操作。首先，系统会核对用户账户的有效性及账户余额，确保用户具备足够的资金进行支付。接着，系统会检查支付请求是否合法，并进行风险评估，判断是否涉及欺诈行为或其他异常情况。

在验证通过后，银行或支付机构会向支付平台发送支付授权确认信息，表示交易可以继续进行。支付平台随后通知商户系统，交易已成功批准，可以进行后续的商品交付或服务提供。

4. 支付确认与资金结算

支付确认是整个支付流程中的关键环节。在支付平台收到银行或支付机构的授权确认后，平台会将支付成功的信息反馈给用户和商户，商户可以根据确认信息进行订单处理。与此同时，资金结算开始进行，支付平台会在商户账户中扣除支付金额，并将相应的资金划拨到商户账户。整个结算过程通常是实时进行的，并通过专门的资金清算系统确保资金的准确划拨。

5. 异常处理与风险管理

在支付过程中，可能会出现各种异常情况，如支付失败、账户余额不足、信息泄露等。为了应对这些风险，支付平台和银行通常配备了完善的风险管理和异常处理机制。通过对支付请求的实时监控与分析，平台能够及时识别并阻止欺诈行为，同时针对异常交易发出警告，确保交易的安全与合规。

第四节 物联网与5G技术在移动电子商务中的应用

一、物联网在移动电子商务场景中的应用

物联网技术的迅猛发展为移动电子商务带来了深远的影响，其核心价值体现在对用户体验的提升、资源配置的优化以及商业效率的提高。物联网通过智能设备之间的互联互通，构建了一个高效的数字化生态系统，为移动电子商务的创新性发展提供了坚实的技术支撑。

在智能购物领域，物联网技术以其高度的感知能力和精准的数据采集能力，极大地丰富了用户的购物体验。通过整合各种智能终端设备，物联网能够实时采集用户的购物行为、偏好以及需求数据，并借助数据分析技术，为用户提供高度个性化的购物建议。智能货架、可穿戴设备以及移动支付终端的广泛应用，使购物场景从单一模式向多元化、智能化方向迈进。物联网的感知能力确保了用户需求与产品供给之间的精准匹配，从而实现了购物效率的显著提升。

在物流跟踪方面，物联网为移动电子商务的物流环节注入了新的活力。通过对传感器、射频识别（RFID）技术和全球定位系统（GPS）的广泛应用，物流全链条的实时跟踪与管理变得可行。物联网设备能够对商品的运输过程进行全程监控，包括位置、温湿度以及运输状态等信息，并将这些数据实时传输到云端。这种实时追踪能力不仅增强了物流透明度，还有效提升了商品配送的安全性和可靠性，同时为消费者提供了更加安心的购物体验。此外，物联网还通过对物流大数据的智能分析，优化了配送路径和车辆调度策略，从而大幅降低了物流成本，提升了运作效率。

物联网在移动电子商务场景中还展现出了强大的数据整合能力。通过智能设备之间的无缝连接，各类数据资源得以充分整合和利用，为商业决策提供了科学依据。物联网系统可以在多终端、多场景下进行数据采集、传输和处理，从而构建起一个动态更新的用户画像体系。通过对用户行为的深入分析，商家能够精准预测市场需求，并据此调整产品策略和服务方案，从而在竞争中占据更大的主动权。这种以数据驱动的商业模式极大地提升了移动电子商务的灵活性和响应速度，使其能够快速适应市场变化。此外，物联网的广泛应用也推动了移动电子商务在安全性方面的持续改进。通过物联网设备的实时监控和数据加密技术，交易过程中的信息泄露风险得到了有效控制。智能识别系统的引入，使用户身份验证更加便捷和安全。物联网还能够对异常交易行为进行实时监测和预警，从而有效防范欺诈行为的发生。这种全方位的安全保障不仅增强了消费者对移动电子商务的信任，也为平台的可持续发展奠定了基础。

在运营效率方面，物联网技术通过对供应链各环节的优化整合，为移动电子商务企业带来了显著的成本优势和竞争力提升。智能库存管理系统可以根据市场需求动态调整库存水平，从而避免了库存积压和断货问题。与此同时，基于物联网的预测模型能够帮助企业更准确地把握市场趋势，从而在最短的时间内做出生产和销售决策。通过与供应链上下游企业的深度协同，物联网构建了一个高度自动化的商业网络，大幅提升了移动电子商务的整体运营效率。

物联网还通过增强现实和虚拟现实技术，为移动电子商务创造了全新的交互体验。借助物联网设备，用户可以在虚拟空间中直观地感知和评估产品特性，从而做出更加明智的购买决策。这种创新的交互模式不仅增加了购物的趣味性，也在一定程度上缩短了用户与产品之间的距离。此外，物联网设备的广泛普及为沉浸式体验的实现提供了技术保障，为移动电子商务平台的差异化竞争创造了更多可能性。

从可持续发展的角度来看，物联网在推动移动电子商务绿色转型方面也发挥了重要作用。通过对资源利用效率的智能化管理，物联网减少了能源消耗和环境污染。智能物流系统的优化调度降低了碳排放，而智能制造设备的高效运行则减少了工业废弃物的产生。这些技术创新不仅符合现代社会的环保诉求，也为移动电子商务赢得了更广泛的社会认可。

物联网在移动电子商务场景中的应用优势不仅体现在技术层面，也显现出对商业模式和社会价值的深远影响。其通过技术创新、数据驱动和资源整合，为智能购物和物流跟踪等关键场景注入了强大的动力，推动了移动电子商务的全面升级和高质量发展。在未来的发展中，随着物联网技术的进一步成熟，其对移动电子商务的价值将持续显现，为行业的创新发展提供更多可能性。

二、5G技术的核心特性与发展前景

5G技术作为第五代移动通信技术，其应用标志着通信技术发展的一个重要里程碑。它不仅是前几代技术的延续，更是一次跨越性的飞跃，尤其在高带宽、低延迟、广连接等方面展现出显著优势。这些核心特性为移动电子商务的进一步创新提供了全新的技术支撑，推动了商业模式、用户体验和产业结构的全面变革。

高带宽是5G技术最显著的特性之一，这一特性能够显著提升数据传输的速率，为移动电子商务提供更加高效的数据交互能力。在传统的电商模式中，受限于网络速率，复杂的数据传输可能会导致页面加载缓慢、视频展示卡顿等问题，这在一定程度上影响了用户体验。5G网络大幅提高了数据传输能力，使电商平台能够更高效地处理大规模数据，从而支持高清视频、增强现实、虚拟现实等新兴技术在电商场景中的应用。这种技术升级将用户的消费体验从单纯的文字、图片描述提升到了多维度、沉浸式的互动体验，极大地增强了用户的购物决策能力。同时，数据的高效传输也为商家提供了更多创新的可能性，例如通过实时分析用户行为数据，定制个性化推荐方案，提高用户黏性。

低延迟是5G技术的另一核心特性，极大地缩短了数据在网络中的传输时间。这种性能的优化为移动电子商务中的实时交互奠定了技术基础。以往的电商交易中，用户与系统之间的交互往往受到网络延迟的影响，从而限制了实时交互的广泛应用。5G网络以其毫秒级的延迟特性，能够在瞬间完成指令传输和响应，这使得实时客服、智能客服机器人等功能更加高效。此外，低延迟还使得云计算和边缘计算的结合更加顺畅，为移动电子商务平台实时处理海量交易数据、动态调整库存和定价策略提供了可靠保障。这一特性在促销活动高峰期尤为重要，可以有效避免网络延迟导致的订单失败和支付错误问题，为消费者和商家提供更加顺畅的交易环境。

广连接能力使得5G技术能够支持更大规模的设备接入，这是对传统通信

技术的一次重要突破。在电子商务领域，这一特性推动了物联网技术的广泛应用，使得智能设备之间的互联互通成为可能。通过5G网络的支持，智能家居设备能够与电商平台实现无缝对接，用户可以通过语音助手直接完成购物下单。此外，物流环节的智能化也得益于5G的广连接能力，智能仓储设备、无人配送车辆等可以通过实时互联优化配送效率和路径规划，为用户提供更加高效便捷的服务。这种技术拓展了电子商务的服务边界，使得电商平台不仅是交易的场所，更成为连接万物的服务枢纽。

从发展前景来看，5G技术的普及将进一步加速移动电子商务的变革。在技术层面，5G为人工智能、区块链等前沿技术与电子商务的深度融合提供了重要支撑。这些技术的协同作用可以提升移动电子商务的运营效率和安全性，例如通过区块链技术保障交易的透明性和可信度，通过人工智能优化用户体验和服务质量。在市场层面，5G将推动移动电子商务从城市向乡村地区延伸，弥合数字鸿沟，使更多用户能够享受到高质量的移动电商服务。此外，随着5G技术的成熟，移动电子商务的业务形态将更加多元化，跨境电商、社交电商、直播电商等新模式将获得更广泛的发展空间。

5G技术的高带宽、低延迟、广连接等核心特性对移动电子商务的创新发展具有深远的影响。它不仅提升了用户体验，还为产业结构的优化和商业模式的多样化提供了坚实的技术基础。在未来，随着5G技术的不断演进，移动电子商务将在更高水平上实现全面创新与升级，助推数字经济的发展迈向新的高度。

三、物联网与5G技术协同下的新型商业模式

物联网与5G技术的结合正推动新型商业模式的形成，为移动电子商务注入了全新的动力。二者的协同作用，不仅提升了移动电子商务的效率与灵活性，还在交互方式、数据传输及用户体验等方面带来了深刻的变革。这种变革表现在技术的集成优化和商业模式的创新升级上，正在塑造一个更加智能化、互联化的商业生态。

物联网通过智能终端的普及与网络的无缝连接，使设备之间能够实现数据的自动化交互和协作。与此同时，5G技术以其高带宽、低延时、大连接的特点，为物联网的部署与运行提供了坚实的通信基础。二者的结合使得移动电子商务的实时互动能力得到了显著提升。在这一技术框架下，商家能够实时捕捉消费者的需求变化，基于实时数据进行精准的市场响应。这种即时性不仅缩短了信息传递的时间差，还使消费者与商家的交互从被动转为主动，为消费者提供了更具个性化的购物体验。

5G技术的高速率和低延时特性，赋予了移动电子商务平台强大的实时数据处理能力，使得平台能够承载更复杂的数据流量，并支持多样化的互动形式。以往受限于带宽的交互形式，如高清视频、增强现实以及虚拟现实技术，得益于5G的普及得以更广泛地应用于电子商务场景。用户在浏览商品时，可以通过虚拟试衣、3D商品展示等方式更加直观地感知产品的特性。物联网设备则通过智能传感器与终端设备的协同运作，实现了用户需求与商家服务的深度连接。这种技术赋能不仅丰富了用户的购买体验，还进一步提高了商品信息传递的准确性与互动性。

物联网与5G的结合在数据传输方面也带来了颠覆性的变革。物联网借助传感器、摄像头及其他智能设备，能够大规模收集分布式的数据，这些数据涵盖用户的消费偏好、使用习惯以及购物行为等方面。这些数据在传统电子商务模式中由于传输效率低、处理延时长而无法充分发挥价值。而5G的高带宽特性使这些数据的实时传输成为可能，让大规模的数据集成处理在短时间内完成，为移动电子商务平台的智能化运营奠定了基础。通过数据驱动的商业决策，商家能够根据分析结果优化产品设计、供应链管理和市场推广策略。此外，物联网与5G技术的深度融合还催生了许多创新性的服务模式。智能物流系统的出现便是其中之一。物联网设备通过对仓储、运输、配送等环节进行实时监控与数据采集，可以动态调整物流路线，提高配送效率并降低运营成本。借助5G技术，这些物联网设备之间的通信更加顺畅，物流数据能够在第一时间传递至管理平台并反馈至终端用户。消费者不仅能够实时追踪订单状态，还能享受更加快捷的配送服务。这种服务模式的改进，为移动电子商务的整体运营效率提供了巨大的提升空间。

除了物流环节的优化，物联网与5G协同还在推动移动电子商务向更智慧化的方向发展。例如，智能推荐系统通过分析用户数据，为消费者提供高度定制化的购物建议。物联网设备将用户的行为数据实时上传至平台，借助5G的计算能力，这些数据能够快速融入机器学习算法，生成个性化的推荐结果。与传统算法不同，这种实时数据处理的方式，使得推荐结果更加贴近用户的即时需求，从而大幅提升了用户对平台的依赖性与忠诚度。

这种变革并不仅限于用户端，商家端的运营模式同样经历了显著的转型。在物联网与5G的支持下，商家能够通过数据分析了解市场的动态变化，灵活调整供货策略。这种供需关系的快速匹配，极大地降低了库存成本，提高了资源的利用效率。尤其是在市场竞争日益激烈的背景下，这种模式帮助商家实现了差异化竞争，进一步增强了市场竞争力。

物联网与5G技术还在一定程度上推动了移动电子商务从单一平台向多渠道整合的方向演进。消费者不再局限于通过传统的电商平台获取商品信息，而是通过智能家居、可穿戴设备等多种终端与商家进行交互。5G的高速网络支持多终端的实时数据同步，使消费者能够随时随地获取所需服务。这种全渠道的购物体验，不仅延伸了移动电子商务的服务边界，还强化了用户对品牌的感知与认同。

第五节　案例分析：京东的无人配送与5G技术应用

京东作为中国领先的电商平台之一，在近年来积极探索5G技术在移动电子商务中的应用，尤其是在物流配送领域，取得了显著的成效。这一战略的核心在于利用5G技术的低延迟、高速率和广连接能力，推动了无人车和无人机配送的全面发展。传统的电商物流模式，尽管在过去多年中经历了不断优化，但仍然受到人工、时间和空间的制约。而京东的创新应用通过引入5G技术，突破了这些限制，展示了如何通过先进技术提升配送效率并改善消费者的购物体验。

在传统的电商配送模式中，尽管随着物流基础设施的建设和优化，配送效率有所提高，但仍然无法完全解决配送中的一些关键问题。配送时间长、人工成本高、物流运作效率不高等问题始终存在。京东认识到这些问题的根源，并开始在物流领域进行技术创新，特别是在智能配送方面的探索。通过5G技术，京东能够实现无人配送车和无人机的运作。这些无人配送工具能够在没有人工干预的情况下，通过高效的算法和实时数据传输进行智能调度。这意味着，无论消费者位于城市的哪个角落，京东都能够在极短的时间内，通过无人车或无人机将商品准确送达，确保配送的时效性和准确性。

5G网络的低延迟和高速率，使得这些无人配送工具能够实时接收和传输数据，进行精确的路线规划。传统的物流配送系统在进行路线规划时，往往需要根据历史数据和人工判断进行优化，这一过程不仅效率低下，而且容易出现错误。而利用5G网络，京东的无人配送工具能够在运行过程中实时感知周围环境，动态调整配送路径，根据实时交通情况、天气变化等因素进行灵活调整。这种高效的数据交换能力，使得配送过程能够更加顺畅，避免了由于交通堵塞、恶劣天气等外部因素造成的配送延误。

与传统的物流方式相比，5G技术支持下的无人配送不仅大幅降低了人力成本，还能够显著缩短配送时间，提高配送效率。传统的配送模式通常依赖大量的人力资源，配送员需要逐一核对商品、送货地址和配送路线，这一过程中常常会遇到交通堵塞、订单量大等问题，导致配送效率低下，消费者需要等待较长时间才能收到商品。而采用无人配送技术后，京东不仅减少了对人力的依赖，还通过智能化的配送系统，最大限度地提高了运输工具的运载能力，确保了货物能够快速准确地送达消费者手中。此外，京东的这一创新应用不仅是技术的升级，更是消费者购物体验的一次重大提升。随着消费者对购物体验要求的不断提高，快速而准确地配送已成为现代电商平台竞争的关键。5G技术使得京东能够在全球范围内为消费者提供几乎无延迟的购物体验，无论是大城市的快递还是偏远地区的配送，京东的无人配送都能够做到高效且稳定。这种极速配送服务，无疑提升了消费者的满意度，也为电商平台赢得了更多的用户忠诚度。

京东的成功案例显示了5G技术在移动电子商务中的巨大潜力，尤其是在物流和配送领域的应用前景。传统的电商物流模式已逐渐不能满足日益增长的市场需求和消费者的高标准要求，而5G技术的引入为电商平台提供了新的解决方案。随着5G技术的普及，其他电商平台将有机会借鉴京东的经验，结合自身的实际情况，探索适合自己的创新服务模式。例如，未来的电商平台或许能够结合人工智能、大数据与5G技术，通过精确的预测算法和智能化系统，提供更加个性化的配送服务，进一步提高购物体验，甚至可能实现"秒级配送"的目标。

在5G技术的推动下，物流配送的智能化、自动化、无人化将成为未来电商平台发展的必然趋势。这不仅是一个技术问题，更是服务质量和用户体验的全面升级。京东的无人配送方案，通过精确的路径规划和实时数据传输，极大地提高了配送的精准度和效率。而这种技术优势的背后，是5G网络所提供的强大支撑，正是因为5G能够提供低延迟、高带宽和高连接数，才使得无人配送能够在复杂的城市环境中顺利运作。

随着5G技术的普及，电商平台的配送模式将进一步发展。未来的电商平台可能会运用更多的智能设备，如无人机、智能机器人等，结合5G技术，为消费者提供更加便捷和高效的购物服务。与此同时，5G还能够为电商平台提供更加精准的数据支持，帮助平台更好地理解消费者需求，进行个性化营销和推荐，进一步推动移动电子商务的发展。

京东通过5G技术在物流领域的成功实践，已经为其他电商平台提供了可借鉴的创新模式。未来，随着5G技术的不断发展和普及，移动电子商务将在更多领域得到更广泛的应用，极大提升消费者的购物体验，并促进电商行业整体的创新性发展。

▶ **案例讨论问题**

1. 结合京东的无人配送案例，分析5G技术如何推动了电商物流的创新与升级。
2. 在京东无人机配送与5G技术的应用场景中，5G技术的低延迟和广连接能力带来了哪些具体优势？这些优势对消费者的购物体验有何影响？
3. 未来其他电商平台是否能够借鉴京东的经验，如何在自己的物流系统中应用5G技术以提升效率？

习　　题

（一）选择题

1. 移动互联网的核心技术之一是（　　）。
   A. 人工智能　　　B. 无线通信技术　C. 虚拟现实技术　D. 云计算技术
2. 5G技术的主要特点不包括（　　）。
   A. 高带宽　　　　B. 低延迟　　　　C. 广连接能力　　D. 高能耗
3. 下列技术中，可以支持智能设备与电商平台之间的实时互动的是（　　）。
   A. 3G技术　　　　B. 5G技术　　　　C. 蓝牙技术　　　D. 4G技术

（二）填空题

1. 随着无线通信技术的发展，_____技术逐渐成为移动互联网发展的重要基础之一。
2. _____技术的引入为无人配送系统提供了可靠的通信支持，使得物流配送过程更加高效与智能化。
3. 移动电子商务的快速发展离不开云计算、大数据和_____等技术的深度融合。

（三）简答题

1. 请简要描述5G技术在移动电子商务中的潜在应用，特别是在物流配送和智能购物方面的优势。
2. 结合移动互联网与无线通信技术的发展，分析如何通过技术创新改善消费者的购物体验。
3. 在未来几年中，物联网与5G技术的结合可能会带来哪些新的商业模式？请举例说明。

第三章 移动电子商务市场环境分析

第一节 移动电子商务的宏观经济环境

一、经济全球化对移动电子商务的推动作用

经济全球化是当今世界经济发展的重要特征,它指的是世界范围内经济活动在生产要素、商品服务、资本、技术以及信息等方面的高度流动与整合。这一趋势深刻影响了全球市场的运行模式、产业链的组织形式和消费者的行为模式。在经济全球化的背景下,移动电子商务作为数字经济的重要组成部分,得到了前所未有的发展机遇和广阔的市场前景。经济全球化的主要推动力在于技术进步、资本流动以及贸易自由化的加速。这些因素相互作用,为移动电子商务的发展创造了有利条件。

技术进步特别是信息通信技术的发展,是经济全球化的重要支柱。移动互联网的普及和5G等通信技术的飞速发展,极大提高了移动设备的连接性能,为移动电子商务提供了技术支持。企业能够通过数据挖掘、人工智能等手段精准把握消费者需求,从而优化营销策略,提升消费体验。此外,技术进步还降低了跨境交易的成本和门槛,使得商品和服务能够以更低的成本进入不同国家和地区的市场。

资本的全球流动同样对移动电子商务的快速发展起到了重要作用。经济全球化使得资本流动变得更加便捷和自由,大量资金投入移动电子商务平台的建设与技术创新之中,为行业的发展提供了强大的资金保障。这种资本投入不仅体现在基础设施的建设上,还促进了平台竞争的加剧,推动企业不断创新商业模式以应对日益激烈的市场竞争。资本的注入使得企业能够更好地开展品牌推广、提升服务质量,从而巩固市场地位。

贸易自由化进一步推动了经济全球化的深化,为移动电子商务开拓了更广阔的市场空间。关税壁垒的降低以及各国之间达成的自由贸易协定,为商品和服务的跨境流通创造了便利条件。在此背景下,移动电子商务成为企业进入全球市场的重要渠道。与传统的线下贸易相比，移动电子商务通过数字化平台实现了交易的便捷化与效率的提升，使得跨国企业能够快速进入目标市场，同时为中小企业提供了参与国际竞争的机会。

消费者行为的变化是经济全球化与移动电子商务相互作用的重要体现。全球化的加深使得不同国家和地区的消费者之间的信息流动更加频繁，消费需求日益趋同。消费者的购物习惯逐渐向线上迁移，这为移动电子商务的发展提供了稳定的需求基础。企业通过市场营销手段，能够更有效地捕捉消费者偏好，制定差异化的营销策略，以满足多样化的市场需求。同时，消费者对即时性和个性化服务的需求也推动了移动电子商务平台在功能设计上的不断优化，进一步提高了消费者的黏性。

在全球化的驱动下，移动电子商务的市场竞争格局也发生了深刻变化。全球范围内的市场竞争日趋激烈，企业不仅需要应对本土市场的竞争压力，还要面对国际市场中的强劲对手。在这一背景下，移动电子商务企业通过跨境合作、资源整合以及供应链优化等方式提升竞争力，形成了全球化的经营模式。通过数字平台整合全球资源，企业可以更快地响应市场需求变化，增强自身的竞争优势。此外，市场营销在这一过程中发挥了重要作用。企业利用社交媒体、搜索引擎优化以及内容营销等策略，在全球范围内吸引消费者的注意力，从而提高品牌的国际知名度。同时，经济全球化带来的文化多样性为移动电子商务提供了新的发展机遇。随着全球文化交流的加深，不同文化之间的相互渗透影响了消费者的购买行为。移动电子商务平台通过大数据分析洞察这些文化差异，针对不同地区消费者制定本地化营销策略，以更好地满足区域市场的需求。这种精准化和本地化的市场营销策略使得企业能够更有效地扩展市场份额。

经济全球化还通过制度的协调与统一为移动电子商务的发展提供了支持。国际上关于电子商务的法律法规逐渐完善，特别是在数据安全、隐私保护和知识产权方面的全球合作，为移动电子商务的发展创造了更加稳定和安全的环境。这不仅增强了消费者对电子商务的信任感，也促进了企业之间的良性竞争。在这一过程中，市场营销起到了桥梁作用，帮助企业与消费者之间建立起更深层次的信任关系。

经济全球化对移动电子商务的推动作用是多维度的。从技术支持、资本流动到贸易自由化，再到消费者行为变化与文化多样性的影响，每一个维度都为移动电子商务的发展注入了强劲动力。在这一背景下，市场营销作为企业与市场之间的重要纽带，帮助企业抓住全球化带来的机遇，优化资源配置，提升服务水平，从而实现移动电子商务的可持续发展。经济全球化与移动电子商务的互动为全球经济注入了新的活力，开创了数字经济时代的新格局。

二、数字经济发展对移动电商的影响

数字经济的发展为全球商业环境带来了深刻的变革，特别是对移动电子商务（移动电商）的推动作用。随着技术的不断进步和市场需求的不断变化，数字经济为移动电商提供了新的发展空间，并通过优化支付手段、强化网络基础设施以及推动创新应用，深刻影响着移动电商的运行模式与发展方向。

（一）移动支付的革新与影响

移动支付作为数字经济的重要组成部分，极大地促进了移动电商的发展，并对消费模式、商业运营及支付生态系统产生了深远影响。传统支付方式中，消费者和商家在交易过程中常常需要面对诸如交易时间过长、支付信息泄露及支付流程烦琐等问题。而移动支付的兴起有效解决了这些难题，提供了更为快捷、安全和灵活的支付选择。

移动支付技术通过集成多种支付方式（如二维码支付、近场通信支付、指纹识别支付等）提升交易安全性，极大提高了支付效率与用户体验。这不仅减少了消费者的购买障碍，还降低了商家的交易成本。同时，移动支付平台通过对交易数据的积累与分析，帮助商家更好地了解用户需求，从而精细化管理客户关系，优化产品推广与销售策略。此外，移动支付的发展也推动了新兴支付技术的出现，如基于区块链的支付方式，进一步提高了交易的透明度与安全性。

随着数字货币与人工智能的逐步渗透，移动支付在未来的商业模式中将继续发挥着关键作用。数字经济环境下，支付技术的不断演进为移动电商带来了新的创新动力和发展机遇。企业可以通过更为个性化和智能化的支付方案，提升消费者的购物体验，增强市场竞争力。

（二）网络基础设施的升级与发展

网络基础设施的升级，特别是5G技术的应用，极大地推动了移动电子商务的发展。5G技术不仅提升了数据传输的速度和带宽，还优化了网络的连接稳定性，为移动电商的各类操作提供了技术支持。5G技术的引入，尤其在视频带货、直播电商等领域的应用，改变了移动电商的消费场景，使得消费者能够随时随地进行互动、购买与分享，进一步拉近了商家与消费者之间的距离。

在5G技术的推动下，消费者通过高清的视频、图像和实时互动，不仅获得了更丰富的商品展示与购物体验，也增强了对商品的购买欲望和信任感。视频直播与短视频带货成为当前移动电商的主流方式，商家通过实时互动与个性化推荐，快速吸引消费者注意力，提高转化率和用户忠诚度。5G网络的普及，进一步推动了大数据与人工智能在移动电商中的应用，使得电商平台能够更精准地进行个性化推荐、精准广告投放与市场预测。

此外，5G技术还推动了移动电商平台内容营销的创新发展。多媒体内容的应用，结合高质量的视觉效果与互动形式，极大提升了商品的展示效果与消费者的购买体验，推动了消费者从传统浏览模式向"沉浸式购物体验"转变。企业能够利用网络基础设施提供的高速连接与大数据分析能力，进行更为高效的用户互动与精准营销。

（三）移动电商平台的多元化发展

数字经济不仅推动了支付手段和网络技术的发展，还促进了移动电商平台的多元化与创新发展。在技术支撑下，企业不仅能够在支付、物流等基础环节提升效率，还能通过技术整合，提供更多元化的购物体验。例如，社交电商、直播带货、AR/VR购物等新型电商模式正逐渐成为市场的主流，企业可以通过这些技术实现与消费者更为密切的互动与连接，从而提升消费者的参与感与忠诚度。

作为移动电商的重要发展方向，社交电商结合了社交媒体平台与电商购物的优势。社交网络不仅帮助商家扩大了品牌曝光度，还让消费者在购买过程中享受到了更多的社交互动。例如，通过社交平台上的群体讨论、商品评价、互动式推荐等功能，消费者能够更真实地了解商品和服务，从而做出更加理性的消费决策。此外，平台商家还能够通过社交平台进行精准的市场细分和个性化推广，基于用户的社交行为、兴趣爱好及互动历史，精准触达目标消费群体。

在数字经济的背景下，移动电商平台正不断探索跨界融合的新模式。平台与第三方服务商、支付机构以及物流公司等形成了多方合作生态，推动了平台运营效率的提升和成本的降低。同时，平台通过整合更多的增值服务，如个性化推荐、即时配送、退换货保障等，进一步提升了消费者的购物体验和平台的市场竞争力。

（四）数据分析与消费者行为的深度洞察

数字经济的发展促使移动电商平台更加注重数据的收集与分析，以此为基础推动决策优化与策略创新。随着大数据与人工智能技术的不断成熟，移动电商平台能够在短时间内获取并分析海量用户数据，洞察消费者行为模式及市场动态，从而为精准营销与产品优化提供数据支持。

通过对消费者行为数据的采集与分析，移动电商平台能够发现潜在的市场需求，及时调整产品布局与推广策略。移动电商平台通过实时的数据反馈机制，对消费者的购物路径、购买频次、价格敏感度等进行精细化管理，为用户提供个性化的推荐服务，提升购买转化率和客户黏性。数据分析不仅能帮助商家提升运营效率，还能有效减少库存积压、提高供应链的灵活性，从而降低成本，优化资源配置。

数字经济中的数据分析能力还助力移动电商平台提升服务质量。通过数据洞察，平台能够实时监控和调整客户服务体系，增强用户体验，建立良好的客户关系管理机制。通过智能客服、自动化推送与客户评价系统等工具，移动电商平台能够及时回应消费者需求，增强客户满意度与忠诚度。

（五）持续创新与安全挑战的平衡

随着数字经济的快速发展，移动电商面临着更加复杂的市场环境与技术挑战。行业在享受技术创新带来的便利的同时，也必须面对数据安全、隐私保护、网络攻击等问题。数字经济不仅为电商行业提供了强大的创新驱动力，也带来了对安全性、透明度及合规性的更高要求。为了确保可持续发展，电商平台需要在创新与安全之间找到平衡点。尤其是在移动支付普及的背景下，支付数据的安全性成为消费者关心的核心问题之一。企业需要加强支付系统的加密技术和数据防护措施，确保用户的交易数据和个人信息不受侵害。同时，随着5G技术的发展，信息传输速度和频率的提高也增加了网络安全的复杂性，企业需要建立更加完善的网络安全防护体系，防范潜在的网络攻击和数据泄露风险。

数字经济的发展促使了移动电商行业不断创新和转型，企业通过技术创新不断优化商业模式，提升运营效率。然而，在技术飞速发展的同时，行业对数据安全和隐私保护的重视程度也不断提升。企业需要在保障用户权益和实现商业创新之间找到恰当的平衡，才能在竞争激烈的市场中稳步前行。

（六）数字经济驱动下的市场营销理论创新

在数字经济的推动下，移动电商的市场营销模式也经历了深刻的变化。企业不再仅仅依赖传统的营销手段，而是通过数据分析、人工智能、社交媒体等数字工具实现精准营销和个性化服务。市场营销理论的创新成为移动电商应对数字经济挑战的关键。

通过精准的用户画像与数据分析，移动电商平台能够在用户需求发生变化时，及时调整营销策略。营销活动不仅仅局限于传统的广告投放，更加注重通过社交互动、内容创作与体验式营销等手段吸引用户关注和参与。这一过程要求企业深度理解消费者行为，并基于此调整营销内容和方式，从而提高品牌忠诚度和市场竞争力。

三、政策法规对电子商务的影响

(一) 国家法律法规的规范作用

国家法律法规在电子商务领域中的作用至关重要，尤其在数字化转型过程中，法律体系的完善对于维护市场秩序、保障消费者权益、促进行业可持续发展起到了基础性作用。《中华人民共和国电子商务法》(简称《电子商务法》)和《中华人民共和国消费者权益保护法》(简称《消费权益保护法》)作为核心法律，已成为现代电子商务监管的重要保障。

1. 《电子商务法》的影响

《电子商务法》的制定标志着国家对数字经济的高度关注。随着电子商务的快速发展，传统的市场秩序逐步被数字交易所取代，这带来了信息不对称、虚假广告、网络欺诈等问题。电子商务法明确了电商平台、商家和消费者之间的法律责任，在平台运营、交易信息透明化、知识产权保护等方面做出规范，为电子商务行业提供了清晰的法律框架，确保了市场交易的公平性和安全性。这一法律的实施，有效避免了无序竞争和市场秩序的破坏，促进了行业的健康发展。

2. 《消费者权益保护法》的作用

《消费者权益保护法》通过强化消费者的知情权、选择权和公平交易权，对电商行业产生了深远的影响。尤其在网络购物环境中，法律强化了消费者的退换货权益，严打虚假宣传和误导性广告。这些规定不仅保护了消费者的基本权益，还提升了消费者对电商平台的信任度，从而为企业树立了更加严谨的市场形象，并促使其营销活动更加规范、诚信。

3. 市场营销的规范性与引导作用

国家法律通过明确底线规则，对电商平台及商家的行为进行规范，保障了市场行为的合法性与透明度。例如，电子商务法要求平台对商家资质进行审查，并对违法行为承担连带责任，这迫使平台加强对商家的管理，营造更加健康、公平的市场环境。法律法规不仅约束市场行为，还为企业的创新提供了保障。尤其是在数据隐私保护和跨境电商领域，法律规定为企业在合法范围内创新提供了支持。

4. 行业自律与合规建设

法律法规的实施推动了行业自律机制的建立。电商企业在合规监管的引导下，逐步形成了内部合规体系，促进了行业整体的规范化发展。在跨境电商竞争加剧的背景下，法律法规为企业提供了国际化竞争的合规保障，使其在国际市场中能够更加稳健地运营。

5. 宏观层面的影响

国家法律法规的实施不仅维持了行业秩序，还通过提升市场效率、优化资源配置促进了经济体系的可持续发展。在一个合规的市场环境中，中小企业得以获得公平竞争的机会，创新和差异化的营销策略成为其突破的关键。消费者权益保护法进一步促进了内需的增长，推动了整体经济的繁荣。

（二）税收政策的调控效应

税收政策作为国家宏观经济调控的重要工具，对电子商务行业具有深远的影响。通过增值税和企业所得税等税种，政府调控了企业成本、市场竞争格局和价格策略，影响了整个行业的运营效率和市场行为。

1. 增值税对企业成本与价格策略的影响

增值税的链条式抵扣机制对电商企业的运营成本结构产生了重要影响。企业需要具备高效的财务管理能力，以确保税务合规，这直接影响了企业的成本控制能力。增值税税率的变化对企业的资金流动性和利润空间产生了直接影响，尤其对价格敏感的电商市场而言，增值税税率变化导致的成本增加通常会传递至市场价格，影响消费者购买行为。企业需根据税收政策变化调整定价策略，确保在保持市场份额的同时应对成本压力。

2. 企业所得税与资源配置

企业所得税的存在迫使企业更加关注成本控制和税务规划。税率的变化直接影响资本流动和投资行为，高税率可能促使企业优化内部资源配置，而低税率则可能鼓励企业加大研发和扩展投入。在电子商务领域，企业所得税对于创新型企业和规模化运营的影响尤为显著，推动了行业在技术和模式上的不断创新。

3. 税收政策对市场竞争的引导

税收政策通过调节企业的成本与价格，间接影响市场需求和竞争格局。增值税的传递机制使得供应链中上下游企业的成本互相影响，最终反映到市场价格中。税收政策的合理调节有助于推动行业内部的资源整合与优化，提高市场竞争的公平性。

4. 跨境电商中的税收差异

跨境电商企业在不同地区运营时，税收政策的差异性对其市场布局和运营策略有着深远影响。税收政策不仅是企业运营成本的一部分，也决定了企业在全球市场中的竞争力。跨境电商企业需要充分分析各地区的税收环境，制定符合当地法规的策略，以保持全球化运营的合规性和成本优势。

(三）隐私保护与数据安全的政策约束

隐私保护和数据安全成为现代市场营销中不可忽视的重要问题。随着数字技术的发展，数据隐私保护不仅是法律规定，更是市场竞争中的核心要素。

1. 隐私保护政策的法律框架

隐私保护法律的核心在于平衡数据使用与个人权益的关系。企业在采集和使用用户数据时，必须遵循合法合规的原则。法律要求企业在获取数据之前获得用户的明确同意，并确保数据采集、存储和使用过程中的透明性。这些规定既保障了用户的隐私，也为企业提供了操作的合法框架。

2. 技术与管理的挑战

隐私保护政策要求企业在数据存储和处理过程中采用先进的技术手段，如加密技术和访问控制。虽然这些技术有效保障了数据安全，但也提高了企业的运营成本。此外，随着数据保护政策的全球化，各地区的法律差异使得跨国企业在合规方面面临较大的挑战。企业不仅要满足国内外多个法律体系的要求，还要应对数据管理复杂性增加的问题。

3. 数据隐私的市场营销影响

隐私保护政策直接影响着企业的市场营销策略。传统的营销模式依赖大数据分析进行精准营销，但在隐私保护法规的约束下，企业必须重新评估数据的合法性和使用范围。尤其是在用户撤回数据使用同意或要求删除数据的情况下，企业可能需要调整营销计划，甚至面临经济损失。

4. 数据伦理与企业责任

隐私保护政策的实施促进了企业在数据使用过程中的伦理意识。企业需要在数据采集和使用过程中充分尊重用户权益，避免过度营销或不当使用数据而损害用户信任。如今，用户对数据隐私的关注日益增加，企业不当使用数据可能会导致品牌声誉受损，从而影响市场竞争力。

5. 隐私保护推动创新与信任建设

尽管隐私保护带来了挑战，但也为企业提供了新的机会。企业在隐私保护方面的优异表现能够赢得用户的信任，提升品牌形象。此外，随着隐私保护政策的推动，数据安全技术不断创新，市场营销领域的技术应用也在不断进步。这为企业在遵守法律的同时提供了更大的创新空间，推动了整个行业的发展。

6. 透明度与用户关系的构建

隐私保护政策的实施促进了企业与用户之间的互动和信任建设。通过提高数据管理的透明度，企业能够更好地理解用户需求，并在数据使用和市场策略上做出精准的调整。这种基于信任和透明度的关系不仅提升了企业的社会责任感，也创造了更多的商业价值。

隐私保护和数据安全的政策约束对市场营销活动的影响深远，企业在合法合规的框架下提升数据管理能力，才能应对日益复杂的政策要求。如何平衡数据使用与用户隐私保护、技术创新与法律合规将是未来研究的关键议题。

第二节　移动电商平台的竞争格局

一、市场主要参与者的竞争态势

在移动电商领域内，市场主要参与者之间的竞争态势尤为激烈。头部平台在市场竞争中占据重要地位，其市场份额和运营策略直接影响行业整体格局。在移动电商市场中，这些平台不仅通过资源整合和技术创新来提升竞争力，还以多样化的营销策略和服务模式获取消费者忠诚，从而保持市场的领导地位。

头部平台通常占据较高的市场份额，这得益于其成熟的商业模式和庞大的用户基础。这些平台通过构建全面的生态系统，将产品销售、供应链管理、物流配送、支付服务以及售后支持紧密结合，形成高效而有竞争力的运营链条。这种生态系统的核心在于用户体验的优化，尤其是在服务的便捷性、交易的安全性以及购买过程的个性化上。这些因素显著提升了用户的黏性，使得平台在市场中的主导地位愈加巩固。

在市场策略方面，头部平台依托大数据技术，通过精准分析用户行为和消费偏好来制定营销方案。这种基于数据驱动的决策能够实时调整商品推广策略，从而实现资源的最优配置。同时，个性化推荐算法的广泛应用使消费者能够在平台上接触到更加符合其需求的商品与服务，从而显著提高了购买转化率。对于消费者而言，这种体验是高度便利且具有吸引力的，而对于平台而言，这一策略有助于提升收入并扩大市场份额。

头部平台还通过构建多样化的业务结构来加强市场竞争力。在传统电商业务的基础上，头部平台逐渐延伸至直播电商、新零售以及跨境电商等领域。这种多元化布局不仅提升了平台的抗风险能力，还为消费者提供了更为丰富的消费场景。这些新兴业务模式往往是通过技术创新和市场需求的深刻洞察来实现的，其核心目的是进一步挖掘市场潜力并满足日益复杂的消费需求。与此同时，头部平台的竞争策略还体现在品牌合作与供应链优化方面。通过与知名品牌建立深度合作，这些平台能够获取优质商品的独家销售权，进而提升自身的市场吸引力。在供应链管理中，头部平台采用先进的物流技术和高效的仓储系统，确保商品能够快速送达消费者手中。这不仅增强了消费者对平台的信任，也显著降低了运营成本，从而形成双重竞争优势。

价格策略亦是头部平台竞争的关键要素之一。通过大规模采购和供应链整合，这些平台能够以低成本获取商品，从而在价格上占据优势。同时，频繁推出的折扣活动和促销策略也吸引了大量价格敏感型消费者。这些活动通常伴随着大规模的市场推广和广告投放，进一步扩大了平台的市场影响力。此外，头部平台对于技术创新的持续投入是其保持市场竞争力的重要保障。人工智能、区块链以及物联网等前沿技术的应用，使这些平台能够在智能推荐、数据安全和物流追踪等方面取得突破性进展。这种技术优势不仅提升了平台的运营效率，还为其在未来市场竞争中奠定了坚实基础。

在政策与法规层面，头部平台同样表现出强大的适应能力和敏锐的前瞻性。随着电子商务行业的快速发展，相关法律法规逐步完善，平台需要在合规性与创新性之间寻求平衡。头部平台通常能够快速调整策略以满足政策要求，同时通过与监管部门合作推动行业规范化发展。这种主动性和责任感不仅提升了平台的社会形象，也进一步巩固了其市场领导地位。

从市场营销的角度来看，头部平台通过整合线上与线下资源，构建全渠道营销体系，有效提升了消费者触达率。这种整合不仅包括数字广告的精准投放，还涉及实体零售店的体验升级。全渠道营销策略的核心在于创造无缝的消费体验，使得消费者无论在何种场景下都能够方便地接触到平台的产品与服务。这种全面覆盖的营销方式极大地增强了平台的市场渗透力。

头部平台还注重品牌形象的塑造，通过精细化运营不断提升消费者对平台的信任感和忠诚度。这种运营不仅体现在产品质量和服务水平上，还包括社会责任的履行。平台通过参与公益活动、推动可持续发展以及支持中小企业成长等方式强化其社会责任感，从而在市场竞争中占据更高的道德制高点。

头部平台在电子商务市场中的竞争优势来源于其多方面的综合能力。通过整合资源、优化服务、推进技术创新以及强化品牌建设，这些平台在激烈的市场竞争中脱颖而出，持续保持领先地位。市场营销策略在这一过程中起到了关键作用，为平台的长期发展提供了重要支撑。

二、中小型平台的生存与创新路径

在当前市场竞争日益激烈的环境中，中小型平台在资源有限、品牌影响力较弱的情况下，如何实现生存与创新是一个备受关注的课题。在这种背景下，差异化发展路径成为中小型平台在竞争中脱颖而出的重要策略。差异化发展的核心在于基于市场洞察，明确自身的独特市场定位。通过深入分析目标市场的需求与偏好，发现未被满足的市场空白或细分领域，并在此基础上制定独特的价值主张，中小型平台可以通过提供独具特色的产品、服务或用户体验来吸引并留住目标客户群体。这一过程不仅要求平台对市场趋势和消费者行为有深刻的理解，还需通过不断优化资源配置来提高价值传递的效率。

品牌建设与传播是差异化发展中不可忽视的关键环节。中小型平台在建立品牌形象时，需要通过精确的品牌定位，在消费者心智中形成清晰且与众不同的品牌认知。强有力的品牌形象可以增强客户的信任感与归属感，从而进一步提升用户忠诚度。在传播方面，创新的品牌传播策略不仅能扩大品牌影响力，还能帮助平台在竞争中抢占更多的市场份额。通过精准的市场营销手段，如数据驱动的广告投放或内容创作，中小型平台可以有效触及目标受众，从而提高品牌的市场渗透力。

技术创新是推动中小型平台实现差异化发展的重要驱动力。在快速变化的数字经济时代，新兴技术的应用深刻影响了市场竞争格局。中小型平台可以利用技术手段优化运营流程、提升服务质量并增强客户体验。例如，通过数据分析技术，中小型平台可以对客户需求进行精准定位，并根据分析结果调整产品策略，从而增强市场竞争力。同时，技术创新还能帮助平台降低运营成本、提高资源利用效率，为其实现可持续发展提供支持。在运营过程中，技术的运用不仅体现在对外服务的优化，还包括内部管理的效率提升，二者相辅相成，共同助力平台的整体竞争力提升。

客户关系管理是中小型平台在差异化发展中不可忽视的重要一环。客户作为平台运营的核心资源，其忠诚度与满意度直接关系到平台的长期发展。中小型平台需要通过细致的客户服务与灵活的互动机制，建立起与目标客户之间的紧密联系，从而增强客户的黏性。在实际运营中，通过全面了解客户需求，优化用户体验，平台能够形成与客户之间的情感联结。这种关系不仅有助于提升客户对平台的信任，还能为平台提供宝贵的反馈信息，从而不断改进产品和服务质量，实现与客户的双赢。

灵活性与适应性是中小型平台应对复杂市场环境的重要能力。在资源相对有限的情况下，中小型平台需要通过快速调整战略、优化内部结构来应对市场变化和外部环境的挑战。组织的灵活性体现在决策效率、执行速度以及对资源的动态优化能力上，这种特质使得平台能够抓住稍纵即逝的市场机遇，并在激烈的竞争中占据有利地位。此外，平台的灵活性还要求管理者具备前瞻性的战略视野和敏锐的市场判断力，以确保在变化的环境中持续推动平台的成长。

在追求差异化发展的过程中，中小型平台还需以注重可持续发展为导向。可持续发展不仅是企业社会责任的体现，更是在当前社会经济背景下塑造长期竞争力的重要因素之一。中小型平台需要在运营中平衡经济效益、社会效益与环境效益，通过高效利用资源、优化生产与运营流程，实现绿色发展。这种发展模式不仅可以提升平台的社会认可度，还能为其在市场中创造新的增长动力。

中小型平台在竞争激烈的市场中要实现生存与创新，就需要在差异化发展路径中有效整合资源、优化策略，并注重品牌塑造、技术应用、客户关系管理以及可持续发展等多方面因素的平衡与协调。只有通过全方位的努力，平台才能在竞争中形成独特优势，为其长期稳定发展奠定坚实的基础。

三、跨境移动电商对市场格局的冲击

跨境电子商务的迅速崛起，尤其是在移动互联网技术支持下的跨境移动电商形式，正在对国内市场的传统格局产生深远影响。这种新型贸易模式打破了地域限制，在推动全球市场深度融合的同时，也给国内市场的各个方面带来了显著冲击。从竞争环境到消费者行为，再到营销模式和供应链管理，跨境移动电商所引发的市场格局重塑正在改变行业的运行逻辑。

跨境移动电商对传统竞争环境的冲击主要体现在市场边界的模糊化和竞争者范围的全球化。传统市场的运行以地域为基础，市场的进入门槛和运营规则大多受到区域性条件的限制。然而，跨境移动电商使全球企业可以绕过传统贸易壁垒，直接触达目标消费者。这种全球化的市场开放模式使得本地企业不得不直面全球竞争者的挑战。国内企业过去在区域市场中积累的优势，例如物流成本、渠道控制等，在跨境移动电商的背景下逐渐失去显著性。取而代之的是，企业必须更加注重技术的创新、产品的差异化以及品牌的全球化塑造，以应对前所未有的竞争压力。这种转变使得市场竞争由单一维度的价格战向多维度的综合实力较量演进。

消费者行为的变化是跨境移动电商对国内市场影响的另一个重要表现。移动电商平台的便利性和全球化的产品选择极大地丰富了消费者的决策空间。传统市场中，消费者的消费行为多受到本地产品可得性和品牌宣传的引导，但在跨境移动电商平台上，消费者有了更加丰富的选择，这种多样化的供给结构促使消费者从传统的忠诚模式转向更加注重性价比、个性化需求和体验价值的选择。随着消费者在全球市场中逐渐形成对不同品牌的认识，其消费行为更加趋于理性且具有广泛的探索性。这种趋势要求国内企业重新审视其市场定位和品牌策略，建立能够快速适应市场变化并有效满足消费者需求的产品设计与服务体系。

跨境移动电商的兴起同样对市场营销理论和实践提出了新的要求和挑战。传统的市场营销策略大多以明确的地域性为背景展开，企业根据本地市场的文化、消费习惯和法律环境制定营销计划。然而，跨境移动电商的全球化特性要求企业的营销模式具备更强的灵活性和适应性。在这种背景下，企业需要在品牌传播、广告设计和促销策略中融入跨文化的考量，同时充分利用跨境电商平台的数据分析功能，实现对消费者行为的精准预测和定制化服务。数据驱动的营销策略成为关键，因为它不仅能够提升消费者对品牌的认可度，还可以显著改善营销投入的产出比。此外，跨境电商所特有的即时性和全球覆盖范围也加速了营销传播的速度，使得企业能够快速响应市场需求并在短时间内实现品牌的全球渗透。

供应链管理的变化是跨境移动电商对国内市场影响的核心领域之一。在传统市场中，供应链多以区域为单位构建，其运行模式以低成本和高稳定性为目标。然而，跨境移动电商的崛起迫使企业必须重新规划其供应链网络，适应全球化的需求。这种转变带来了物流网络的重构、库存管理模式的升级以及跨境支付系统的优化需求。企业需要以更高的效率、更强的灵活性来应对全球市场的复杂性，同时在降低成本和提升服务质量之间寻求平衡。这种供应链的重塑对企业的运营能力和资源整合能力提出了前所未有的挑战，也成为跨境电商发展的核心竞争力之一。

从宏观层面来看，跨境移动电商的快速发展还引发了政策环境的变化和行业规范的调整。为了适应这一新型贸易形式，监管机构需要不断完善相关法律法规，为企业提供更加透明、公平和高效的运营环境。这不仅包括对税收政策、通关流程和知识产权保护的规范，也涉及对消费者权益的保障和对跨境支付安全的监管。国内市场的健康发展需要在这种全球化的背景下形成一个动态的政策支持体系，而企业也需要在遵守规则的同时，积极利用政策红利推动自身的国际化进程。

跨境移动电商对国内市场格局的冲击不仅是技术驱动的结果，更是全球化和消费者行为转变共同作用的体现。面对这一趋势，国内企业需要在战略上深刻审视自身的优势与不足，利用数字化工具和全球化资源进行持续优化。与此同时，跨境电商的崛起为市场营销领域的理论创新和实践探索提供了丰富的土壤，其深远影响将在未来的市场竞争和经济发展中持续显现。

第三节 消费者行为分析

一、消费者行为特征分析

消费者行为特征的研究是理解移动电子商务市场动态、优化用户体验，以及提升交易效率的基础。随着移动互联网技术的飞速发展，消费者的购买行为在移动电商平台上表现出多重特征，这些特征既包含传统市场营销理论中的基本构成，也受到技术革新、平台特性以及社会环境等多种因素的影响。消费者在移动电商环境下的行为并非单一的购买决策过程，而是受多个维度的因素影响，呈现出多样化的动态特征。通过深入分析这些行为特征，不仅能够揭示消费者决策背后的逻辑，也能为商家制定精准的营销策略提供理论依据。

（一）个性化与碎片化的购买决策

在移动电商平台上，消费者的购买行为具有显著的个性化特征。随着智能手机和移动互联网技术的发展，消费者能够随时随地完成购买决策，这种无时间和空间限制的购物方式促使消费者越来越倾向于在碎片化时间中完成购买行为。这种特性使得消费者的购买决策过程变得更加即时和迅速。消费者不仅可以根据即时需求进行购买，还可以随时获取个性化的产品推荐和促销信息，从而迅速做出决策。这种个性化的购买行为在很大程度上是由平台通过数据挖掘与人工智能技术实现的推荐算法所驱动的，平台能够实时分析消费者的购买历史、兴趣偏好及社交行为，从而为其推送最符合需求的商品。

消费者的个性化需求和碎片化购买行为也影响着他们的购买决策方式。消费者在移动电商平台上倾向于快速做出购买决定，而非进行长时间的比较与评估。具体来说，消费者的购买行为受到平台上突出的视觉刺激、限时折扣、社交互动等外部因素的驱动。这些因素通常会加速消费者的决策过程，特别是在实时促销、推荐机制和个性化推送的共同作用下，消费者的购买决策会形成得更加迅速和及时。

（二）消费者偏好的多维构成

消费者偏好是影响购买行为的核心变量之一。在移动电商平台上，消费者的偏好受多重因素影响，这些因素包括商品的展示方式、平台推荐算法的精准性以及用户评价的可信度等。具体而言，平台通过商品的图文展示、视频介绍以及用户评价等方式，构建了一个多维的信息呈现体系，消费者基于这些信息做出购买决策。移动电商平台通过大数据分析和精准的推荐算法，能够有效地理解消费者的购买意图，并根据其历史行为、浏览记录以及社交互动等数据推送可能感兴趣的商品，这种精准化的推荐策略有助于满足消费者的个性化需求，提高购买转化率。

此外，消费者的感知价值也是影响其购买决策的重要因素。在移动电商平台上，消费者通过比价和评价等多维度信息对商品进行综合评估，通常会综合考虑价格、商品质量、品牌知名度及售后服务等因素。在购买过程中，消费者对商品的感知价值往往决定了其最终选择。当消费者感知到商品的价值高于其支付成本时，他们便会做出购买决策。因此，平台的价格策略、商品质量把控以及品牌建设等方面将直接影响消费者的购买决策。

（三）社交影响与用户生成内容的作用

移动电商平台的社交化特征深刻影响着消费者的购买行为。随着社交媒体的迅猛发展，消费者不再是单纯的购买者，而是信息的传播者和内容的创造者。在移动电商平台上，用户生成的内容（如商品评价、晒单、推荐等）已成为消费者决策的重要参考依据。消费者在购买商品前往往会通过平台上的用户评价、社交媒体上的推荐和口碑信息来评估商品的质量和价值。消费者对其他用户的评价和分享往往比商家的广告宣传更具信服力，尤其是在商品质量和售后服务方面，用户评价的可信度直接影响着消费者的购买决策。

消费者行为的社会化特征也体现在平台内的社交互动上。消费者之间的互动、讨论和信息交换成为平台的重要组成部分。社交分享和互动评价不仅增加了消费者对平台的黏性，也增强了平台的营销效果。平台上的社区功能、互动性强的评论区以及与消费者直接沟通的客服系统等，都为消费者提供了更丰富的参与感和归属感，从而进一步增强了他们的购买动机。

（四）情感化与情境化的购买决策

在移动电商平台上，消费者的购买决策不仅受到理性因素的驱动，还深受情感化和情境化因素的影响。情感化的营销策略，例如通过短视频、直播带货、明星代言等手段，在情感共鸣与视觉冲击上产生强烈的吸引力，从而激发消费者的购买欲望。情感营销通过建立品牌与消费者之间的情感联系，能够有效提升品牌忠诚度，增强消费者的购买冲动。尤其是在节日促销或限时抢购等特殊场合，平台通过情境化的营销活动营造出紧迫感和优惠感，消费者的购买决策往往会受到这些情境性因素的影响。

情感化和情境化的购买决策在短视频和直播带货等新兴营销形式中得到了充分体现。这些营销形式通过与消费者进行即时互动，利用社交元素和感性表达，激发了消费者的情感反应，从而提高了购买转化率。在直播过程中，消费者与主播的互动、现场赠品、限时折扣等常常促使消费者产生强烈的购买冲动，形成即时购买的行为模式。

（五）技术驱动与个性化营销

移动电商平台通过大数据分析、人工智能等技术手段，能够精准洞察消费者的需求和购买偏好，为其提供个性化的服务。这种技术驱动的个性化营销不仅改变了传统的消费行为模式，还显著提高了消费者对平台的依赖性和忠诚度。通过对技术的深度运用，平台能够根据消费者的浏览历史、购买记录以及社交互动等数据，推送符合其兴趣的商品和服务。这种精确的个性化服务不仅提升了用户体验，也增加了平台的盈利空间。

然而，技术的深度挖掘也带来了一定的隐私风险。随着平台对消费者行为数据的深入分析和应用，消费者的隐私安全问题逐渐成为人们关注的焦点。在一定程度上，这种技术驱动的个性化服务可能引发消费者对隐私泄露的担忧，进而影响其在平台上的消费行为。因此，消费者在享受个性化推荐的同时，往往会表现出更高的隐私保护意识，从而在选择商品时更加谨慎。

二、消费者信任与忠诚度的构建

消费者信任与忠诚度的构建是现代企业市场竞争中的重要课题，对于平台而言，提升用户黏性不仅是提高市场份额的技术手段，更是其长期稳定发展的战略目标。信任与忠诚度的相互作用构成了企业与消费者之间稳固的关系网络，是推动平台可持续增长和竞争力提升的关键因素。实现这一目标需要依托于一系列理论框架与实践策略的支撑，既要关注消费者行为的复杂性，也需整合技术手段与创新服务，才能够在不断变化的市场环境中维持竞争优势。

（一）消费者信任的构建

消费者信任是消费者对平台持续交易意愿的心理基础，是平台与用户之间互动的核心纽带。消费者信任不仅是一种认知上的评价，更是一个长期积累的过程，是基于多个层面的感知与互动而形成的。信任的建立首先依赖平台在核心领域的持续投入，这包括产品质量、服务承诺、隐私保护及信息透明度等方面。

1. 产品与服务质量的保障

好的产品质量与服务质量是消费者信任平台的关键所在。消费者对平台的信任建立在产品与服务符合预期的基础上。当消费者多次在平台上获得一致且高质量的购物体验时，他们对平台的信任度自然会提高。平台应加强对供应链、产品质量及服务质量的管控，确保每一环节都能达到消费者的期望，从而增强信任感。

2. 隐私保护与信息透明

隐私保护与信息透明是消费者在数字化环境中尤为关注的因素。在当前的移动互联网时代，消费者对个人信息的隐私保护提出了更高的要求。平台必须建立健全的隐私保护机制，确保用户数据的安全性与保密性，且能透明地告知消费者其数据如何被使用。通过合理的数据管理政策，平台可以有效提升消费者的安全感，进而促进信任的建立。

3. 服务承诺与一致性

服务承诺是平台信任构建的一个重要方面。消费者期望平台在交易过程中能够提供明确的承诺，尤其是在售后服务、退换货政策、及时响应消费者需求等方面。如果平台能够始终如一地履行承诺，那么用户的信任感将逐步加深。平台需要通过长期一致的服务质量来建立品牌信任，避免因个别事件或服务瑕疵破坏消费者的信任感。

4. 数据分析与个性化服务

大数据技术的引入使得平台能够通过分析消费者行为数据来了解其需求变化，及时调整产品和服务策略。精准的市场定位、用户行为预测以及个性化的推荐服务是增强消费者信任的有效手段。通过提供符合消费者需求的个性化服务，平台不仅能提升用户体验，还能进一步加深用户对平台的信任感。

（二）消费者忠诚度的培养

在消费者建立起信任的基础上，忠诚度的培养则是进一步增强用户黏性和构建长期关系的关键。忠诚度不仅是消费者对平台的持续选择行为，还包括了消费者对平台的情感依赖、品牌认同以及自发性推荐等多个维度。

1. 服务优化与价值超出预期

高质量的服务是忠诚度形成的核心驱动力。当平台能够在消费者的基础需求之上创造超越预期的价值时，忠诚度自然会显现。平台应注重服务的优化，关注细节并注重消费者的感知价值。例如，提供比竞争对手更高效的客户服务、更加个性化的产品推荐或更具创新性的用户体验设计，这些都能够增强用户对平台的情感依赖。

2. 用户体验的全方位提升

用户体验在忠诚度形成过程中扮演了至关重要的角色。随着消费者对便捷性、效率性和个性化需求的不断提升，平台需要从产品设计、操作界面、支付方式等多个方面进行优化，提供便捷的使用体验。用户体验不仅体现在产品购买过程中的流畅性，还应涵盖平台的售后服务、信息交流和品牌体验等方面。平台通过不断创新和优化用户体验，能够增强用户的情感投入，进而提升忠诚度。

3. 情感化连接与品牌文化

品牌忠诚度的培养离不开情感的连接和品牌文化的建设。平台不仅需要在功能性需求上满足用户，还应通过情感化的服务与品牌理念吸引消费者的长期关注。例如，平台可以通过社区建设、用户故事分享、品牌活动等方式，构建具有凝聚力的品牌文化，进而增强用户的归属感与认同感。用户在这一过程中获得的情感价值将直接转化为其对平台的忠诚度。

4. 关系营销与长期互动

关系营销理论强调，与消费者的长期互动对忠诚度的提升具有重要作用。平台应注重与消费者的持续沟通与互动，通过定期的用户回访、个性化的优惠政策、定制化的推荐服务等手段保持用户的活跃度。建立起长期的互动关系能够让用户感受到平台对其价值的尊重与关心，进而增强忠诚度。此外，平台应通过用户反馈机制，倾听用户的需求与建议，并在服务中不断调整与优化，使用户体验得以持续改善。

（三）消费者信任与忠诚度的双向构建

信任与忠诚度的关系是相互作用的，消费者的信任感提升往往能够促进忠诚度的形成，而忠诚度的提高也能进一步加深消费者对平台的信任。因此，平台在建立信任的过程中，应该注重从多方面同时提升消费者的忠诚度。信任和忠诚度的双向构建并不是孤立的，它们需要相互支撑和互动，才能在竞争激烈的市场中为平台带来持久的竞争优势。

1. 品牌口碑与忠诚度的传递

忠诚用户通常会成为平台的自发传播者，通过口碑传播为平台吸引新的用户。这种自发性的传播效应在数字化环境中尤为突出，社交媒体的广泛应用使得用户的评价可以快速传播，影响潜在用户的决策。因此，平台应通过提供优质的服务与体验，激发忠诚用户的推荐意愿，从而形成良性的传播循环，进而扩大平台的用户基础。

2. 风险管理与危机应对

在面对外部竞争压力或突发事件时，平台需要展现出较强的风险管理和危机应对能力。一旦消费者的信任遭遇威胁，平台必须采取有效的措施来恢复其信任感。通过透明的沟通、迅速的应对以及有效的解决方案，平台能够将危机转化为增强消费者信任的契机，从而强化消费者的忠诚度。良好的危机管理不仅有助于减少负面影响，还能在一定程度上提升平台的品牌形象。

（四）消费者信任与忠诚度对企业的意义

从企业的角度看，信任与忠诚度的双向构建能够带来显著的经济效益。忠诚的消费者不仅表现为持续购买行为，还通过口碑传播和社交影响为平台带来新客户，从而形成自我加速的增长效应。同时，忠诚用户群体的稳定性减少了企业在营销上的成本投入，维系现有用户的成本远低于吸引新用户的成本。因此，提升用户黏性是平台实现可持续增长的关键。

消费者信任与忠诚度的构建不仅是一个短期的营销目标，更是一项长期战略任务。企业需要在产品质量、服务创新、用户体验优化等方面持续投入，不断深化与消费者之间的情感联系，最终在激烈的市场竞争中占据有利地位。

第四节　案例分析：阿里巴巴的移动电子商务营销策略

阿里巴巴的"双11"购物狂欢节，作为全球最大的单日购物盛会，已经不仅仅是一个促销活动，而是成为全球电商平台的营销标杆。自从"双11"首次推出以来，它的规模和影响力逐年递增，已成为全球消费者和商家关注的焦点，且越来越具备全球化的特点。通过精准的数据分析、消费者行为研究和智能化技术的应用，阿里巴巴成功地实现了移动电子商务平台的大规模市场营销。每年"双11"期间，全球数以亿计的消费者通过阿里巴巴的电商平台参与其中，深刻体验到移动电商在营销创新和消费者互动方面的独特优势。

这一成功的背后，离不开大数据分析与精准营销策略的支持。在每年"双11"的前期，阿里巴巴通过庞大的数据分析平台，精确跟踪并分析消费者的购买历史、浏览轨迹、搜索偏好以及行为模式。这些数据不仅帮助平台识别消费者的兴趣点，还能够根据每个用户的个性化需求推送相关商品。通过这种个性化推荐，阿里巴巴将传统的广告营销模式转变为精准的用户定制，从而显著提高了用户的参与度和购买欲望。移动端的使用，尤其是在智能手机普及的大背景下，极大地提升了消费者在购物过程中的参与感和便利性。无论消费者身在何处，打开阿里巴巴平台的App，便能看到与自己需求相关的商品和促销信息，快速进行购买。这种无缝衔接的购物体验增强了消费者的购买决策速度，也提升了平台的转化率。

同时，阿里巴巴充分利用了多个渠道和平台进行广告投放，推动了"双11"营销活动的全面覆盖。在社交媒体、短视频平台和直播带货等新兴渠道的推动下，阿里巴巴不断创新宣传手段，扩大了营销活动的受众群体。特别是在直播带货的加持下，推出限量款商品或独家优惠，迅速吸引了大量年轻用户的关注与参与。通过这些方式，阿里巴巴不仅能提升品牌曝光度，还能提升消费者的购买欲望。直播购物本身就具有强大的互动性，用户可以通过实时评论和点赞等形式参与到购物中，体验到一种更加直观和即时的购物方式。这种社交化、娱乐化的购物模式极大地增强了消费者的购物热情，形成了"双11"期间的"全民狂欢"氛围。

在整个"双11"期间，阿里巴巴还运用了云计算和人工智能技术，保障了平台在全球范围内的高效运营。通过这些技术，阿里巴巴能够实时监控商品的销量、消费者的需求变化、物流配送的进度等多个维度的数据。这些信息不仅帮助商家及时调整库存及促销策略，还确保了在全球范围内的物流配送能够高效运转。与此同时，平台通过数据反馈不断优化客户体验，精准匹配用户需求，从而在活动结束后可以通过对数据的全面分析，进一步优化未来的营销策略。比如，平台可以根据用户的购买习惯预测出下一季可能流行的商品，提前准备相关的促销活动；同时，借助数据分析，商家能够更准确地把握消费者的价格敏感度，制定更加合理的定价策略。

"双11"购物狂欢节的成功，展现了移动电子商务平台在大规模市场营销中如何通过技术创新提升用户体验，打破传统营销方式的局限。阿里巴巴通过集成大数据、云计算、人工智能等前沿技术，结合社交媒体、短视频等现代传播手段，为消费者提供了一个个性化、互动性强、便捷高效的购物环境。这不仅极大提高了平台的用户黏性，也推动了电商行业商业模式的创新性发展。此外，阿里巴巴还通过精准的促销策略和多样的营销活动，进一步激发了消费者的购买欲望。在"双11"前夕，平台通过限时折扣、秒杀活动、满减优惠等形式吸引了大量消费者的参与，确保了销售额的快速增长。特别是在活动当天，阿里巴巴通过精确的流量分配、优化的支付通道和智能化的物流系统，确保了消费者在高峰期间的购物体验顺畅无阻。每一个成功的促销活动背后，都有大数据的精准支撑，确保了活动的精准投放和个性化推送。

阿里巴巴通过"双11"购物狂欢节，成功实现了全球市场的营销布局，将移动电子商务的潜力最大化。它通过精准的用户画像、数据驱动的营销策略和技术创新，构建了一个符合数字化时代要求的全新电商生态，改变了消费者的购物方式，也推动了电商平台和商家营销模式的不断创新。随着消费者需求的多样化和技术的进一步发展，未来"双11"可能会呈现出更加个性化和智能化的趋势，而这种基于大数据和人工智能的精准营销策略将继续引领全球电商行业的创新方向。

▶ 案例讨论问题

1. 分析阿里巴巴"双11"购物狂欢节的个性化营销策略如何提升了消费者的购物体验。

2. 如何通过大数据和消费者行为分析，实现精准的广告投放和产品推荐？这一策略对移动电商平台的长期发展有何影响？

3. 阿里巴巴如何通过多渠道营销吸引全球消费者参与？你认为这一策略在未来会继续发展吗？

习　　题

（一）选择题

1. 在移动电子商务营销中，下列哪一项技术主要用于分析消费者的购买行为并进行个性化推荐？（　　）

A. 云计算　　　　　　　　　B. 大数据

C. 人工智能　　　　　　　　D. 5G技术

2. 下列哪项是影响消费者购买决策的重要因素？（　　）

A. 产品的外观设计　　　　　B. 消费者的个人情感

C. 价格、促销活动和品牌形象　D. 售后服务

3. 在移动电子商务中，直播带货作为一种新兴的营销方式，能够直接影响消费者的购买决策，下列哪项是直播带货的核心优势？（　　）

A. 提供详细的商品规格说明

B. 增强消费者的参与感和即时互动

C. 降低商品的市场价格

D. 提供精准的物流配送信息

（二）简答题

1. 举例说明移动电子商务平台如何通过精准营销提升销售业绩。

2. 在营销学中，客户关系管理（customer relationship management，CRM）被认为是提高消费者忠诚度的重要手段。请简述CRM在移动电子商务中的应用，并分析其对企业发展的长期影响。

（三）案例分析题

结合阿里巴巴"双11"购物节的案例，讨论移动电子商务平台如何通过创新的营销策略应对市场竞争，并维持用户的高频参与。你认为这种营销方式在未来的发展趋势是怎样的？

第四章　移动电子商务的营销理论

第一节　数字化营销与传统营销的区别

一、营销载体的变化

营销载体的变迁是市场经济发展与技术进步共同驱动的结果，这一变化反映了社会结构、消费者行为以及技术环境的深刻演变。传统媒体作为早期信息传播的主导形式，凭借其较大的覆盖范围和影响力，在营销活动中占据了重要地位。然而，随着信息技术的发展，数字化手段迅速崛起，数字平台逐渐成为现代营销的核心载体。

传统媒体在营销传播中扮演着关键角色，其优势在于能够以广播式的方式触达大规模受众，满足品牌宣传和形象塑造的需求。这种模式下，营销活动通常集中于单向传播，即企业通过电视广告、广播节目或报纸刊登的形式，将品牌信息传递给目标受众。在这种传播方式中，消费者更多是被动的信息接收者，信息流动具有较强的单向性和固定性。然而，传统媒体的局限性也愈发显现，其成本高昂、信息更新速度较慢以及难以实现精准投放，使其在现代营销需求下逐渐显得力不从心。

数字平台的出现彻底重塑了营销载体的形态与功能，其特点在于灵活性、互动性以及数据驱动能力。与传统媒体不同，数字平台为营销活动提供了多样化的形式和更广泛的传播渠道。社交媒体作为数字平台的重要组成部分，改变了信息传播的格局，使营销活动能够通过网络社区、用户评论以及实时分享的方式实现广泛而迅速的传播。搜索引擎和移动应用则通过精准的算法推荐和定向投放，为企业提供了前所未有的营销效率。

在市场营销的实践中，数字平台赋予了营销活动以全新的特性。首先，数据驱动的营销策略成为可能，通过对消费者在线行为、购买记录和社交互动数据的采集与分析，企业能够深入洞察消费者需求，制定更加个性化的营销方案。这种基于大数据的精准营销，有助于提高营销活动的投资回报率，减少无效传播所带来的资源浪费。其次，数字平台增强了营销活动的互动性。与传统媒体单向传递信息的模式不同，数字平台支持企业与消费者之间的双向交流。通过社交媒体上的互动评论、在线问答以及即时消息功能，消费者不再仅仅是信息的接收者，而是内容生产和传播过程中的重要参与者。这种互动性不仅提高了消费者的参与感与品牌忠诚度，也为企业提供了更真实、更即时的市场反馈。最后，数字平台的跨地域性和即时性使营销活动的范围与时间跨度得到了极大的延展。借助数字化手段，营销信息能够在全球范围内快速传播，突破了传统媒体在时空上的局限。特别是在移动互联网普及的背景下，消费者可以随时随地接收到营销信息，这为企业拓展全球市场、实现跨国营销目标提供了新的可能性。

营销载体从传统媒体向数字平台的转型，既是市场环境变化的结果，也推动了市场营销理论与实践的更新。在理论层面，这一转型促使学界重新审视消费者行为模式与品牌传播策略的关系，并提出了诸如内容营销、社交营销和整合营销传播等新理论。这些理论的提出与应用，不仅反映了技术进步对营销实践的深远影响，也为企业制定有效的营销策略提供了理论依据。从实践角度来看，这种转型也对企业的组织结构和资源配置提出了新的要求。在传统媒体主导的营销环境中，企业往往将重点放在创意设计和广告制作上，而在数字平台主导的营销环境下，数据分析、用户体验优化以及技术开发能力成为企业竞争力的重要组成部分。这种能力的转变，不仅是企业适应数字化趋势的必然选择，也成为现代营销活动取得成功的重要保障。

营销载体的变化不仅是技术发展的外在体现，也是消费者行为模式转型的外在表现，而消费者需求的演变才是驱动营销载体变革的内在动力。随着数字化进程的进一步深入，传统媒体与数字平台的界限正在逐渐模糊，二者之间的整合与协同成为未来营销活动的重要方向。企业在制定营销策略时，需要充分利用数字平台的技术优势，同时结合传统媒体的品牌影响力，以实现最大化的传播效果与市场价值。这一过程中，市场营销的本质是通过有效的传播手段满足消费者需求并创造商业价值，也将在新的技术与社会背景下焕发出新的活力。

二、信息传递方式的转变

信息传递方式的转变对市场营销的理论与实践产生了深远影响，特别是在传统营销与数字化营销传播模式之间的差异日益凸显的背景下。传统营销的传播模式以单向性为核心特征，这种传播方式通常由企业向受众传递信息，强调信息的灌输，其本质在于企业对受众的主动影响和信息掌控。在这种模式中，企业通过报纸、广播、电视等大众媒介，将预先设计的信息传递给目标消费者，意图引导消费者的购买行为，提升消费者的品牌认知。这种模式的关键在于信息传递的单一性和受众参与的被动性，信息流动的方向固定且不可逆，企业拥有信息的主导权,而消费者更多的是处于信息的接收端。然而,随着互联网技术的发展和数字化浪潮的推动,信息传递方式发生了根本性的转变,市场营销传播进入了一个以互动性为核心的全新阶段。数字化营销的传播模式强调信息交流的双向性与多向性。通过社交媒体、搜索引擎、电子邮件等数字化平台,消费者不仅能够接收企业的营销信息,还可以参与信息的生成和传播。这种互动传播模式打破了传统单向传播的局限,使消费者从信息接收者转变为传播参与者和影响者。

信息传递方式的转变不仅改变了传播路径,也重新定义了营销过程中企业与消费者之间的关系。在传统营销中,消费者往往被视为目标对象,企业更多依赖市场细分和目标定位来精准锁定潜在客户。而在数字化营销时代,消费者被赋予更多的话语权,他们不仅是企业传播信息的对象,还通过反馈、评论、分享等行为影响其他消费者的认知与决策。这种互动传播模式强化了消费者的主导地位,使市场营销逐步转向以消费者为中心的思维模式,强调消费者体验、情感联系与品牌共创。

在数字化背景下,传播内容的生产与分发也经历了显著变化。传统营销中的传播内容通常以单一、标准化的形式呈现,而数字化营销则更加注重个性化与定制化。这种变化的驱动力源于大数据和人工智能技术的发展,使企业能够更加精准地了解消费者的需求与偏好,并根据这些洞察制定个性化的传播策略。例如,通过分析消费者的线上行为轨迹,企业能够实时调整传播内容的形式与语气,以提升信息的相关性与吸引力。这种针对性的传播策略不仅提高了营销信息的到达率与转化率,还进一步增强了消费者对品牌的忠诚度。与此同时,信息传播渠道的多样化也是信息传递方式转变的重要体现。在传统营销中,传播渠道较为有限且集中,企业的传播活动高度依赖大众媒介。而在数字化营销时代,传播渠道的边界变得模糊且多元化。社交媒体平台、内容社区、直播平台、短视频应用等新兴渠道的出现,为企业提供了丰富的传播载体。这些渠道不仅拓宽了企业与消费者互动的空间,也改变了信息传播的速度和广度。信息能够在短时间内通过多种渠道同时传递,形成广泛的传播网络。这种传播渠道的扩展与融合使得企业能够更灵活地响应市场需求,适应消费者行为的动态变化。

信息传递方式的转变还深刻影响了市场营销中的品牌管理。传统品牌传播更多依赖固定的信息框架与单一的品牌形象,而数字化营销的互动传播模式则赋予了品牌更多的灵活性和动态性。在数字化平台上,品牌形象不再仅仅由企业定义,而是通过消费者的互动、评论和分享不断被重塑。这种动态的品牌构建模式要求企业更加关注消费者的情感需求和价值观偏好,以建立更加真实、可信的品牌关系。在这一过程中，品牌与消费者之间的关系不再是单纯的供需关系，而逐步演变为一种相互赋能的合作关系。此外，信息传递方式的转变推动了营销活动的实时性和灵活性。在传统营销中，信息的传递周期较长，企业对市场反馈的响应速度受到一定限制。而在数字化营销环境下，企业能够通过数字化工具实时监测消费者的行为与反馈，并根据这些信息快速调整营销策略。例如，企业可以通过社交媒体上的消费者评论，实时了解产品的市场表现，并迅速采取措施优化产品或传播策略。这种基于实时数据的营销决策显著提升了企业的市场竞争力，使得营销活动更加敏捷高效。

数字化营销的互动传播模式还加速了企业与消费者之间关系的去中介化。在传统营销中，信息传递通常需要依赖中介机构，例如广告代理商、媒体公司等。而数字化营销通过互联网技术直接连接企业与消费者，降低了信息传播的成本和复杂性。这种去中介化的趋势不仅提高了信息传递的效率，还增强了企业与消费者之间的直接互动，从而进一步提升了消费者体验和品牌价值。

信息传递方式的转变在市场营销领域引发了一系列深刻的变革。传统营销的单向传播模式向数字化营销的互动传播模式的转型，不仅是技术发展的结果，更是消费者行为变化和市场需求升级的体现。这种转变不仅重新定义了传播的路径和方式，也深刻影响了企业与消费者之间的关系、品牌管理的方式以及营销活动的效率与灵活性。在未来的市场营销实践中，如何更有效地利用数字化互动传播模式，实现信息的高效传递与价值共创，将成为企业持续竞争力的重要来源。

三、营销效果评估方式的提升

营销效果评估方式的提升，是市场营销领域中不可忽视的核心议题。在数字经济迅猛发展的背景下，传统营销与数字化营销在效果评估方面呈现出显著的差异，而这一差异不仅反映了技术手段的演进，也揭示了市场环境对营销模式的全新要求。传统营销中，评估方式多依赖经验判断和模糊指标，而数字化营销则凭借大数据和智能分析技术，使评估更加科学化和精确化。

传统营销的评估通常基于消费者的主观反馈与粗放的市场变化数据，尽管这种方式在一定历史阶段发挥了积极作用，但其局限性也日益显现。这种评估模式更多依赖调研和问卷的结果，这些数据往往受到样本量和采集方式的制约。此外，传统评估难以充分解析消费者行为的复杂性与多样性。尤其是广告投放的效果，在缺乏实时数据支持的情况下，难以明确具体的转化率和覆盖率。这使得传统营销的投入与产出之间缺乏清晰的关联性，不利于营销资源的优化配置。

随着数字化营销的普及，其评估方式也迎来了质的飞跃。数字化技术使营销活动中的数据获取和处理能力显著增强，从而为精准化的效果评估奠定了基础。在数字化营销中，各类工具和技术的使用，例如客户关系管理系统、网络分析工具以及社交媒体监控软件，使企业能够实时收集并分析消费者行为数据。这些数据涵盖了消费者从接触广告到完成购买的全流程，为营销效果提供了全景式的量化依据。数字化评估通过关键指标的设定，如点击率、转化率、留存率等，能够明确营销活动的实际成果。这种基于数据的评估方式，不仅增强了营销策略的科学性，也提高了市场营销的效率和精准度。

在市场营销中，消费者行为的复杂性和多变性一直是困扰企业的难题。数字化营销通过技术手段，能够深入洞察消费者的购买意图、偏好及消费习惯，为精准营销提供支持。这种对消费者行为的深度剖析，使营销活动能够实现个性化定制，并通过科学的评估方式验证其有效性。同时，大数据的广泛应用也使得营销效果评估更具动态性。通过对实时数据的持续监测和分析，企业可以快速调整营销策略以应对市场变化。这种动态化的评估方式突破了传统评估的时间和空间限制，使营销活动更具灵活性。

尽管数字化评估方式具备显著优势，但其实施过程也面临诸多挑战。数据的真实性、完整性以及分析模型的科学性，直接影响评估结果的准确性。同时，数字化评估需要企业具备一定的技术基础和数据管理能力。为了应对这些挑战，企业需要加强数据管理体系建设，优化数据采集和分析流程，并注重人才队伍的培养。通过提高技术能力和管理水平，企业能够更有效地利用数字化评估方式，为营销决策提供有力支持。随着市场营销环境的不断演变，消费者隐私保护问题日益受到关注。数字化评估方式的广泛应用虽然提升了营销效果的精准性，但也带来了数据使用的伦理争议。在确保营销效果评估科学性的同时，企业必须在技术应用和伦理责任之间找到平衡点。遵循数据保护法规，尊重消费者的知情权和选择权，不仅是企业的法律义务，也是其提升品牌形象的重要途径。

从市场营销理论的视角来看，效果评估不仅是衡量单次营销活动成效的工具，更是推动营销策略优化的重要环节。在传统评估方式向数字化转型的过程中，企业需要重新审视市场营销的核心价值，并通过评估方式的提升，更加注重消费者需求的精准满足。在市场竞争日益激烈的当下，效果评估的科学性与精准性，直接影响企业的市场定位和品牌竞争力。通过构建科学的评估体系，企业能够将市场洞察转化为决策依据，从而实现营销资源的最优配置。

第二节 移动端消费者购买决策的营销影响

一、社交推荐对购买决策的影响

社交推荐已经成为现代消费者购买决策中不可忽视的因素，尤其是在数字化、网络化日益加深的今天。社交媒体和社交平台的崛起，改变了信息的传播方式，进而引发了消费者行为的深刻转变。在这种背景下，社交推荐以其个性化和互动性的特点深入融入消费者的决策过程，并在品牌营销策略中发挥着日益重要的作用。社交推荐不仅促进了口碑传播的扩大，也优化了消费者的购物体验，成为影响购买决策的核心力量。

（一）社交推荐的传播机制

社交推荐的核心优势在于其传播方式的互动性和个性化。与传统广告相比，社交推荐的传播不仅是单向地传递信息，而是通过互动平台形成多向的交流。社交平台为消费者提供了一个信息聚集和反馈的空间，消费者可以在这里直接接触到来自他人的真实评价和建议。这些信息常常来自亲友、社交圈以及具有影响力的意见领袖，这使得信息的传播更具可信度、亲近感和感染力。因此，社交推荐不仅满足了消费者获取信息的需求，也增强了消费者在购买决策中的信任度。

从社交推荐的机制来看，消费者在社交平台上的参与方式大大超越了传统的信息接收过程。在社交媒体环境中，消费者不仅是信息的接受者，还是信息的传播者。通过评论、分享和点赞等互动形式，消费者将自己的购买经验和感受传递给更多的潜在用户，形成了一个高度集成的传播网络。这种传播方式极大地提高了信息的可达性和传播效率，使得口碑传播的效应进一步扩大。

（二）口碑传播的关键作用

社交推荐的影响力在很大程度上源自口碑传播的力量。消费者在做出购买决策时，通常更加倾向于信任来自熟人、亲朋好友或社交圈内其他人的建议。这种信任度比广告商发布的商业性信息更具说服力。因此，社交推荐在某种程度上放大了这一信任效应。社交媒体平台上的用户生成内容和其他社交互动形式，为消费者提供了一个更真实、非商业化的信息源，使得口碑传播的作用得以有效放大。

这种口碑传播不再局限于一个小范围的社交圈，而是通过社交平台的广泛传播，能够触及更多的消费者群体。与此同时，消费者不仅是信息的接收者，也在积极地将自己的消费体验分享给他人。社交推荐通过这样一个双向互动的机制，创造了信息传播的循环效应，推动了品牌口碑的自然扩展。

（三）社交推荐对购买决策的具体影响

社交推荐对消费者购买决策的影响贯穿于整个决策过程。从最初的需求激发，到信息搜索阶段，再到最终的购买决策，社交推荐始终在其中发挥着积极的作用。

在需求激发阶段，消费者通常会受到社交推荐的启发，对某种商品或服务产生兴趣。社交推荐通过展示他人对产品的评价，激发了消费者对特定商品的认知，尤其是在社交平台上，消费者看到他人的积极反馈时，会更容易产生购买意图。

在信息搜索阶段，社交推荐进一步帮助消费者筛选信息。在互联网上，消费者面临着海量的商品和服务信息，信息过载常常会导致选择困难。社交推荐通过提供来自社交网络中的多方推荐，帮助消费者迅速定位到他们感兴趣的商品或服务，从而有效地缩短了信息搜索的时间，减少了信息的不对称性。

当消费者进入备选方案评估阶段时，社交推荐的影响力愈加明显。消费者往往会依赖社交平台上的评价信息来对比和排序备选商品，尤其是在存在多个相似商品的情况下，社交推荐帮助消费者通过他人经验来做出更为理性和快速的决策。在最终的购买决策阶段，社交推荐往往会成为消费者做出购买选择的关键因素。大量的正面推荐和评价能够有效增强消费者的购买信心，推动其决策的落实。

（四）从心理学角度分析社交推荐的影响力

从心理学角度来看，社交推荐对购买决策的影响力源自消费者对社交网络中他人意见的信任和依赖。消费者在做出购买决策时，往往将他人的经验视为自身决策的依据，尤其是当这些意见来自熟悉的社交圈或具有影响力的意见领袖时，消费者的决策会受到更大程度的影响。

社交推荐的影响力也与消费者的归属感和身份认同密切相关。人类在社交活动中寻求归属感和认同感，尤其是在群体中具有较高影响力的人物，能够成为引导群体行为的关键因素。在这一过程中，消费者的从众心理也发挥了重要作用。当某一商品或服务在社交平台上获得广泛关注时，消费者往往会受到群体效应的影响，倾向于选择受到广泛推荐的商品。这种从众心理在一定程度上增强了社交推荐的影响力，推动了某些商品或服务在市场中的快速流行。

（五）社交推荐在市场竞争中的作用

社交推荐在市场竞争中的作用也不可忽视。企业借助社交媒体平台的优势，不仅可以在短时间内增加品牌的曝光度，还能有效地提升消费者的品牌认知度和忠诚度。社交推荐使得品牌能够通过消费者之间的相互传播，形成更强的市场认同感和消费者黏性，这为品牌的长期发展打下了坚实的基础。

然而，社交推荐也带来了新的挑战。在社交推荐体系中，信息的动态性和非可控性使得负面信息的传播速度可能远超企业的控制范围。一旦负面口碑开始扩散，品牌形象和市场地位可能会受到严重威胁。此时，企业需要迅速采取应对措施，通过危机管理和舆论控制，尽可能地缩小负面影响的范围。

（六）社交推荐对品牌营销策略的启示

从品牌营销的角度来看，社交推荐不仅为消费者提供了互动和反馈的渠道，也为企业提供了精准的市场定位和资源配置的依据。企业可以通过社交平台的用户行为数据和社交推荐系统的反馈，深入了解消费者的需求和购买偏好，从而优化产品设计和服务内容。此外，企业还可以借助社交推荐的力量，打造更加个性化和多样化的品牌形象，进一步提高品牌的市场竞争力。

为了有效利用社交推荐，企业需要构建积极的社交推荐体系，促进消费者与品牌之间的互动，提升品牌的认知度和忠诚度。在这一过程中，数据分析和技术创新将为社交推荐提供强有力的支持，帮助企业精准锁定目标消费者，并实现资源的最优配置。未来，随着社交媒体技术的不断进步，社交推荐的影响范围将进一步扩大，成为推动市场营销创新和竞争格局重塑的重要力量。

社交推荐不仅是信息传播的一种形式，更是品牌建设与市场竞争中的核心策略。通过不断完善社交推荐的机制和策略，企业可以更好地与消费者建立深层次的连接，促进品牌的长期发展，提升市场份额和竞争力。

二、地理位置与场景化营销

地理位置与场景化营销在当代数字化营销中占据了至关重要的地位。随着技术的进步，尤其是基于位置服务（location-based service，LBS）的精准推荐，营销策略的实施正朝着更加个性化和高效的方向发展。LBS技术通过实时获取用户的地理位置信息，为品牌与企业提供了新的视角，能够在合适的时机、地点和情境下精准触达目标受众，从而极大地提升了营销效能。这种创新的营销方式不仅超越了传统广告的单向传递模式，还实现了与消费者的双向互动，促进了品牌价值与用户关系的深度融合。

（一）LBS的精准推荐技术与场景化营销的关系

LBS技术的核心价值在于其基于用户地理位置的实时推荐功能。地理位置信息的即时采集，使得企业可以根据消费者所在的具体位置，提供定制化的产品或服务。这一过程不仅突破了传统营销中时间与地点的限制，还通过结合周围环境、消费者历史行为和个人偏好，为消费者提供更加符合其需求的购物体验。在这一框架下，场景化营销不再仅仅是通过环境因素设定某种情境，而是基于用户实时行为和其所处情境动态调整营销内容，从而提升用户体验和品牌的市场竞争力。

（二）LBS的场景化营销如何增强用户参与感

场景化营销的本质在于通过将消费者置于具体的情境中，强化其参与感与体验感。LBS技术能够根据消费者的地理位置、活动轨迹以及历史消费记录，实时触发与当前环境高度相关的营销内容。例如，当消费者靠近某个商圈或店铺时，企业可以通过精准推荐推送与该地点相关的促销信息或服务推荐。这一过程不仅能够提升消费者对品牌的感知价值，还能够在特定时刻提升品牌曝光度，吸引消费者的关注与参与。通过这种方式，企业能够有效增强消费者的沉浸感与互动性，进而提高转化率。

（三）精准推荐技术如何提升营销效能

精准推荐是LBS技术的关键组成部分，其主要优势在于通过对多维数据的深度挖掘，精准匹配消费者需求并提供个性化的产品或服务。通过结合消费者的地理位置、社交媒体活动、消费记录和兴趣偏好等信息，LBS能够为消费者提供高度定制的营销内容。这一过程不仅有助于提高营销活动的相关性，还能极大增强品牌对消费者需求的响应速度与精准度。此外，精准推荐机制通过实时数据反馈，能帮助企业及时调整营销策略与资源配置，从而实现市场机会的最大化。

（四）LBS技术如何降低营销成本

与传统的大规模广告投放方式相比，LBS的精准推荐能够将营销资源集中于高潜力、高相关性的用户群体。这一精准化的推广方式不仅提升了营销效率，还显著降低了成本。传统广告往往需要投入大量资金，以覆盖广泛的受众群体，但通过LBS技术，营销内容能够精准触达与品牌最相关的潜在消费者，从而减少资源的浪费。此外，由于精准推荐注重个性化推送，广告内容的有效性与吸引力较强，因此能够在更低的投入下获得更高的转化率和投资回报率。这种低成本、高效益的营销模式，尤其在当前竞争激烈的市场环境中，表现出了显著的优势。

（五）LBS与消费者行为变化的关系

LBS技术引发的场景化营销，不仅重塑了品牌与消费者的互动方式，也推动了消费者行为的根本性变化。在传统营销模式下，消费者通常处于被动接受信息的状态，品牌通过广告向目标人群传递单一的信息。然而，基于LBS的精准推荐，使消费者成为营销活动的主动参与者，他们的地理位置、行为轨迹、实时需求等成为营销决策的重要依据。这种转变意味着营销活动不再是单纯地推送信息，而是与消费者的个性化需求和即时情境相契合，从而在增强消费者体验的同时提升了品牌对消费者的吸引力与黏性。

（六）数据管理与隐私保护的挑战

LBS技术在推动营销创新的同时，也对企业的数据管理能力提出了更高要求。为了实现精准推荐，企业需要建立完善的数据采集、分析与应用体系。该体系不仅要能够实时处理海量的用户数据，还需要借助人工智能、机器学习等先进技术手段进行深入分析。这一过程需要企业具备强大的数据处理能力与技术支撑，以确保营销策略的精确性与时效性。

然而，随着用户数据的日益积累，隐私保护成为企业不得不面对的重要问题。消费者对个人隐私的敏感性日益增强，如何在确保数据安全和用户隐私的前提下实现精准推荐成为企业面临的严峻挑战。为了增强用户对品牌的信任，企业必须确保其数据使用符合相关法律法规，并通过加密、匿名化等手段保护用户隐私。此外，建立透明的数据使用政策，明确告知消费者数据采集与使用的目的，也有助于提高消费者的信任度，从而促使他们更加积极地参与到品牌互动中。

（七）LBS的市场洞察与产品定位价值

LBS技术不仅提升了营销效能，还为企业提供了深刻的市场洞察。通过对用户地理位置的动态追踪，企业能够准确把握市场热点区域和消费者的行为模式，进而为市场细分、产品定位和战略决策提供重要数据支持。LBS技术所提供的地理信息，使企业能够实时感知市场需求的变化，并根据不同区域的消费者特征调整产品组合和营销方案。例如，在某一特定区域内，若出现消费需求增长的趋势，企业可以通过LBS技术提前感知并优化供应链管理，从而更好地响应市场需求。通过这种方式，企业能够在市场竞争中占据先机，提升品牌的市场适应能力与竞争力。

第三节　移动营销理论：4C、4P模型在移动端的应用

一、4C模型在移动端的优化

4C是指consumer（消费者）、cost（成本）、convenience（便利）、communication（沟通）。4C营销理论，作为现代市场营销理论的重要组成部分，在移动端应用的过程中需要进行针对性优化，以适应数字化环境和移动互联网的特性。移动互联网的发展改变了消费者的行为习惯和信息获取方式，也为企业与消费者之间的互动提供了更多可能性。基于用户需求、便利性、成本与沟通四个核心维度，对4C模型在移动端的优化探讨具有重要的理论价值和实践意义。

用户需求在移动端的优化是企业制定营销策略的关键。与传统的消费场景相比，移动端的消费者更加注重个性化需求的满足，表现出高度的自主性和多样性。通过大数据技术与人工智能算法，企业可以更精准地分析消费者行为与偏好，在产品设计、服务提供以及营销内容策划方面实现高度的定制化。这种以用户为中心的策略，能够使企业更有效地满足消费者的深层次需求，同时通过持续监测与动态调整，确保满足消费者需求的过程更为灵活与高效。此外，移动端的多渠道触达特性，使得消费者能够随时随地与企业互动，这要求企业不仅要洞察显性需求，还要深挖潜在需求，从而在竞争激烈的市场中占据先机。

便利性在移动端的优化主要体现在消费流程的简化与使用体验的提升。在移动互联网环境中，消费者对于便捷的追求体现在购买路径、支付方式以及服务响应速度等多个方面。优化4C模型中的便利性，要求企业通过技术手段和服务创新来缩短用户从需求产生到实现的过程。例如，移动端应用程序的设计优化、智能搜索功能的嵌入，以及用户界面的友好性提升，可以使消费者更容易找到所需的信息并完成交易。与此同时，配送服务的及时性与售后服务的高效性也对消费者体验有直接影响。通过构建完善的服务体系，企业能够消除消费者在使用过程中可能遇到的障碍，进而提高品牌忠诚度。

成本在移动端的优化表现出更强的动态性与灵活性。消费者在移动端购物时更加关注性价比，这不仅包括商品的直接价格，还涉及时间成本、信息

获取成本以及决策成本的降低。因此，企业在移动端优化4C模型时，需要采用更灵活的定价策略，如动态定价、个性化折扣以及积分返现机制，以激励消费者的购买行为。此外，内容营销与社交媒体的结合，可以有效降低消费者获取信息的成本，使其在更短时间内完成购买决策。这种方式不仅能够提升消费者的体验，还能通过降低信息传递的冗余度，提高企业资源的利用效率。

沟通作为4C模型的核心要素之一，在移动端的优化需要适应数字化互动的特点。移动互联网使企业与消费者之间的沟通渠道更加多样化，包括社交媒体、即时通信工具、移动端广告以及直播平台等。通过这些渠道，企业可以实现双向的实时互动，为消费者提供更加个性化的服务体验。企业在与消费者沟通时，应注重建立情感联结，塑造可信赖的品牌形象。在移动端，这种沟通不仅局限于文字与图片，还包括短视频、虚拟现实等新兴媒介形式的运用，这些形式能够使消费者获得更加直观与沉浸式的体验。此外，企业通过数据分析能够更精准地预测消费者的需求，进而推送相关信息，实现千人千面的个性化沟通。

从市场营销的角度来看，4C模型在移动端的优化不仅仅是对原有理论的简单移植，而是一种更深层次的变革。移动端的高互动性与碎片化特征使得消费者与企业之间的关系更加复杂和多维。企业需要在营销战略中更加注重消费者体验的整体性与一致性，通过跨部门协同与技术支持，实现从用户需求分析到沟通反馈的闭环管理。与此同时，市场竞争的加剧要求企业在优化4C模型的过程中，不断创新营销工具与方法，以满足不断变化的市场环境与消费者需求。

通过对4C模型在移动端的优化分析，可以看出移动互联网的特性为企业的市场营销提供了更大的空间，但也提出了更高的要求。企业需要在用户需求、便利性、成本和沟通四个维度上实现协同优化，从而提升市场竞争力与用户满意度。这种优化不仅能够为消费者创造更大的价值，还能够帮助企业在快速变化的市场中建立持续的竞争优势。

二、客户细分营销策略

客户细分是市场营销策略中的核心环节，其本质在于通过科学的方法将消费者划分为若干具有相似特征的群体，从而实现营销资源的最优配置与市场需求的精准对接。在这一过程中，基于消费行为、地理位置以及社交关系的细分策略成为实现客户细分的重要路径，为企业提供了识别客户需求、优化产品设计及提高营销效果的系统方法。通过综合运用这些策略，企业能够更深入地理解消费者的多样化需求，确立更加精准的市场定位，为企业在复杂的市场竞争环境中赢得优势奠定坚实基础。

以消费行为为基础的客户细分方法是市场营销中的重要手段。消费者的行为是其对产品和服务需求的直接体现，包含购买频率、品牌偏好、支付意愿、使用习惯等多维度信息。这些行为数据能够深刻反映消费者的消费倾向及购买力，为企业识别市场机会提供了重要参考。在消费行为细分中，消费者的购买模式成为主要分析对象，企业通过捕捉和分析这些模式，不仅能够识别不同客户群体的特征，还可以动态调整营销策略以适应市场变化。消费行为细分的核心在于挖掘消费者潜在需求，从而推动企业在产品开发、定价策略及服务改进等环节进行精准化布局。其科学性和实时性为企业提供了更高效的市场决策依据，使企业能够在多变的市场环境中保持灵活性与竞争力。

地理位置作为客户细分的重要维度，与消费行为及市场环境息息相关。不同地域的文化背景、经济条件及生活方式对消费者的购买行为具有显著影响，而这些地理差异为市场营销提供了丰富的细分依据。在地理位置细分中，企业通过分析区域市场的共性与个性特征，能够更加明确地界定目标市场范围，从而制定符合区域特点的营销策略。地理位置细分的优势在于其精准性，能够帮助企业聚焦特定区域内的核心消费群体，提高营销活动的针对性和效率。同时，这种基于地理位置的市场划分还可以揭示区域市场间的潜在联系与差异，为企业进行资源分配与跨区域布局提供重要参考。随着信息技术的发展，地理位置细分逐渐呈现出动态化趋势，为企业精准洞察市场变化、优化资源配置提供了更广阔的空间。

社交关系是客户细分中不可忽视的维度。随着数字化技术的普及，消费者的社交网络行为逐渐成为企业识别客户群体的重要依据。社交关系不仅是消费者个人行为的延伸，还通过社群效应放大了个体消费行为对其他客户的影响。在基于社交关系的细分中，企业重点关注消费者在社交网络中的位置、互动强度及传播影响力。这一策略强调客户作为信息传播节点的重要性，企业通过识别具有高影响力的消费者群体，能够拓展品牌传播的范围与深度。此外，社交关系细分还可以帮助企业在营销活动中建立更具互动性的沟通模式，从而增强品牌与消费者之间的情感联结。这种基于社交网络的营销模式，不仅提升了品牌的市场影响力，还在消费者行为研究领域开辟了新的方向。

消费行为、地理位置与社交关系三个维度的结合，使客户细分呈现出多维度、立体化的发展趋势。多维度细分强调对消费者全方位特征的综合分析，通过将不同维度的信息交叉验证与整合，企业能够更准确地识别消费者需求的复杂性与多样性。这种多维度的分析方法不仅提升了细分的科学性，还能帮助企业发现潜在的市场机会与风险，从而在市场竞争中占据有利地位。在多维度细分的基础上，企业可以构建动态的客户数据库，持续监测消费者行为变化，为企业的长期战略规划提供重要支持。

技术进步为客户细分的实施提供了强大的支持。大数据、人工智能及机器学习技术的引入，使企业能够更加高效地处理和分析大量消费者数据，从而实现细分的智能化与精准化。这些技术不仅能够实时更新客户信息，还能够通过预测模型揭示消费者的潜在行为模式，为企业制定前瞻性策略提供科学依据。同时，数据分析结果的可视化也为企业管理层的决策提供了直观的参考，使得客户细分的过程更加透明与高效。随着技术的进一步发展，客户细分的理论与实践将不断深化，为市场营销领域带来更加广阔的创新空间。

客户细分作为市场营销的关键环节，是企业实现精准营销与高效资源配置的重要策略之一。通过消费行为、地理位置及社交关系三个维度的细分，企业能够全面把握市场需求，优化资源利用效率，从而在竞争激烈的市场中占据有利地位。未来，随着市场环境的不断变化与技术的快速发展，客户细分的理论框架与实施方法将继续演进，为企业的市场营销活动注入新的活力。

三、4P模型与移动电商

移动电子商务的迅猛发展改变了传统市场营销的运作方式。随着移动设备的普及和互联网技术的成熟，企业在进行营销战略设计时，需要重新审视和调整经典的4P模型，即产品（product）、价格（price）、渠道（place）和促销（promotion），以适应移动场景的特殊性和消费者行为的转变。这种调整不仅仅是对传统模式的微调，更是对商业逻辑的全面重塑，体现了移动电子商务对市场营销理论和实践的深刻影响。

在移动场景中，产品设计必须充分考虑消费者对个性化、多样化以及即时满足的需求。这一需求的变化使企业在产品规划中需要更加注重数据驱动决策。移动端的大数据和人工智能技术可以帮助企业精准识别用户偏好，从而推动产品的定制化和动态优化。移动设备的便携性和多功能性，也要求企业设计的产品更加注重轻量化、易操作性以及与移动应用的深度整合。此外，消费者通过移动端获取信息和使用服务的频率大幅提升，这促使企业不断更新产品功能和内容，以保持用户黏性并满足用户的持续需求。

价格策略在移动电子商务环境中需要更具灵活性和实时性。动态定价在这一场景下得到了广泛应用，企业可以根据市场供需、消费者行为数据以及竞争对手的价格策略，实时调整产品价格。移动电商平台的普及使价格透明度大幅提升，消费者可以轻松比较不同产品的价格，因此企业需要通过精准的定价策略来建立竞争优势。同时，移动支付技术的发展为企业提供了更多价格设计的可能性，例如通过折扣、满减和积分返现等方式增强用户的购买意愿。这些策略不仅能够有效吸引用户，还能增加购买转化率，为企业创造更高的利润空间。

渠道在移动场景中发生了革命性的变化。传统的实体销售渠道逐渐被移动端虚拟渠道所取代，而这种渠道变革为企业提供了更多触达用户的方式。企业可以通过自有移动应用、电商平台、社交媒体等多种渠道进行产品的推广与销售。这种多元化的渠道策略要求企业具备强大的整合能力，以实现线上线下资源的高效配置与协同。此外，移动电商打破了时间和地域的限制，使消费者可以随时随地完成购买决策，这对企业的物流和供应链管理提出了更高要求。高效的渠道管理不仅能够提升用户体验，还可以帮助企业快速适应市场变化，增强竞争力。

促销策略在移动电子商务中展现出更加多元化和互动化的特点。传统的促销手段在移动场景下得到了进一步的创新和升级。企业通过移动端的社交媒体和即时通信工具，能够更加高效地进行内容传播和品牌推广。实时推送、精准广告以及互动式营销活动成为移动电商促销的主要形式。通过对用户行为和偏好的分析，企业可以设计出更加个性化的促销活动，从而提高促销效果。与此同时，移动端促销活动的即时性和可追踪性，也使企业能够快速评估其推广策略的效果，并及时做出调整。

移动电子商务的特性使4P模型中的各要素之间呈现出更为紧密的关联。例如，产品的定制化设计需要依赖价格策略的灵活性和渠道的精准触达，而促销活动的成功与否又取决于产品本身的吸引力和渠道的传播效率。这种相互依存的关系要求企业在制定营销策略时，必须从整体上把握4P模型的协同效应。移动技术为这种协同提供了技术支持，企业可以通过一体化的移动端平台实现对产品、价格、渠道和促销的综合管理和优化。

4P模型在移动电子商务场景中的调整，不仅反映了市场营销理论与实践的创新，也彰显了移动技术对商业模式变革的深远影响。通过对产品、价格、渠道和促销的动态优化，企业能够更好地满足消费者需求，提高市场竞争力，并实现长期可持续发展。

四、移动端营销组合策略

在移动电子商务的迅速发展中，如何在移动端实施有效的营销策略成为企业关注的核心议题。基于4C和4P理论的整合，通过闭环模式实现营销策略优化，不仅能够提升消费者体验，还能最大化企业价值。在移动端环境下，4C

与4P的结合形成了一种动态的、交互式的营销方式,能够适应市场需求的快速变化与技术的不断革新。

4C理论的核心在于消费者需求、成本、便利性以及沟通。这四个要素强调以消费者为中心的思维模式,主张企业需要深入理解消费者的真实需求,通过优化产品和服务实现与消费者的高效互动。同时,4P理论关注产品、价格、渠道与促销四个维度,这一理论从企业视角出发,致力于通过策略组合优化资源配置,以实现市场占有率的提升。移动端营销的闭环策略即通过将这两种理论有机结合,实现消费者价值与企业价值的双赢。

移动端营销的第一步在于洞察消费者需求。这不仅是4C理论的核心,也是4P策略的基础。移动端技术使企业能够通过大数据分析与人工智能工具获取海量消费者行为数据,从而更准确地识别目标消费者的需求偏好。这一阶段需要企业充分利用移动端的即时性和互动性优势,通过分析消费者的点击行为、浏览路径以及社交媒体互动记录,为产品和服务设计提供数据支持。在这一基础上,企业能够更精准地调整产品策略,确保推出的产品与消费者需求高度契合。

定价策略的优化是4P与4C结合的关键环节之一。在移动端环境下,消费者对价格敏感度较高,但与此同时也更倾向于寻求性价比高的产品或服务。因此,企业需要基于消费者成本(4C)这一要素,在满足消费者心理预期的同时,确保定价策略能够支持企业利润目标。动态定价、会员专属折扣以及基于位置的差异化定价等策略成为移动端营销的重要工具。通过实时监测市场竞争情况和消费者购买行为,企业能够及时调整定价策略,使之在竞争中占据优势地位。

在渠道选择上,便利性是移动端营销策略不可忽视的核心因素。与传统渠道不同,移动端环境强调快速、便捷与无缝衔接的消费体验。企业需要从消费者的角度出发,优化移动端购物流程,确保从浏览到支付的每一步都能提供高效、便捷的服务体验。利用移动端特有的地理定位功能,企业还可以实施区域化渠道策略,通过精准推送满足消费者在特定时间和空间中的需求。同时,移动端技术使企业能够实现线上线下的渠道整合,为消费者提供多样化的购买选择。

促销活动是移动端营销闭环中最具吸引力的一环,也是消费者沟通的直接表现形式。在移动端,促销活动需要具备高度的互动性与个性化特征,以吸引消费者参与并激发其购买意愿。基于4C理论的沟通要素,企业可以通过社交媒体、即时通信工具以及短视频平台等多种形式与消费者建立高频次互动。通过运用人工智能技术分析消费者的历史行为,企业能够推送更符合其偏好的促销内容。这种基于数据分析的精准营销，不仅能够提升消费者对促销活动的关注度，还能有效提高转化率。

闭环的实现离不开数据驱动与反馈机制。在移动端营销中，数据的收集与分析贯穿整个营销链条，从消费者需求的识别，到产品和服务的设计，再到促销活动的执行与效果评估，数据为企业提供了全方位的决策支持。闭环的核心在于通过数据反馈不断优化每一环节的策略，实现4C与4P的无缝衔接。例如，企业可以通过分析消费者对促销活动的参与情况，优化后续的活动内容与形式；通过对渠道表现的监测，调整资源分配以提高运营效率。这种基于数据的闭环模式，使企业能够在动态的市场环境中保持竞争力。

市场营销的最终目标在于提升品牌忠诚度与客户满意度。在移动端环境下，消费者行为的随时随地性决定了企业必须以更加灵活的策略应对不断变化的市场需求。4C与4P的结合通过形成一个以消费者为核心的闭环体系，使得企业在满足消费者需求的同时，能够持续提升其市场竞争力。闭环体系的完善不仅能够提高消费者的购买频次与金额，还能通过消费者的口碑传播带动潜在市场的扩展。

移动端营销组合策略的成功实施，需要企业在技术支持、数据分析与战略规划等多个方面进行协同。这一过程不仅要求企业具备高效的数据处理能力与创新思维，还需要敏锐地捕捉市场动态并快速做出反应。4C与4P理论的结合为企业提供了一种全面的视角，能够在复杂的市场环境中实现资源的优化配置与营销效果的最大化。

第四节　用户生命周期管理及差异化营销策略

一、用户生命周期的定义与分阶段管理

（一）用户生命周期的定义

用户生命周期是市场营销中至关重要的概念，指的是用户从最初接触品牌，到转化为付费用户，再到留存与激活，直至流失的全过程。用户生命周期管理不仅涉及用户在不同阶段的行为模式与需求变化，还要求企业根据这些特征制定阶段性策略，实现对用户的精细化管理。通过对用户生命周期的管理，企业能够优化资源配置，提高用户的终身价值，从而增强市场竞争力。在这个过程中，用户生命周期管理的核心目标是最大化用户的长期价值，并为企业的可持续发展奠定基础。

（二）用户生命周期的分阶段管理

1. 用户获取阶段

用户获取阶段是用户生命周期的起点，是企业通过市场营销活动吸引潜在用户并促使其转化为实际用户的关键时期。在这个阶段，企业需要精准的市场定位和明确的目标用户群体，通过各种营销手段吸引其关注，并最终促成其购买决策。精准的市场调研能够帮助企业了解潜在用户的需求、兴趣、行为习惯等信息，进而为后续的营销活动制定针对性的策略。随着数字化时代的到来，个性化推荐算法、搜索引擎优化、社交媒体广告和内容营销等成为用户获取的重要工具。通过优化广告投放和内容精准推送，企业可以在激烈的市场竞争中脱颖而出，提升用户转化率。

在用户获取阶段，企业不仅要关注用户的数量，更要重视获取用户的质量。用户的质量直接影响后续的留存率与长期价值。因此，企业在这一阶段需要尽可能地吸引高价值的潜在用户群体，并减少无效流量的浪费。通过对用户特征和行为数据的深入分析，企业可以更加精准地设计广告内容和营销活动，从而确保资源的高效利用。随着人工智能、大数据分析等技术的应用，企业能够实时监测市场动态和用户行为，为后续的营销决策提供数据支持，优化用户获取策略。

2. 留存与激活阶段

当用户初步接触并注册成为企业的用户后，其生命周期进入留存与激活阶段。这一阶段的主要任务是通过优化用户体验，增强用户黏性，使用户持续活跃并产生重复购买行为。在这一阶段，企业应专注于关系管理，通过持续的价值创造来维系用户的忠诚度。留存与激活的核心在于满足用户需求、提供优质服务，并通过有效的沟通增强用户对品牌的情感依赖。理论上，市场营销中的关系管理理论和顾客生命周期价值理论为这一阶段提供了理论支持。

为了有效地管理留存与激活阶段的用户，企业需要深入挖掘用户的行为模式，及时调整营销策略，提升个性化服务。数据分析工具在这一阶段起到了至关重要的作用，企业可以通过分析用户的购物习惯、浏览记录、偏好设置等信息，进行定制化的产品推荐和促销活动。忠诚计划和会员体系也常常被用来激励用户持续参与，增加用户黏性。这些措施能够使用户感受到持续的价值回报，从而提高用户的活跃度和忠诚度。

3. 用户流失管理

尽管企业会在用户获取、留存和激活方面进行精心策划，但用户流失依然是不可忽视的挑战。流失管理是用户生命周期中的一个重要环节，目标是减少用户的流失率并挽回部分流失用户。用户流失可能由多种因素引起，如产品质量不符合预期、服务体验不佳、竞争对手的吸引力等。通过建立流失预警机制，企业能够提前识别出可能流失的用户，并采取相应的挽回措施。流失挽回策略的有效性直接影响到用户生命周期的延长和企业收入的稳定。

流失预警模型是识别流失风险的重要工具，通过对用户行为的实时监测和分析，企业可以找出潜在的流失用户并通过个性化的营销措施进行干预。例如，通过发放定制化优惠券、推荐个性化商品或通过客服沟通等方式，企业可以刺激用户的购买欲望，降低流失率。在这一过程中，客户关系管理系统为企业提供了丰富的支持，帮助企业跟踪用户的需求变化并优化沟通策略。

（三）动态优化与策略调整

用户生命周期管理的核心在于实现分阶段的动态优化，这需要企业根据用户行为的变化以及市场环境的波动，不断调整和优化生命周期管理策略。在大数据分析、人工智能技术的支持下，企业可以实现对用户生命周期的精细化管理。各阶段的管理策略必须根据用户特性、需求以及行为模式进行适时调整。例如，在用户获取阶段，企业可以通过新媒体平台加大曝光度，而在流失挽回阶段，则可能更适合采取长期的情感营销策略。动态优化的关键在于通过数据驱动决策，实时调整营销手段，确保用户的长期价值最大化。

（四）用户生命周期管理的战略意义

用户生命周期的分阶段管理不仅是营销效率的体现，更是企业资源配置优化的依据。科学的生命周期管理能够帮助企业深入理解用户行为、需求变化与价值创造的核心要素。通过细分用户群体、精准制定策略，企业可以在每个阶段都实现资源的最优配置，并推动长期的用户价值增长。通过将营销手段从单一的销售转化活动扩展到多维度的用户关系管理，企业能够有效提升用户的忠诚度和对品牌依赖性，进而增强市场竞争力。

企业在实施用户生命周期管理时，应注重市场洞察和策略灵活性。随着市场环境的不断变化，用户的需求、偏好及行为模式也随之波动。因此，企业需要在生命周期的每个阶段都保持高度敏感，并根据实际情况进行策略调整。例如，在用户获取阶段，企业可以通过更精准的广告投放吸引潜在用户；而在留存阶段，企业则可以通过内容营销和社区互动等方式维系用户关系。通过对生命周期的系统化管理，企业能够在竞争激烈的市场中脱颖而出，实现持续增长。

（五）理论与实践相结合

用户生命周期管理不仅是市场营销理论的实践应用，也为学术研究提供了重要的参考框架。通过结合行为经济学、消费者心理学等多学科的视角，学者们可以深入探讨用户生命周期中的行为动因和变化规律。而在实践中，企业通过细致的市场调研、数据分析与行为建模，能够更加精准地制定生命周期管理策略，实现用户价值的最大化。

通过不断优化用户生命周期管理，企业不仅能够提升用户满意度，还能够增强市场竞争力。企业应在实际操作中结合先进的技术手段，如大数据分析、人工智能等，深入了解用户需求和行为模式，不断调整策略，推动用户生命周期的不断延长。这一过程不仅有助于企业的短期业绩提升，更能够为企业的长期发展奠定坚实的基础。

在现代市场营销理论与实践相结合的背景下，用户生命周期的分阶段管理为企业提供了一个全面的管理框架。通过制定针对每个阶段的精准策略，企业能够最大化用户价值并维系长期的客户关系，为企业在竞争日益激烈的市场中占据有利位置提供支撑。

二、差异化营销策略

差异化营销策略作为现代企业竞争力提升的关键工具，要求企业根据市场环境、消费者需求以及产品特点，精确制定并实施具有独特价值主张的营销方案。通过这一策略，企业可以在竞争激烈的市场中占据有利位置，提升品牌影响力，实现持续发展。差异化营销策略的成功实施，不仅依赖对目标市场的细致分析，还需要对消费者需求的准确洞察，以及产品、定价、渠道和推广手段的有效运用。

（一）市场生命周期与差异化营销策略

市场生命周期理论为差异化营销策略的制定提供了一个重要的框架。市场生命周期通常被分为导入期、成长期、成熟期和衰退期四个阶段。每个阶段的市场特点、消费者行为和竞争态势均存在显著差异，因此，企业需要根据不同生命周期阶段的特点来制定差异化的营销策略。

1. **导入期：创新与需求培育**

在市场生命周期的导入期，产品或服务刚刚进入市场，消费者的接受度较低。此时，企业的差异化营销策略应当侧重于市场教育和品牌形象的塑造。通过向消费者传达产品的独特优势和价值，企业可以有效培育市场需求，为产品的进一步推广奠定基础。除了提供具有创新性的产品功能，企业还需要通过广告宣传和公关活动增强产品的知名度，逐步吸引潜在顾客的关注。

2. **成长期：产品扩张与市场细分**

随着市场的快速发展和消费者群体的逐步扩大，进入成长期的市场表现出较强的增长潜力。此时，企业的差异化营销策略应注重产品的进一步细化和多元化，以吸引更多的消费者。通过精准的市场细分，企业可以根据不同消费者的需求推出具有差异化特点的产品，并结合适当的市场推广手段，如定向广告

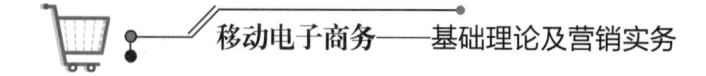

和社交媒体营销，扩大市场份额。在这一阶段，企业的重点应放在加强品牌辨识度和提升市场渗透率，确保在竞争日益激烈的环境中脱颖而出。

3. 成熟期：客户忠诚与品牌深耕

进入成熟期后，市场竞争趋于激烈，产品和服务的同质化程度较高，客户忠诚度成为企业保持市场份额的关键因素。因此，企业需要通过提升客户体验、优化产品附加值以及强化品牌忠诚度来应对市场的饱和态势。此时，差异化营销策略不仅要注重产品功能的创新，还应在服务、质量和品牌形象等方面提供独特价值。通过建立长期的客户关系和提供个性化服务，企业可以进一步巩固市场地位。

4. 衰退期：产品组合调整与市场细分

在衰退期，市场需求下降，企业需要通过调整产品组合和优化市场细分策略来维持利润和客户群体。在这一阶段，差异化营销策略的核心是维持核心客户群的价值贡献，同时通过创新和灵活调整，尽量延缓产品生命周期的结束。此时，企业可根据市场反馈对产品进行必要的更新换代，或者通过细分市场的定位，开展小众化的市场推广，以保持业务的盈利能力。

（二）客户群体差异性与差异化营销策略

客户群体的差异性是差异化营销策略制定的另一关键因素。不同消费者群体在性别、年龄、收入水平、文化背景和消费习惯等方面存在显著差异，这些差异直接影响其对产品和服务的需求和价值认知。企业在制定差异化营销策略时，应根据不同群体的特征进行市场细分，并根据细分市场的特定需求提供个性化的产品和服务。

1. 高收入群体与低收入群体

高收入群体消费者通常更注重品牌形象、产品品质和附加价值。这些消费者的购买决策往往基于对品牌的认同和对质量的高要求，价格对他们的购买决策影响较小。相比之下，低收入群体消费者则对价格较为敏感，在做出购买决策时更多考虑性价比。因此，企业可以通过为高收入群体消费者提供优质、高端的产品和定制化服务，为低收入群体消费者提供经济实惠的产品和价格优惠，来满足不同消费者群体的需求。

2. 文化背景差异与个性化需求

不同的文化背景也会影响消费者的消费行为。在制定差异化营销策略时，企业需要了解并尊重不同文化的消费习惯，并根据文化差异调整营销信息和产品设计，以最大化满足目标市场的需求。

3. 技术敏感度与创新需求

随着技术的不断进步，消费者对创新技术的接受度差异也对差异化营销策略产生影响。一些消费者对新技术、新产品有较强的兴趣和需求，而另一些消费者则可能对新兴技术持保守态度。因此，企业在推行差异化营销策略时，应根据目标消费者群体的技术敏感度，灵活调整产品创新的速度和程度。企业可为对技术敏感的消费者提供前沿的智能产品或定制化服务，而对技术不敏感的传统消费者则应重点突出产品的基本功能和可靠性。

（三）营销组合的多维度应用

差异化营销策略的实施离不开综合运用产品、价格、渠道和推广等多维度的营销组合。每一个环节的优化和调整都能够为企业提供竞争优势，使其能够在激烈的市场竞争中脱颖而出。

1. 产品差异化

产品差异化是差异化营销策略的核心。企业通过创新技术、功能优化和设计提升，为客户提供独特的价值体验。通过持续的技术创新和产品研发，企业可以不断推出满足消费者需求的差异化产品，从而提升品牌的市场竞争力。

2. 定价策略

价格是影响消费者购买决策的重要因素。企业在制定差异化定价策略时，应根据目标市场的消费者价格敏感度和竞争态势，设置合理的价格区间。对于高端市场，企业可采取溢价定价策略，通过提供高品质、高附加值的产品来吸引消费者。而对于中低端市场，企业可采取差异化定价策略，通过提供更具性价比的产品来满足价格敏感型消费者的需求。

3. 渠道策略

渠道策略在差异化营销中起着至关重要的作用。企业通过构建便捷的购买渠道和优化分销网络，来提高消费者的购买便利性和体验。随着电子商务的普及，线上渠道成为越来越多消费者的首选，企业需要根据消费者的购买偏好，选择适合的渠道进行推广。同时，线上线下渠道的整合也能有效提高市场覆盖率，增加品牌曝光度。

4. 推广策略

企业在差异化营销推广中，应根据消费者的需求、心理和行为，制定个性化的广告创意和促销活动。利用数字营销工具，通过精准的广告投放和社交媒体互动，企业可以加强与消费者的互动，提升品牌影响力和消费者的忠诚度。

（四）数字化时代与差异化营销的整合

数字化技术和大数据分析为差异化营销策略的制定和实施提供了强有力的支持。企业可以通过数据分析，深入洞察消费者的行为特征和需求变化，从而明确更加精准的市场定位，制定更加有效的营销策略。在数字化时代，企业能够通过多个线上渠道与消费者进行实时互动，通过个性化推荐、精准广告和智能化客服等手段，提升消费者的体验感和品牌忠诚度。

（五）差异化营销策略的可持续性与评估

差异化营销策略的制定需要平衡短期收益和长期发展目标。在实践中，企业应注重策略的可持续性和连续性，避免短期的市场冲击带来品牌形象的不稳定。企业可以通过定期的市场反馈评估和策略优化，确保差异化营销策略的持续性和有效性，从而保持企业的市场竞争力和行业领先地位。

第五节 案例分析：拼多多的社交电商营销策略

拼多多作为中国电商市场的后起之秀，凭借其独特的社交电商模式在短短几年间迅速崛起，并在激烈的市场竞争中占据了重要位置。其成功的关键之一便是在营销策略上的创新。拼多多不仅改变了传统电商依赖价格竞争的方式，更通过结合社交网络与电商购物，推出了与众不同的"拼团"机制，借此吸引了大量用户，特别是在二、三线城市和广阔的农村市场。拼多多的"拼团"模式通过社交互动将消费者与购物行为紧密联系在一起，使得购物不再是单纯的交易行为，而是一种社交体验。在这一模式下，用户通过社交平台，如微信等，邀请朋友一起参与拼团，从而享受更低的价格。这种方式不仅让消费者在购买时感受到更多的乐趣和互动，也在无形中促成了社交网络更多的裂变，推动了拼多多平台的用户增长。

拼多多的成功并非仅仅依赖"拼团"这一单一的功能，其背后还有更加复杂和精准的营销策略。平台通过大数据分析，深入了解每一位用户的消费行为与偏好，从而向用户推荐更符合其兴趣的商品。这一基于数据的个性化推荐机制，使拼多多能够在庞大的商品池中为用户筛选出最合适的产品，提高了用户的购买转化率。拼多多借助数据挖掘消费者的需求，不仅使每一个用户都能享受量身定制的购物体验，而且提升了平台的商品周转率和销售额。通过分析用户的浏览历史、购买偏好、搜索关键词及社交互动，拼多多能精准捕捉到消费者的潜在需求，并通过推送相关商品和优惠，促使用户产生购买冲动。与传统电商平台依赖商品本身的价格竞争和品牌影响力不同，拼多多更多依靠的是社交化推荐和用户互动，将购物与社交融合，形成了一种全新的消费生态。

这种基于社交的营销模式成功地提升了拼多多的用户黏性。拼多多不仅通过价格吸引消费者，还通过社交分享和互动增加了用户的参与感和归属感。拼团模式和用户分享功能激发了消费者的社交需求，使购物不再是单一的个人行为，而是与社交圈层紧密相关的集体活动。这种互动性不仅增强了用户的购买意愿，还促进了用户之间的口碑传播。当用户在拼团过程中获得低价商品时，他们不仅感到自己是聪明的消费者，也乐于在社交平台上与朋友分享这种"便宜货"的购买经历，这进一步推动了平台的用户裂变，并提升了传播效果。拼多多通过这种社交互动的方式，逐渐将平台本身从一个简单的电商平台转变为一个集购物、社交和娱乐于一体的综合平台。

拼多多的社交电商模式不仅依赖社交互动和大数据分析，还紧密结合了消费者的情感需求。通过打造和优化社交化购物体验，拼多多有效地提高了用户参与度和购买频次。在拼多多平台上，用户不仅是在购买商品，他们还在与朋友、家人以及陌生人共同体验"拼团"的乐趣。这种购物方式更像是一种社交活动，用户通过拼团与朋友分享商品信息、共同参与购买，享受了一种比传统电商购物更加亲密和互动的购物体验。

拼多多的营销模式成功地吸引了大量的低线市场用户，尤其是在二、三线城市和农村地区。与传统电商平台专注于一线城市的高收入群体不同，拼多多通过低价商品和拼团机制深入中国的中小城市和农村市场，满足了这些地区消费者对价格敏感和购买力较低的需求。拼多多不仅通过低价吸引了大量的消费者，还通过社交电商的形式，使得这些用户能够借助社交平台的传播力，将拼团信息传播给更多人，进一步扩大了用户群体。拼多多的这一策略，不仅弥补了传统电商平台对低线市场的忽视，也成功地挖掘了这些地区的消费潜力。

除了"拼团"机制和大数据的精准推荐，拼多多还通过社交平台的互动性增强了与消费者的联系。在拼多多平台上，用户可以通过点赞、评论、分享等方式与其他用户进行互动，形成了一个活跃的社交圈层。这种互动形式不仅增加了用户在平台上的停留时间，也提升了平台的活跃度和用户的参与感。用户在平台上的社交行为被巧妙地与购物行为结合在一起，增强了消费者对平台的忠诚度，促使他们频繁访问和使用平台。

通过这些创新的营销策略，拼多多成功实现了从传统电商模式向社交电商模式的转型，成为中国电商行业中的一匹黑马。其社交电商的成功经验，不仅为其他电商平台提供了可借鉴的商业模式，也为全球电商行业带来了新的思考。在未来，拼多多的社交电商模式有望继续深耕低线市场，并在全球范围内拓展其影响力。同时，随着人工智能、大数据等技术的进一步发展，拼多多还将有更多的机会通过技术创新提升用户体验，继续引领电商行业的发展潮流。

▶ **案例讨论问题**

1. 拼多多的"拼团"机制如何在提升平台用户参与度和社交黏性方面发挥作用？
2. 在拼多多的营销模式中，社交电商如何与传统电商形成差异化竞争？
3. 基于拼多多的大数据分析，如何实现个性化商品推荐，并提高消费者的转化率？
4. 如何评价拼多多通过社交互动推动用户购买行为的策略？这一策略对消费者行为有何影响？

习 题

（一）选择题

1. 在数字化营销中，下列哪一项是最重要的消费者行为分析手段？（　　）
A. 消费者的购买频率　　　　　　B. 消费者的社交互动行为
C. 消费者的品牌忠诚度　　　　　D. 消费者的支付方式
2. 下列哪种营销策略最能提高移动电商平台的用户黏性？（　　）
A. 传统的电视广告投放　　　　　B. 通过社交媒体与用户进行互动
C. 限时折扣促销　　　　　　　　D. 统一的价格策略
3. 在"拼团"营销中，拼多多利用了下列哪种营销模型的核心理念？（　　）
A. 4C模型　　　　　　　　　　　B. 4P模型
C. AIDA模型　　　　　　　　　　D. STP模型

（二）简答题

1. 结合拼多多的案例，分析社交电商如何通过社交关系链条扩大市场影响力，提升品牌知名度。
2. 根据数字化营销理论，如何利用大数据对消费者进行个性化推荐？请结合拼多多的做法进行分析。
3. 移动电商平台如何通过精准广告投放提高营销效果？举例说明。

（三）案例分析题

结合拼多多的营销策略，分析其如何通过社交互动提升用户购买转化率，并与传统电商平台的营销方式进行对比，讨论两者的优势与劣势。

第五章 移动电子商务的营销实务

第一节 移动端营销渠道的选择与整合

一、移动端主流营销渠道类型及其特征

移动端营销渠道已成为企业商业策略中不可或缺的一部分,随着智能手机的普及和移动互联网的迅猛发展,传统营销方式逐渐向移动端转型。移动端营销渠道类型多样,具有各自独有的特征与优势,且对消费者行为和购买决策产生了深远的影响。企业在设计移动端营销策略时,需依据不同渠道的特征,以期实现资源的最优配置,深度渗透目标市场,提高市场竞争力。

(一)社交媒体渠道:互动性强,信任度高

社交媒体平台近年来在移动端营销中占据了重要地位。社交媒体的核心特征在于其强烈的互动性和社交属性,这使得企业能够在更为个性化和人性化的环境中与消费者建立联系。社交媒体平台如微博、微信、Instagram等,通过社交关系链、内容推荐算法和用户行为数据,实现信息的精准传播。社交媒体的高互动性使得用户不仅是信息的接受者,更是内容的生产者与传播者,品牌和消费者之间的双向交流推动了品牌认知的形成和消费者忠诚度的提升。

社交媒体营销的另一个显著特征是其精准性。通过数据分析,社交媒体平台能够基于用户的历史行为、兴趣偏好以及社交圈子等维度进行精准的内容推送,进一步提高广告的相关性和吸引力。在这一环境下,用户往往会受到社交网络中其他成员的影响,进而对品牌产生较高的信任感。与传统媒体相比,社交媒体不仅能够提升品牌曝光率,还能够通过个性化推荐增强用户体验,进而促进购买决策的形成。

然而,社交媒体营销的效果也受到平台生态规则的制约,平台的算法更新和用户活跃度变化可能会直接影响营销效果。因此,企业在运作社交媒体营销时，需密切关注平台政策变化、用户行为变化以及内容创意的更新，制定灵活应变的策略。

（二）搜索引擎渠道：需求导向，精准转化

搜索引擎是移动端用户获取信息的主要工具之一。搜索引擎营销具有强烈的需求导向性和高效的转化率，这使得它在移动端营销中占据着举足轻重的地位。与其他渠道相比，搜索引擎营销具有高度的目标性，能够将用户的即时需求与品牌或产品直接关联。当用户在搜索引擎中输入关键词时，企业通过关键词广告和SEO（搜索引擎优化）等手段，可以将其营销内容精准地呈现给有明确需求的消费者。

搜索引擎营销的最大优势在于它能够锁定正在寻求特定产品或服务的客户，进而提高转化率。通过优化关键词的选取、内容的布局和广告的投放策略，企业能够在关键时刻提高其在消费者决策过程中所占的可见度和竞争力。此外，搜索引擎广告的竞价机制和排名机制确保了企业能够在有限的预算下，通过合理的投放策略获得最大的曝光和转化回报。

尽管搜索引擎营销具有高度的精准性，但其效果也受到搜索引擎算法更新和市场竞争的影响。企业在选择搜索引擎作为营销渠道时，需要深入分析目标市场的搜索行为、竞争态势和关键词的选择，做到精准投放，最大化资源的使用效率。

（三）应用商店渠道：精准对接，转化效率高

应用商店是移动端营销的重要渠道之一，尤其适用于直接推动应用下载与使用的场景。应用商店的渠道特征在于其高度集中的流量分发和强关联的消费场景。应用商店如App Store、Google Play等，通过推荐位、排行榜、关键词搜索等方式，将应用产品与用户需求紧密对接，为企业提供了精准的营销机会。

在应用商店中，企业的营销活动往往具有较强的针对性和明确的转化目标。应用商店的用户群体通常具有明确的需求，这使得营销内容的传播更具成效。通过优质的应用产品设计、用户体验优化和积极的用户评价，企业能够有效提升应用在商店中的排名和曝光度，从而直接促进应用下载与使用。

应用商店的竞争异常激烈。企业需要在同类产品中脱颖而出，借助有限的展示空间和资源，实现精准定位与高效转化。此外，应用商店对营销活动有较为严格的规定和审核机制，企业在制定营销方案时，必须注意合规性和创新性之间的平衡。

（四）短信营销与推送通知：即时性强，互动性高

短信营销与推送通知作为移动端的传统营销渠道，凭借其即时性和高触达率，在移动端营销中也占有一席之地。短信和推送通知能够通过直接的方式触达用户，避免了信息传递中的复杂环节和时间延迟，尤其适用于促销、提醒、新闻等即时信息的推送。

短信营销通常采用直接简洁的方式，通过短时间内的高频次信息传播，提升品牌的认知度和促销效果。推送通知则依托于移动设备的通知栏，能够在用户未主动打开应用的情况下，也将信息准确传达给用户，增强了营销活动的时效性和高效性。尽管这种营销方式的干扰性较强，但其高触达率和即时反馈机制使得企业能够在短时间内获取用户的反应，进而快速调整营销策略。

（五）移动视频广告：内容性强，用户参与度高

随着视频内容消费的增多，移动视频广告已成为一个重要的营销渠道。视频广告不仅能够通过视觉、听觉等多感官刺激来提升用户的品牌记忆，还能通过讲述富有情感和故事性的内容来吸引用户的注意力。通过抖音、快手等短视频平台，企业能够借助精准的用户画像推送相关内容，极大提高广告的相关性和用户的参与度。

视频广告的高效性不仅体现在品牌曝光上，更在于其能够通过引导用户的互动、评论、分享等行为，进一步扩大传播效果。与传统广告形式相比，视频广告具备较强的情感沟通能力，有助于加强品牌与消费者之间的情感联结，提升消费者的忠诚度。

（六）移动端电子邮件营销：个性化推荐，价值提升

虽然电子邮件营销在移动端的使用频率较低，但随着技术的进步和用户体验的提升，其在移动端营销中依然扮演着重要角色。通过个性化推荐和精准的内容定制，移动端电子邮件营销能够有效提升品牌与消费者之间的互动。通过在邮件内容中加入个性化的推荐、促销信息和产品优惠，企业能够提高邮件的打开率和转化率，进而实现更好的营销效果。

二、渠道整合策略

渠道整合策略是现代市场营销领域中至关重要的一环，其核心目标在于通过整合多种渠道资源与功能，实现协同效应的最大化，以提高整体营销效率和效果。随着数字化技术的迅猛发展和消费者行为模式的多样化，单一渠道已经

难以满足当今市场的复杂需求。渠道整合策略不仅是一种简单的渠道并联方式，更是对资源的优化配置与协同创新的系统性工程。

渠道整合的关键在于，深刻理解不同渠道的独特属性及其在价值链中的功能定位。在传统市场营销体系中，渠道通常按照其功能分工进行划分，如直接销售渠道、分销渠道以及第三方平台等。然而，随着互联网和移动技术的兴起，线上、线下渠道之间的界限逐渐模糊，消费者能够通过多种途径接触产品和服务。为满足消费者的多样化需求，渠道整合策略需要在充分了解各渠道特性的基础上，优化其互补性，构建覆盖广泛且高效的营销网络。在实践中，渠道整合需要解决信息孤岛问题，以实现信息流、资金流和物流的高效整合。通过现代信息技术的应用，企业能够实现对不同渠道数据的集中管理与分析，从而全面了解消费者行为特征及其偏好。这种对数据的深入挖掘和应用，有助于企业制定更加精准的营销策略，并通过数据驱动优化渠道资源分配。同时，在整合过程中，确保物流和资金流的高效流转也是至关重要的一环。这不仅能够提升运营效率，还能显著改善消费者的购买体验，从而增强品牌忠诚度。

协同效应的实现离不开对渠道功能的重新定义和结构优化。每个渠道在整合后的体系中，需明确其独特价值和功能定位。某些渠道可能更适合提供快速响应和即时服务，而另一些渠道则更适合提供深度体验和高附加值服务。通过合理的功能分工和有效的资源配置，企业能够实现各渠道之间的优势互补。整合后的渠道体系不再是各自为战，而是通过协作实现整体效能的最大化，从而提升企业的市场竞争力。

渠道整合策略的另一个重要方面是消费者体验的优化。在当今以消费者为中心的市场环境中，体验成为影响消费者购买决策的重要因素。通过整合多种渠道，企业能够为消费者提供更加一致、无缝的购买体验。这种体验的一致性不仅体现在品牌形象的统一性上，还包括消费者从信息获取到购买决策，再到售后服务的全流程顺畅性。渠道之间的信息共享和无缝衔接，能够有效减少消费者在跨渠道互动中的障碍，增强其对品牌的信任和依赖。此外，要实现渠道整合策略的成功还需要关注技术的驱动作用。以人工智能、大数据分析和区块链等技术为代表的现代科技，为渠道整合提供了新的可能性。例如，大数据分析可以帮助企业识别消费者行为模式，从而优化渠道配置和营销策略。人工智能则能够通过智能推荐和个性化服务，提高渠道的精准营销能力。而区块链技术的引入，则可以增强渠道之间的数据透明度和信任度，为整合过程提供技术保障。

渠道整合的实施不仅需要技术支持，也需要组织架构和管理模式的配套变革。传统的渠道管理模式往往存在职能分离和目标冲突的问题，而整合后的渠道体系则需要更高层次的协调机制。同时，企业需要通过建立适应整合需求的激励机制，调动各渠道在协作中的积极性，确保整合策略的顺利实施。在市场营销的框架下，渠道整合策略的本质是一种资源的优化与价值的重新创造。通过整合多种渠道，企业不仅能够提高资源利用效率，还能通过提供差异化和高价值的服务，增强其市场竞争力和品牌影响力。这种以消费者为中心的整合方式，不仅能够满足多样化的市场需求，还能推动企业在竞争激烈的市场环境中脱颖而出。

渠道整合策略是现代市场营销的一项核心内容，其成功实施需要深刻理解渠道功能、优化资源配置、提升消费者体验，并借助技术驱动实现协同效应。通过系统性的整合与创新，企业能够在复杂多变的市场环境中实现营销效能的最大化，为其长期发展奠定坚实的基础。

三、渠道选择的关键考量因素

（一）目标用户的需求与特征

目标用户的需求与特征是渠道选择过程中最基础的考量因素之一。不同用户群体在购买行为、消费习惯、购买渠道的偏好等方面具有显著差异。因此，渠道策略应当精准地对应目标用户群体的特征，确保渠道选择与用户需求相契合。

在对消费者行为的研究中，消费者的地理位置、年龄层次、社会经济背景等都会影响其消费方式的选择。例如，年长消费者更倾向于传统零售渠道，而年轻一代可能更偏好线上购物和移动支付方式。此外，消费者的购买习惯也对渠道选择产生重要影响。高频购买的低价商品适合通过快捷、高效的分销渠道，如大规模零售商、电商平台进行销售，而高价值、高定制化的产品则往往需要通过专业渠道进行推广，如专卖店、定制服务平台等。

根据目标用户群体的需求和购买行为，企业可以设计出更加精准的渠道布局，从而提升消费者的购买便利性和满意度。通过渠道的合理布局，企业不仅能够提高市场覆盖率，还能够增强客户的忠诚度，形成持久的用户黏性。

（二）产品特性与渠道需求的匹配

产品特性是决定渠道选择的另一个关键因素。不同类型的产品具有不同的流通需求，而这些需求直接影响产品所需的最佳分销路径。产品的物理特性，如体积、质量、保存条件、使用方式等，决定了其分销渠道的选择。

易耗品和日常消费品通常具有较高的市场需求频率，因而适合通过具有广泛覆盖面和高效率的渠道进行分销。例如，快速消费品常通过大规模零售商、电商平台等快速高效的渠道来满足消费者的购买需求。这类产品通常对渠道的需求更侧重于高覆盖、低成本和快速配送等特性。

高端商品、奢侈品、个性化产品等则需要通过高附加值、高质量服务的渠道进行销售。这些产品的销售通常要求较为精细的渠道管理，不仅要考虑用户的购买体验，还要在渠道中传递品牌的独特价值。因此，专卖店、高端零售商和定制化平台往往是这些产品的首选渠道。此外，产品的体积、质量以及保存条件也会影响渠道选择。体积较大或质量较重的商品，通常需要通过具备强大物流支持的渠道进行配送，以确保运输过程的安全性与时效性。对于需要特殊保存条件的商品（如生鲜食品、易损产品），合适的渠道选择可以确保产品在运输过程中维持品质，避免损失。

（三）市场环境及外部因素的影响

市场环境，特别是竞争态势、经济发展水平、技术进步和政策环境，对渠道选择具有重要的影响。市场竞争状况直接影响着企业的渠道战略。在竞争激烈的市场中，企业往往需要通过创新的渠道策略来增强竞争优势。为了适应不同的市场需求和消费者行为，企业可能需要实施多渠道或者全渠道的分销模式，通过线上与线下的协同作用，满足不同消费者群体的需求。

经济发展水平的差异也是影响渠道选择的重要因素。在发达地区，消费者对便捷性、效率和快速响应的需求较高，因此，电商平台、快递服务以及便捷的支付渠道等会成为首选。而在欠发达地区，渠道的覆盖范围和成本效益可能会成为更为关键的考量因素，这些地区的消费者往往更关注价格和配送的可达性，因此，传统的零售店铺和区域性分销渠道可能更为合适。

技术进步和数字化转型对渠道选择的影响日益凸显。随着智能手机、移动支付技术的普及和互联网基础设施的改善，线上渠道的潜力不断被挖掘，社交电商、直播带货等新型销售渠道逐渐兴起，给企业的渠道选择带来了新的机遇。企业在选择渠道时，需要密切关注技术的发展趋势，以便借助新兴技术优化渠道结构和提高市场竞争力。

政策环境在渠道选择中也起着至关重要的作用。尤其是在国际市场中，不同国家和地区的政策法规差异可能会影响企业的渠道布局。例如，跨境电商的兴起为企业提供了更广阔的市场空间，但同时也要求企业遵守相关的进口关税、物流要求以及消费者保护法规。政策的变化可能会导致渠道选择发生调整，企业需要时刻关注政策动向，并灵活调整渠道策略。

（四）渠道成本与收益的权衡

渠道选择不仅是一个市场行为，更是企业资源配置的一项战略决策。在选择渠道时，企业需要综合评估渠道的成本与收益，权衡不同渠道的投入产出比。渠道建设和管理需要投入大量的资金、人力和物力，因此，选择不合适的渠道不仅可能导致资源浪费，还可能对品牌形象和市场竞争力造成负面影响。

高成本的渠道可能提供更高的服务质量和更大的市场覆盖，但同时也会影响企业的盈利空间。因此，企业在渠道选择过程中，应结合定量分析与定性研究方法，科学评估每个渠道的优劣势。定量分析主要通过市场调研数据、销售数据等数字化指标来衡量各渠道的表现，而定性研究则侧重于消费者反馈、渠道的市场适应性以及服务质量等方面的分析。

通过成本效益分析，企业可以实现渠道选择的优化，避免盲目扩张带来的资源浪费。此外，渠道管理的精细化也是提高渠道效益的关键。通过细化渠道策略、加强渠道合作伙伴的管理与监督，企业能够在渠道运作中实现成本控制和效益最大化。

（五）技术发展与新型渠道的探索

数字化和技术进步不断推动着渠道选择的演变。随着大数据、人工智能、物联网等技术的广泛应用，企业能够更加精准地了解消费者的需求和购买行为，从而优化渠道布局。通过数据驱动的渠道决策，企业能够实现更精确的市场定位和需求预测，提高渠道的使用效率和市场覆盖率。

新型渠道形式的涌现，如社交电商、直播平台和内容营销等，为企业提供了更多创新的渠道选择。这些新兴渠道不仅能够拓宽市场覆盖面，还能够与传统渠道形成互补，形成多层次的市场布局。企业需要在技术发展的基础上，积极探索创新的渠道模式，以适应日益变化的市场环境，并提升用户体验。

（六）全球化背景下的跨境电商与国际分销体系

在全球化背景下，企业的渠道选择不仅限于本土市场，还需要考虑国际市场的拓展。跨境电商的崛起，使得企业能够通过电子平台直接与全球消费者进行交易。然而，跨境电商也面临着更为复杂的市场和物流挑战。企业需要充分考虑目标市场的文化差异、法律规定、物流条件等，选择适合当地市场需求的渠道布局。

在国际分销体系的构建中，供应链协调、分销网络建设以及与渠道伙伴的合作尤为关键。企业需要根据不同市场的需求特点，灵活设计国际分销渠道，同时注重供应链管理的高效性和可靠性。通过高效的国际分销体系，企业能够在全球市场中占据竞争优势，提升品牌的国际知名度和市场份额。

第二节　精准营销：基于用户数据的洞察与应用

一、用户数据的采集与管理

用户数据的采集与管理，在现代市场营销领域具有重要的战略价值，是企业制定精准营销策略、提升用户体验和推动商业决策的重要基础。然而，在快速发展的数字化环境中，数据的采集与管理不仅是技术性问题，也是法律和伦理领域的重要议题。因此，研究数据来源的多样性和保障数据合法合规性的措施，对于建立有效的数据管理体系至关重要。

用户数据的来源广泛且多样，通常包括企业内部生成的数据、外部合作伙伴共享的数据，以及通过用户直接授权收集的数据。在企业内部，用户在购买、使用产品或服务过程中生成的交易数据、行为数据和反馈数据，构成了高价值的数据资源。这些数据能够反映用户的消费习惯、偏好和需求变化，是市场细分和精准定位的重要依据。与此同时，外部数据源的引入，特别是通过合作伙伴、公共数据平台和社交媒体获取的外部数据，为企业提供了更广泛的用户画像补充。这种数据整合在市场营销中的作用尤为显著，它能够帮助企业在竞争中发现未被满足的市场需求，从而实现差异化的市场定位。

数据的合法合规性保障是用户数据采集与管理过程中的核心问题。这一过程需要遵守相关法律法规和行业标准，确保在保护用户隐私的同时获取和使用数据。当前，全球各主要经济体都出台了相关的隐私保护法规，如欧盟的《通用数据保护条例》和中国的《中华人民共和国个人信息保护法》，对用户数据的收集、存储、处理和分享提出了严格的合规要求。这些法律要求企业在数据采集过程中，必须明确告知用户数据的用途，并获取用户的明确授权。在市场营销实践中，企业通过透明的隐私政策和用户友好的授权机制，既能增强用户信任，又能为数据的合法性提供制度保障。此外，技术手段的应用在数据合法合规性保障中也发挥着关键作用。数据加密、匿名化和去标识化等技术，有效降低了数据泄露和不当使用的风险。在数据共享和跨境传输的情况下，采用安全传输协议和多方安全计算技术，可以进一步增强数据使用的合规性和安全性。企业通过部署全面的技术保障体系，不仅能够满足法律要求，还能树立其在市场中的负责任企业形象，增强品牌忠诚度。

在市场营销实践中，用户数据的管理需要兼顾数据使用的效率和用户隐私的保护，这两者之间存在一定的张力。为了平衡这一矛盾，企业需要建立以数据治理为核心的数据管理机制。数据治理的目标是通过明确的数据分类、权限管理和责任分配，确保数据的采集和使用能够为企业的营销活动提供支持，同时遵守相关的法律法规。通过设置独立的数据合规部门、聘请专业的数据保护官，企业能够在内部建立完整的数据合规体系。此外，定期的合规审查和风险评估也有助于发现和纠正潜在的合规问题，从而持续提升数据管理的合法性和可靠性。

市场营销领域的用户数据管理还需要特别关注数据的生命周期管理。从数据的收集到存储、处理、分析和销毁，整个生命周期都需要有明确的规范和流程。在数据处理和分析环节，企业需要配置高效的数据分析工具和智能化的营销平台，以便从海量数据中提取有价值的信息。这不仅能帮助企业优化营销策略，还能实现对用户需求的快速响应。与此同时，数据销毁环节同样不容忽视。为了防止数据滥用或泄露，企业需要通过技术手段和规范流程，确保废弃数据的彻底销毁。

在数字化转型加速的背景下，数据作为企业核心资产的地位愈发突出。然而，用户对于数据隐私的关注和敏感度也在不断提高，这使得企业在数据采集与管理中面临更多挑战。市场营销活动中涉及的大量数据交互行为，使得企业必须更加谨慎地处理用户数据，以避免因数据管理不当而导致的信任危机或法律风险。因此，在营销战略制定过程中，将数据合法合规性融入企业文化和营销理念，是提升企业长期竞争力的关键。

用户数据的采集与管理不仅是技术问题，更是市场营销战略中的重要组成部分。通过广泛的数据来源获取高质量的信息，并采取多层次的合规措施，企业能够在提升营销效率的同时，建立以用户为中心的信任机制。在未来的市场竞争中，数据管理能力将成为衡量企业营销水平的重要标志，而合规性则是确保这一能力能够持续发挥作用的基石。

二、精准营销策略的实施

精准营销策略的实施是现代市场营销理论与实践的重要议题，其核心在于通过深度挖掘用户需求，构建以个性化内容推送与推荐为核心的营销模式。在数字化、智能化技术的驱动下，精准营销以用户洞察为起点，通过整合多维度数据，提升企业在资源分配与营销效率上的竞争优势。这一过程的关键在于深入理解用户行为、心理动机及其需求表达方式,借助动态数据分析和技术工具,实现对用户需求的精准捕捉和预测。

用户洞察是精准营销得以实施的核心基础。它不仅涉及消费者行为数据的采集和分析,还包括心理学、行为经济学和市场营销理论的综合应用。用户洞察的本质在于通过多样化的数据源整合,构建全面的用户画像,使企业能够在宏观和微观层面把握目标群体的需求特征。这种用户画像通常以人口统计学、地理特征、心理偏好以及行为模式为基础,通过动态更新反映消费者在消费路径上的变化趋势。依托数据驱动的洞察模式,精准营销策略能够更加贴合用户需求,为个性化推送提供理论支持与实践指引。

在用户洞察的基础上,精准营销策略的核心在于内容的个性化推送与推荐。这一过程通过技术与市场营销理论的结合,将用户需求与企业产品或服务的核心价值精准匹配,实现高效传播。个性化推送的理论依据在于市场细分理论与消费者行为学的深度融合,而其实践则依赖大数据处理与智能算法的支持。在数据处理过程中,企业通过对用户历史行为、偏好数据及潜在需求的多维分析,形成针对不同群体的内容定制策略。内容的个性化推送不仅需要在信息传递上体现精准性,还需通过情感共鸣与价值传递构建品牌与用户之间的深层次连接,从而在营销活动中实现用户体验的提升与忠诚度的增强。

技术支持是精准营销策略得以高效实施的重要驱动因素。在数据采集与分析层面,企业通过数据挖掘、机器学习及自然语言处理技术对用户信息进行结构化解析,提取关键需求点并实现精准匹配。推荐系统作为个性化推送的技术核心,通过多样化的算法模型对用户需求进行预测与优化。无论是协同过滤、内容匹配,还是基于深度学习的推荐算法,这些技术都为精准营销策略提供了强有力的实现手段。在技术工具的帮助下,内容推送得以从单一化的静态展示,演变为动态、多样化的互动化传播模式,显著提高了用户对推送内容的接受度和关注度。

精准营销策略的实施,不仅涉及技术支持与用户洞察,还需将营销战略与传播渠道的选择相结合,以实现传播效果的最优化。传播渠道的选择在精准营销中具有重要意义,其不仅影响内容到达用户的效率,也直接关系企业资源的配置效益。在多渠道传播环境下,不同渠道的特性决定了其在精准营销中的适用范围。企业需要根据用户的媒介接触习惯及消费场景,合理选择内容推送的渠道与形式,从而实现信息传播的高效化与目标转化的最大化。渠道选择不仅是资源配置问题,更是营销战略优化的体现。它要求企业在战略规划中兼顾传播范围、互动性和用户体验,最终实现精准触达。

在精准营销实践中,效果评估是不可或缺的环节。通过科学的指标体系,企业能够全面监测个性化内容推送的实际效果，发现优化空间并进行调整。效果评估的价值不仅在于检验营销活动的成功与否，更在于为后续策略优化提供依据。通过数据反馈与评估机制的建立，精准营销策略能够形成闭环管理模式，使得企业在数据积累的基础上不断提升内容推送的精准性与用户体验。精准营销的效果评估指标通常涵盖点击率、转化率、用户留存率等维度，这些数据能够帮助企业在定量分析中发现营销活动的关键问题与潜在优化方向。值得注意的是，精准营销策略的实施过程中需要特别关注用户数据隐私与信息安全问题。用户数据的合法采集与合规使用是企业实施个性化推送的前提。这不仅是企业社会责任的体现，也是提升用户信任度的重要途径。数据隐私保护的有效实施将进一步增强企业品牌的社会认可度，为精准营销的长期发展提供支持。同时，隐私保护的强化也有助于推动企业建立更加稳健的数据管理与安全体系，从而在数据驱动的营销模式中实现可持续发展。

三、技术工具的应用

技术工具的应用正在彻底改变精准营销的模式和效果，大数据和人工智能等技术成为现代市场营销的重要推动力。这些技术使得企业能够突破传统营销方式的局限，以更为精准、高效的方式连接目标消费者群体。

大数据技术的核心优势在于其对海量、多样化数据的采集与深度分析能力，这使得企业能够从复杂的市场环境中提取具有战略意义的信息。通过对消费者行为、偏好以及市场趋势的全面洞察，大数据为精准营销的策略设计提供了扎实的基础。在市场营销的理论与实践中，这种数据驱动的方式逐渐取代了经验导向的决策方法，使企业能够实现基于科学分析的动态调整。

人工智能技术的迅猛发展为精准营销注入了更强的智能化和自动化能力。通过人工智能对数据进行深层次的挖掘与建模，企业能够以较低的成本实现个性化的营销策略部署。人工智能的算法与模型，不仅能够识别隐藏在数据中的规律，还能实时调整营销方案以应对市场的动态变化。结合机器学习与自然语言处理等技术，人工智能为企业提供了精准预测消费者需求的能力，使得营销活动能够更有针对性地满足消费者的个性化期望。这种转变标志着市场营销由传统的推送模式向以消费者体验为中心的互动模式迈进，使企业在激烈竞争中赢得更多的市场机会。

技术工具在精准营销中的作用还显著体现在其推动企业与消费者之间更为紧密的联系。基于数据与智能的技术应用使得消费者与品牌的互动从单向传播演变为双向甚至多向交互。这种互动形式既能够在短时间内帮助企业获取精准的消费者反馈，同时也增强了消费者对品牌的参与感与认同感。这种全新的沟通机制不仅提升了消费者的体验满意度，也为企业积累了更高质量的数据资源，从而形成数据与营销效果之间的良性循环。与此同时，技术工具对消费者行为模式的深入理解，使得企业可以实现从市场调研到营销方案实施的全链条优化，大幅提升了营销活动的效率和效果。

从市场营销理论的角度来看，技术工具的广泛应用引发了传统理论框架的深刻变革。市场营销从以产品为中心的4P模型向强调消费者需求的4C模型过渡，而技术驱动的精准营销模式更加强调以数据为核心的科学化方法论。这种理论演进反映了技术对营销实践的深远影响。通过技术手段，消费者需求的识别与满足已不再依赖宏观市场洞察，而是深入微观个体层面的需求挖掘。这种转变不仅为市场营销理论的创新提供了全新的视角，同时也为学术研究开辟了广阔的领域。然而，在充分发挥技术优势的同时，技术工具在精准营销中的应用也面临诸多挑战。消费者隐私保护与数据安全问题逐渐成为社会关注的焦点。在数据驱动的精准营销过程中，如何在获取数据与维护隐私之间找到平衡点成为企业不可回避的课题。此外，技术工具的普及程度与应用能力的差异可能导致企业间竞争的进一步加剧。为了在技术驱动的营销环境中保持竞争力，企业需要持续进行技术创新，并不断优化其营销策略，以应对市场需求的变化与技术发展的加速。

技术工具在精准营销中的应用不仅是一种技术革新，更是一场市场营销理念与实践的全面升级。大数据与人工智能等技术使得营销活动从传统的粗放型模式向精细化、个性化模式迈进，为企业提供了更强的市场适应能力。这种变革不仅提升了企业的竞争力，也为市场营销理论的未来发展注入了新的活力。随着技术的持续进步，其在精准营销中的潜力将不断被挖掘，为行业发展与学术研究带来更加深远的影响。

第三节　内容营销在移动端的设计与推广

一、移动端内容营销的核心原则与实践路径

移动端内容营销是市场营销领域中一个动态而富有挑战性的分支，其核心在于以精准的策略应对移动端用户的行为特点和偏好，从而实现品牌信息的有效传递和用户黏性的持续提升。移动端用户行为与传统媒介环境下存在显著差异，这种差异为内容营销的实施提供了特定的语境，同时也对其提出了相应要求。因此，内容创作不仅需要满足用户的需求，还需充分考量移动端媒介本身

的特性，以达到传播效率和用户体验的双重优化。

在移动端的使用场景中，用户呈现出碎片化、即时性和高度互动的行为特征。这种行为模式决定了内容创作的重点需围绕短时间内吸引用户注意力、快速传递核心信息以及增强参与感展开。移动端的屏幕限制，使得信息呈现的空间有限。因此，内容需高度精练且突出视觉化表达。同时，基于移动端用户偏好的非线性阅读模式，内容的逻辑结构需具适应性，通过分段化、模块化的设计，引导用户自主探索，提高信息获取的便利性和满意度。

市场营销理论强调，消费者决策过程通常受感性和理性双重驱动，而移动端环境中的用户行为更倾向于感性反应。因此，内容创作需注重情感的触发和互动体验的设计，尤其是通过视觉元素、故事化表达以及情境关联性唤起用户的情感共鸣。内容创作需关注情感营销策略的融入，通过叙事的感染力或品牌与用户之间的价值观共鸣，形成心理契合。此外，互动性元素的嵌入可以有效增强用户的参与度和满意度，这不仅能延长用户的停留时间，还能通过行为反馈积累更多用户数据，为后续营销策略的优化提供依据。

技术驱动为移动端内容营销的实施提供了强大的支持。在内容创作的过程中，需要充分利用移动端特有的技术功能，如地理位置服务、增强现实和个性化推荐算法等。这些技术的引入能够进一步强化内容与用户之间的相关性和吸引力，从而提升营销的效果。例如，通过基于地理位置的个性化内容推送，用户能够感受到品牌的贴心服务和实时关怀，这种体验增强了用户的忠诚度与品牌信任感。同时，大数据的应用也为内容创作的科学化提供了依据，营销人员可以通过对用户行为数据的分析，更准确地把握其偏好，从而制定更为有效的内容策略。

在移动端内容营销中，品牌形象的塑造与维护是一项核心任务。内容创作需以用户为中心，同时确保品牌价值的有效传递和长期积累。这要求在内容的设计中既要关注短期的传播效果，也需注重长期的品牌资产建设。为此，内容创作需体现品牌的独特性和一致性，通过连续性的内容输出，塑造品牌在用户心中的清晰认知。此外，品牌与用户之间的互动亦需保持长期性和连贯性，通过情感维系和价值共创，构建品牌的忠实用户群体。

移动端内容营销的一个重要方面是对用户行为的实时响应能力。基于移动端即时性传播的特性，内容创作和发布需具备灵活的调整能力，以应对用户需求和市场环境的快速变化。这种响应能力不仅体现在营销活动的策划上，也反映在用户反馈的处理过程中。通过即时的数据分析和用户互动，品牌能够更敏锐地捕捉市场趋势，从而在竞争中保持优势地位。同时，这种实时响应也有助于提升用户的信任感和忠诚度，形成品牌与用户之间的良性互动循环。此外，文化因素在移动端内容营销中具有不可忽视的影响力。内容创作需充分考虑目标用户的文化背景和社会语境，以实现更为精准的市场定位和信息传递。在跨文化营销情境下，这一原则尤为重要，内容创作需通过符号、语言和叙事策略的本地化实现文化适应，从而提高用户的接受度和品牌的市场竞争力。

移动端内容营销的实施离不开对技术与创意的平衡追求。技术的发展为内容创作提供了更多可能性，但创意的独特性和感染力才是内容吸引用户的关键。在内容创作过程中，需关注技术工具的应用能否有效提升内容的表现力和传播效果，同时避免技术导向对内容本身价值造成削弱。创意的核心在于以新颖的视角和独特的表达方式引发用户兴趣，并在此基础上通过技术手段扩大传播范围和增强互动效果。

移动端内容营销的核心原则是对用户行为和偏好的深刻洞察，并通过精准的内容创作实现与用户的情感联结和价值传递。这一过程需要在技术与创意的平衡中实现，以市场营销的理论和实践为基础，通过不断地创新与优化提升品牌的市场竞争力和用户满意度。在数字化时代，移动端内容营销的地位日益重要，其核心原则为品牌在激烈竞争中获取持续成功提供了重要指导。

二、内容形式的多样化设计

内容形式的多样化设计是当今信息传播与营销活动中的核心策略之一，其目标在于通过多渠道、多形式的内容传递，实现信息价值的最大化。短视频、直播以及图文内容的有效融合，不仅可以扩大信息覆盖面，还能够增强受众的参与感和互动体验，这种多样化的内容形式设计在现代市场营销中尤为重要。

短视频作为一种快速崛起的内容传播形式，以其短小精悍、内容直观的特点，成功地吸引了广大用户的注意力。与传统内容形式相比，短视频能够在极短时间内传递复杂信息，这种优势使其成为品牌营销的理想载体。通过创意策划，企业可以将产品的核心卖点、品牌文化或服务理念转化为生动的画面和情节，有效地传递给目标受众。与此同时，短视频平台的算法推荐机制进一步放大了内容的传播效果，使得优质短视频能够在更短时间内获得大规模曝光。

直播作为另一种流行的内容传播形式，以其实时性和互动性成为现代传播和营销的重要工具。直播过程中，内容的呈现方式和节奏能够根据观众的即时反馈进行动态调整，这种灵活性是其他内容形式难以企及的。对于企业而言，直播不仅是一种销售工具，更是与用户建立情感联结的平台。通过实时的互动交流，品牌能够更加深入地了解受众需求，同时增强用户对品牌的信任感和忠诚度。

在数字化传播中，图文内容依然具有不可替代的地位。文字的深度表达和图像的直观表现力相结合，可以呈现更加详尽和多维的信息内容。尤其是在需要详细解读产品功能、品牌背景或行业趋势时，图文形式能够更好地承担信息传递的重任。同时，高质量的图文内容还具有较强的长期留存性，不仅能作为用户后续查阅的重要参考，还能够为搜索引擎优化提供支持，从而提高品牌在数字平台上的长期曝光率。

多样化内容形式的设计并非简单地并列存在，而是需要在形式与形式之间寻求协调与融合。短视频的引流作用、直播的即时转化功能，以及图文的深度传播价值，在一个有机的内容生态系统中应当互为补充，协同发挥作用。企业在制定内容策略时，需要根据受众的媒介接触习惯和内容消费偏好，科学地设计不同形式之间的切换路径。

不同的内容形式能够覆盖不同的受众群体，并满足他们在信息接收中的多样化需求。短视频更适合于吸引注意力、激发兴趣；直播则侧重于促进即时决策；而图文则注重提供详细信息和长尾价值。这种基于多样化需求的内容设计，不仅提升了传播效率，还能够更精准地触达潜在消费者。此外，技术的发展为内容形式的融合提供了更多可能性。人工智能和大数据分析技术的应用，使得内容形式的选择和优化更加科学化。通过对用户行为数据的分析，企业可以精准把握用户偏好，从而定制更符合需求的内容形式。同时，技术手段的升级也为内容形式之间的跨界融合提供了技术支撑。内容形式的多样化设计还需要考虑品牌的整体调性和长期战略目标。在实际操作中，内容形式的选择和组合应当与品牌定位、市场策略以及目标人群的特征保持高度一致。而针对年轻用户群体的品牌，则可以在直播中采用更为轻松幽默的互动方式。通过形式与品牌价值观的深度契合，企业能够更加有效地传递品牌信息并增强用户认同感。

三、内容分发与传播策略

内容分发与传播策略在现代市场营销领域中具有关键性作用，特别是在信息爆炸的背景下，如何有效触达目标受众成为营销实践的核心问题。社交媒体的广泛使用、推送通知的精准触达以及内容推荐算法的智能优化，构成了当下主流的传播手段，为企业和品牌提供了更高效、更精准的传播路径。

社交媒体已成为信息传播的重要载体，其核心价值体现在高效的信息扩散和互动性强的用户体验上。通过社交媒体平台，品牌能够突破传统传播渠道的限制，构建广泛而多样化的传播网络。基于用户的兴趣偏好与行为数据，社交媒体可以实现精准的内容投放，从而增强用户与品牌之间的关联性。此类内容分发的精准化特性使得传播效率大幅提升，受众能够更快接触到他们感兴趣的信息，从而提高内容的到达率与转化率。社交媒体还提供了强大的数据分析功能，帮助品牌及时调整传播策略以适应市场的动态变化。

推送通知作为另一种高效的内容分发工具，凭借其直接性和即时性，在提升内容触达率方面发挥着重要作用。推送通知通过分析用户行为模式和偏好特征，实现了针对性较强的个性化推送，最大程度地避免了信息冗余和资源浪费。这一策略不仅提高了信息的点击率，还有效增强了用户对品牌的认知度与忠诚度。推送通知的核心在于抓住最佳的时间窗口，以最小的干扰实现信息传播的最大化。这种精准传播模式符合市场营销的核心目标，即以最优成本获取最大的市场收益。

内容推荐算法则是数字化传播领域的技术革新，其在内容分发中的应用，为品牌带来了智能化的传播模式。通过对用户历史行为数据的深度挖掘和分析，推荐算法能够预测用户潜在需求，并主动推送相关内容。其核心原理在于构建用户画像，并根据个性化特征优化推荐内容，从而实现信息的精准匹配。这种智能化的分发模式，不仅提升了用户的体验满意度，还能够显著提高内容的曝光率和转化率。算法的不断优化使得推荐结果更加贴合用户需求，这种动态调整机制为市场营销中的内容传播提供了更加灵活的操作空间。

在市场营销中，这三种内容分发与传播策略并非独立存在，而是相互协同作用，共同服务于品牌传播的整体目标。通过多渠道、多层次的传播方式，品牌能够更加全面地覆盖不同层次的用户群体，最大化其市场影响力。将社交媒体的广泛触达性、推送通知的精准触达性与推荐算法的智能优化性有机结合，可以形成一套完整的内容传播体系，从而实现高效的市场营销。此外，这些传播策略在市场营销中不仅仅是手段，更是品牌价值塑造与消费者心理联结的重要工具。内容的分发与传播不只是信息的流通过程，更是一种与用户建立情感纽带的途径。通过对传播工具和策略的综合运用，品牌可以更加有效地与消费者建立深度连接，从而提升品牌的市场竞争力。

在当前的营销环境中，用户行为和市场需求的动态变化使得传统的内容传播方式逐渐失去优势，而基于数字化工具和智能算法的新型传播策略成为必然选择。如何优化这些策略的使用效果，并在传播过程中实现内容的精确定位与高效分发，是市场营销研究与实践的重要方向。综合来看，这些策略不仅在技术层面展现了极高的适应性，还在实际应用中证明了其显著的市场价值。

第四节　营销活动策划与效果评估

一、移动端营销活动的策划要点

在移动端营销活动的策划过程中，需要以精细化的策略和严密的逻辑为指导，确保活动能够精准触达目标受众并实现既定营销目标。策划过程的核心在于明确活动目标、优化用户参与方式以及科学设计激励机制，这三者共同构成了活动成功的关键要素。

活动目标的设定是整个策划的出发点和落脚点，直接决定了营销活动的方向性和最终效果。目标的设定不仅需要结合品牌或产品的定位，还要充分考虑市场环境和消费者需求的变化趋势。具体而言，移动端营销活动的目标可能涉及品牌认知度的提升、消费者购买行为的驱动或用户黏性的增强等。为了使目标具有可操作性，需要借助市场营销理论中的 SMART 原则，确保其具体、可衡量、可实现、相关性强且有明确的时间节点。活动目标的明确性为后续的策划提供了清晰的指导，同时也为活动效果的评估奠定了基础。

在用户参与方式的设计上，必须以用户体验为核心。移动端用户的行为具有碎片化和随时随地发生的特点，因此，参与方式的设计应注重简便性、互动性和趣味性。简便性可以降低用户参与的门槛，从而提高活动的参与率；互动性能够增强用户对活动的投入感和参与感，使用户在互动中与品牌建立更深层次的联系；趣味性则能够激发用户的积极性和创造性，从而提升活动的吸引力。在这一过程中，需要结合市场营销中的消费者行为分析理论，通过分析目标用户的需求偏好和行为模式，设计符合用户习惯和兴趣的参与形式。同时，还需要利用用户画像技术对目标用户进行细分，以针对不同群体制定差异化的参与方式，增强活动的个性化和精准性。

激励机制的设计是提升用户参与积极性和活动效果的关键环节。在移动端营销中，激励机制需要同时兼顾直接价值和长远利益。直接价值可以通过实物奖励、优惠券或积分的形式体现，这些激励措施能够快速吸引用户的注意力并促使其参与活动。与此同时，长远利益则需要通过情感激励或社群归属感的塑造来实现，例如提供独特的品牌体验或创造用户之间的互动机会，以建立长期的用户忠诚度。在设计激励机制时，还需充分考虑激励成本与预期收益之间的平衡，通过成本效益分析和预算规划，确保激励机制在实现活动目标的同时具备经济性和可持续性。此外，移动端营销活动的策划还需要充分利用数据分析技术，以实现全流程的优化和动态调整。通过对用户行为数据的实时监测，可以及时发现活动中的问题并进行针对性的调整，从而确保活动效果的最大化。大数据和人工智能技术的应用为活动策划提供了科学依据，使得营销活动能够更加精准和高效。

在市场营销的视角下，移动端营销活动策划是一项需要多维度协调和系统性思考的任务。明确的目标、合理的用户参与设计和科学的激励机制共同构成了活动的核心要素，这些要素需要在实际操作中相辅相成、相互促进。通过整合品牌目标、用户需求和技术手段，能够更好地实现营销活动的价值创造和市场效益的提升。

二、活动推广与用户参与度提升

活动推广与用户参与度提升在现代市场营销中占据重要地位，尤其在数字化背景下，其重要性愈发凸显。活动推广的目的是通过吸引目标用户的关注，从而实现品牌传播、产品销售或用户转化等多重营销目标。在这个过程中，用户的参与度不仅是衡量活动效果的核心指标之一，也是促成用户忠诚度和品牌黏性的关键因素。因此，合理设计推广策略和增强用户参与感是营销活动成功的基础。

在活动推广中，多渠道推广已成为常态化的策略选择。这一模式强调通过多种传播路径与用户建立联系，以最大化活动触达率并覆盖广泛的受众群体。在选择渠道时，需要结合目标受众的行为习惯、媒介偏好及内容接受方式，以确保推广信息的有效传递。传统媒体与数字媒体在这一过程中可形成互补，前者具有广泛的传播范围和公信力，后者则因互动性强、传播迅速而备受青睐。此外，社交媒体平台凭借其高活跃度和信息扩散能力，已成为活动推广的核心阵地之一。精准的内容投放策略与互动设计不仅能提升信息触达率，还能激发用户对活动内容的兴趣。在用户参与感的提升方面，体验式营销的应用是不可忽视的。通过设计互动性强、沉浸感突出的活动环节，企业能够有效拉近与用户之间的距离。互动设计不仅可以帮助用户更深入地了解品牌或活动主旨，还能通过情感共鸣的方式促进用户与品牌之间的情感联结。在这个过程中，用户对活动的兴趣和满意度会直接影响其参与深度，从而进一步影响营销目标的实现。

构建高度定制化的活动内容也是提升用户参与感的重要手段。用户参与行为的核心驱动力通常来源于与自身需求、兴趣或价值观相关的活动内容。因此，基于市场调研和用户画像的活动设计，能更精准地满足目标群体的需求。技术的发展为活动的定制化提供了更多的可能性，例如通过大数据分析和人工智能技术洞察用户偏好，从而优化活动内容和形式。这不仅提高了用户对活动的参与兴趣，还能增强用户对品牌的好感度和忠诚度。同时，激励机制的巧妙设置，能够有效驱动用户参与行为的发生和持续。在活动推广中，激励机制可以是物质性的，如奖品、优惠券、积分等，也可以是精神性的，如荣誉感、归属感等。激励机制应具备明确性和公平性，并与活动主题紧密结合，以确保用户的认可和参与。此外，通过设置多层次的激励手段，活动可以吸引不同需求层次的用户参与，从而扩大活动的覆盖面和影响力。

社群运营在提升用户参与感的过程中发挥着重要作用。通过构建品牌与用户之间的互动社区，企业可以增强用户的归属感和参与感。社群不仅是信息传播的载体，更是用户交流互动的平台。在社群中，企业能够通过活动预告、实时互动、用户反馈收集等方式进一步激发用户的参与热情。同时，社群还具有用户自发传播活动信息的功能，这种口碑传播形式通常比传统推广方式更具信任感和影响力。利用数据分析技术优化活动推广与用户参与策略，是市场营销学科的重要研究方向之一。通过对用户行为数据的挖掘，企业可以更准确地了解用户的偏好和习惯，从而在活动推广的时机选择、内容设计和传播路径上做出更精准的决策。例如，基于用户点击、浏览和分享行为的数据分析，企业可以优化活动的传播内容和投放渠道，从而实现更高的参与转化率。此外，通过对活动参与数据的实时监测与反馈，企业可以动态调整活动策略，确保活动的最大化效果。

品牌故事的植入和情感化营销策略在活动推广中的运用，能有效增强用户的心理参与感。品牌故事的共鸣作用能够激发用户的情感认同，从而提升用户对活动的参与意愿。在这一过程中，品牌不仅仅是信息的传播者，更是情感的塑造者。通过创造富有感染力的品牌叙事，企业能够激发用户的情感共鸣，并进一步通过活动形式将品牌故事传递给用户。此外，注重活动效果的可持续性，如开展后续跟踪与反馈活动，能让用户持续沉浸在品牌氛围中，成为提升用户参与感的重要举措。活动结束后的用户关系维护与参与行为的延续，直接影响着品牌与用户之间的长期互动。通过后续反馈机制、内容持续更新以及相关活动的延伸，企业可以维持用户的活跃度，并为未来的营销活动奠定基础。

活动推广与用户参与度提升的核心在于整合多种营销工具和策略，实现用户与品牌之间的双向互动与情感联结。通过多渠道推广、定制化设计、激励机制优化以及数据驱动决策等方式，企业能够在提升活动影响力的同时，增强用户的品牌忠诚度和参与深度。这一系列实践不仅体现了市场营销理论的实际应用价值，也为企业的市场竞争力提供了强有力的支持。

三、活动效果的实时监测与调整

活动效果的实时监测与调整是现代市场营销实践中不可或缺的环节。在当今竞争激烈的商业环境中，企业需要通过高效的数据分析手段，及时掌握市场动态、消费者行为及营销活动的实际成效，从而实现资源的最优配置和活动的精准化调整。数据驱动的监测与优化已成为提升活动绩效的重要路径，其核心在于整合多渠道数据源，通过先进的分析工具提供洞察支持，确保决策的科学性与灵活性。

实时监测活动效果要求企业具备敏锐的数据收集与处理能力。借助多样化的技术手段，企业能够从不同的接触点获取用户行为、消费偏好和市场反馈等多维度数据。通过运用数据采集工具，如流量分析、社交媒体监测和销售追踪，企业可以快速构建全面而精确的数据图景。随着人工智能和机器学习的广泛应用，数据处理技术的效率大幅提升，使得对海量信息的整合与分析变得更加可行。在这一过程中，企业不仅需要关注量化指标，如点击率、转化率和留存率，还需要对用户情绪、互动模式和潜在需求进行细致分析，以便获得全面的活动效果评估。

在营销活动的监测过程中，数据可视化技术为企业提供了直观的分析支持。通过构建实时动态的图表、仪表盘和趋势线，营销人员能够迅速掌握关键绩效指标的变化趋势，并识别潜在问题或机会。这种基于数据的可视化呈现，有助于提高信息传递的效率，支持团队之间的协同作业，同时为活动策略的快速调整奠定基础。数据分析不仅关注当前的表现，也通过历史数据与实时数据的结合，为未来的活动规划提供指导性建议，从而实现前瞻性的策略调整。

活动效果的动态优化不仅是对既有策略的调整，更是通过精细化分析推动策略的迭代升级。在此过程中，细分市场和个性化需求是核心关注点。通过深入挖掘目标受众的行为特征和消费习惯，企业可以识别不同消费者群体的独特需求，从而制定针对性的优化方案。这种基于数据分层的动态调整，能够有效提升活动的关联性和吸引力，使企业在资源分配和成本控制上获得更高的回报。同时，企业还可以通过数据反馈，不断优化营销渠道的组合策略，选择最具成本效益的传播路径，提升整体活动的影响力。此外，实时监测与调整策略的一个显著优势在于应对外部环境变化的能力。市场环境、竞争态势和政策法规的快速变化，往往会对营销活动产生直接或间接的影响。通过实时数据监测，企业能够迅速感知这些变化，并采取相应的应对措施。例如，在发现某项活动的关键指标未达预期时，企业可以及时调整广告投放内容、优化产品推荐策略或重塑消费者互动方式，从而将潜在的损失降至最低。

与此同时，实时优化策略离不开技术基础设施的支持。企业需要构建稳定而高效的数据平台，以确保数据处理的连续性和准确性。这些平台通常包括数据管理、分析算法和智能预测模型等关键模块，为活动调整提供可靠的技术支持。近年来，市场营销领域广泛采用的预测性分析和A/B测试等技术，也在优化活动策略中发挥了至关重要的作用。预测性分析通过历史数据的学习和模拟，可以帮助企业提前预估活动的潜在效果，而A/B测试则通过对不同方案的对比验证，助力营销人员筛选出最佳优化路径。

实时监测与调整还要求企业在组织内部建立敏捷的响应机制。只有当数据洞察能够快速转化为实际行动时，实时优化的潜力才能得到充分释放。这需要跨部门协作和沟通机制的支持，确保营销团队、技术团队和决策层之间的信息流动高效且透明。通过形成以数据为导向的企业文化，企业可以更好地适应动态的市场环境，并在快速变化中保持竞争优势。

活动效果的实时监测与调整是一项复杂而系统的工程，需要企业在数据采集、技术应用、策略制定和组织协调等多个层面同步发力。通过对数据的深度利用和技术的高效整合，企业能够实现活动效果的持续优化，从而在竞争激烈的市场中占据更为有利的地位。在市场营销领域，数据驱动的实时监测与动态调整不仅是一种策略，更是一种能力，是现代企业持续成功的重要保障。

第五节　案例分析：小米的移动端精准营销与社交电商

小米公司在移动电子商务营销中的成功，不仅体现在其创新的产品设计和技术应用上，更在于其精准的营销策略和独特的社交电商模式。近年来，小米通过深耕粉丝文化和社交互动，成功地塑造了一个忠实的用户群体，而这一切的背后，都离不开大数据和精准营销的支持。小米的成功在于，通过社交平台的广泛应用、移动端营销的精准定位以及与用户的深度互动，使得品牌不仅在传统的电商竞争中脱颖而出，还在社交电商的领域创造了属于自己的独特价值。

小米的营销策略核心之一是充分利用大数据技术来挖掘消费者的兴趣和需求。通过收集并分析用户的购买行为、浏览历史和社交互动数据，小米能够为每个用户量身定制推荐内容。这一精准的营销方式，使得小米不仅能够通过个性化的推荐提高产品的曝光度，还能够大幅提升用户的购买转化率。例如，当用户在平台上搜索某款手机或家电时，小米的系统能够根据用户的历史购买记录和浏览数据，自动推送与该用户偏好匹配的其他相关商品。这种高度定制化的推荐方式，让用户感到自己在购物过程中得到了更多个性化的服务，也提高了他们对品牌的黏性和忠诚度。

除了精准的推荐和个性化的营销内容，小米还积极推动社交电商的发展，尤其是在社交平台的应用上，形成了强有力的联动。小米通过与微信等社交平台的深度合作，利用社交关系链推行裂变式营销策略。具体来说，用户可以通过分享链接或者邀请朋友加入拼团购买，获得更低的价格。这种通过社交互动实现的营销，不仅增强了用户的参与感和社交责任感，还利用口碑传播和社交媒体的广泛覆盖，极大地提高了品牌的曝光度和知名度。社交电商的优势在于其传播方式的低成本和高效性。用户通过与朋友和家人分享商品链接或购物体验，可以自然地把产品推荐给更广泛的受众群体。而这种方式所带来的传播效果，比传统的广告宣传更具信任度和影响力，因为消费者更倾向于相信他们信任的社交关系网中的推荐。

在移动端的营销中，小米不仅依赖精准的产品推荐和社交传播，还通过智能化的定位技术和数据分析进一步提升了用户的购物体验。随着定位技术和移动设备的普及，小米能够根据用户的地理位置、消费习惯和个人兴趣，为其提供更加个性化的购物体验。例如，在节假日或特定的促销活动期间，小米能够根据用户的地理位置推送与之相关的本地化优惠或活动信息。这种基于用户行为和位置的精准营销，不仅帮助小米提升了用户参与度和活跃度，也使得品牌能够更精确地抓住消费者的购买时机，从而提高了营销活动的转化率。

移动端的界面设计和推荐算法也是小米成功的关键因素之一。为了提升用户体验，小米不断优化其移动端应用程序的界面设计，确保用户能够在一个简洁、直观的界面中轻松浏览商品，快速找到感兴趣的产品。通过优化用户界面，小米降低了用户的购物门槛，提高了用户的参与度和购买频次。而推荐算法的不断升级，也使得小米能够基于用户的实时行为和偏好动态调整推荐内容，使每一位用户都能享受到量身定制的购物体验。这种数据驱动的营销体系，不仅提升了用户的购物体验，也为小米带来了更高的转化率和用户留存率。

在这套精准营销和社交电商策略的背后，小米深知粉丝经济对品牌长期发展的重要性。小米通过不断与用户保持紧密的联系和互动，成功地将品牌与用户的需求和情感紧密联系在一起。通过社交平台的社群建设、小米社区的互动以及粉丝的积极参与，小米成功构建了一个"用户—品牌—用户"的良性循环。粉丝不仅是小米的产品消费者，更是品牌的传播者和推广者。用户的积极参与和社交分享形成了口碑效应，进一步增强了品牌的影响力和市场占有率。此外，小米在全球市场的扩展也离不开其精准营销和社交电商策略的支撑。无论是在中国国内市场，还是在印度等其他新兴市场，小米都通过社交电商模式迅速打开了市场。特别是在印度，小米通过社交平台和线上社区成功构建了与当地消费者的紧密联系，使其在竞争激烈的市场中占据了领导地位。通过这种创新的营销方式，小米不仅提升了品牌的国际影响力，也在全球范围内积累了大量忠实的粉丝和用户。

小米的移动端精准营销和社交电商模式展现了品牌如何通过大数据分析、个性化推荐、社交互动和粉丝文化的建设，成功地塑造了一个高效、灵活且富有黏性的营销体系。通过这一模式，小米不仅实现了用户的快速增长和市场份额的提升，还将品牌与用户之间的关系升华到了一个更为紧密和情感化的层次。在未来，小米有望继续依靠这一创新的营销模式，在全球电商市场中保持其领先地位。

▶ 案例讨论问题

1. 小米借助社交平台开展裂变式营销，其优势体现在哪些方面？这种营销方式是如何增强用户与品牌之间的黏性？

2. 在精准营销中，怎样运用大数据分析来实现个性化广告推送？个性化推荐又是如何提高转化率的？

3. 小米的粉丝文化在竞争激烈的移动电商市场中，是怎样助力其脱颖而出的？粉丝文化对于提升品牌忠诚度发挥了什么作用？

4. 在移动端，如何社交电商与精准营销相结合，以实现更高的客户转化率和用户满意度？

习　题

简答题

1. 请列举几种精准营销的实施方式。如何通过这些方式提高用户参与度和购买转化率？

2. 请分析小米的社交电商营销策略，探讨其如何通过社交平台和数据分析实现个性化推荐并提升转化率。

3. 在移动端营销中，如何利用多渠道整合实现精准的广告投放？请结合实际案例说明多渠道营销如何提升品牌知名度和销售额。

第六章　移动电子商务的运营管理

第一节　移动电子商务的供应链管理

一、供应链整合与协同管理

供应链整合与协同管理是现代企业在市场竞争中实现效率提升和价值创造的重要战略。供应链的有效整合不仅关系到企业的资源优化配置，也直接影响产品或服务的质量和成本。通过对供应链各环节的协同管理，企业能够实现跨部门、跨组织的资源整合，提高市场响应速度，从而提升市场竞争力。

供应链整合的核心在于各个环节的无缝衔接与高效协作。从采购开始，供应链的优化需要建立在对供应商资源的全面分析和合理选择之上。数字化转型为这一环节提供了重要支持，借助大数据分析技术和供应商关系管理系统，企业可以更精准地评估供应商的能力与绩效，优化采购策略，减少供应不确定性。通过与供应商建立长期合作关系，企业能够实现资源共享和信息互通，有效降低采购成本并提高供应稳定性。

仓储作为供应链的关键节点，其数字化升级是整合的重要环节之一。传统仓储管理模式中信息不对称和资源浪费现象普遍存在，而数字化技术的引入可以有效解决这些问题。利用物联网和自动化技术，企业可以实时监控库存状态，合理规划仓储空间和货物摆放，降低库存积压风险，缩短货物流转时间。通过智能仓储系统，仓储管理从静态的资源管理转向动态的数据驱动，企业不仅能够提升运营效率，还可以根据市场需求变化及时调整生产计划和物流策略，进一步提高市场敏捷度。

物流作为供应链的重要组成部分，其优化同样是实现整合的关键。数字化技术在物流领域的应用，不仅提升了运输效率，也改善了整体供应链的协调性。通过大数据平台和物流信息系统，企业可以实现运输线路的动态优化和运输资源的高效配置，降低物流成本。与此同时，数字化物流系统可以实时追踪货物流向，提高物流透明度，为企业和客户提供可视化的物流信息服务。这种信息透明化有助于增强客户满意度，提升品牌忠诚度。此外，物流环节的优化还能够减少因运输问题造成的延误和损失，确保产品在最短时间内到达市场。

供应链的协同管理不仅仅局限于单个环节的优化，而是通过各环节的联动提升整体效率。协同管理强调企业内部与外部的高度配合，以及各部门间的无缝协作，通过建立统一的信息共享平台，企业内部各部门可以实时获取供应链动态数据，避免信息孤岛现象，提高决策的准确性和及时性。同时，协同管理的外部延伸体现在与供应链上下游合作伙伴的深度合作上，通过共享市场需求信息、生产计划和库存数据，整个供应链网络能够实现资源的高效配置和风险的共同分担。

数字化转型为供应链整合与协同管理提供了重要技术支持，尤其在市场营销领域，其价值更加显著。在激烈的市场竞争中，精准的数据分析和高效的信息流动是营销成功的关键。通过数字化供应链管理，企业可以更好地分析市场需求变化，提前预测消费者偏好，从而制定更有针对性的市场营销策略。此外，供应链的整合优化能够缩短产品的上市周期，为企业创造更大的市场先机。数字化供应链的透明性也为品牌传播提供了新的途径，企业可以通过实时数据展示生产和运输过程，提升品牌的可信度和透明度，从而增强市场竞争力。

供应链整合的价值体现在对客户需求的快速响应能力上。现代消费者越来越关注个性化和定制化需求，这对企业的供应链灵活性提出了更高要求。通过整合供应链各环节，企业可以更快速地调整生产计划和配送策略，以满足市场的多样化需求。协同管理在这一过程中扮演了重要角色，不仅缩短了客户从下单到收货的时间，还提高了客户体验的满意度，从而提升市场占有率。同时，供应链整合与协同管理对于企业的可持续发展也具有重要意义。在全球环境问题较为严重的背景下，越来越多的消费者关注企业的社会责任表现。通过优化物流运输线路和降低能源消耗，企业可以实现绿色供应链管理，减少碳排放量，提升企业的社会形象。此外，协同管理能够促使企业与供应链合作伙伴共同推进环保措施，例如使用可回收包装材料和推广循环经济模式。这种可持续的供应链策略，不仅符合市场营销中的社会责任理念，也能够为企业创造长期的竞争优势。

供应链整合与协同管理是企业实现市场竞争力提升的重要手段。数字化转型在供应链整合中发挥了关键作用，通过对采购、仓储和物流环节的优化，企业可以实现资源的高效利用和成本的有效控制。同时，协同管理通过提升供应链内外部的协作效率，为企业创造了更大的市场价值。在市场营销领域，供应链整合不仅提升了企业的市场响应能力，还增强了品牌的竞争力和社会责任感，为企业的可持续发展奠定了坚实基础。

二、移动供应链的柔性化特征

在移动电子商务环境中，供应链的柔性化特征已经成为现代商业运作的重要关注点。随着市场需求的不确定性和消费者个性化需求的持续增加，供应链的灵活性与敏捷性对于企业维持竞争优势起着至关重要的作用。移动电子商务的蓬勃发展催生了一个动态、实时、碎片化的市场生态，使得供应链必须适应不断变化的需求模式和环境变量。这种变化不仅体现在技术的应用与数据的处理上，更深刻影响了整个供应链的管理理念与执行方式。

供应链的柔性化可以理解为供应链在动态环境中快速响应和调整的能力。这种能力不仅涉及生产和配送环节的实时优化，还要求企业在战略层面具备预测需求波动、优化资源配置以及动态调整运作模式的能力。在移动电子商务环境中，这种柔性特征被放大，因为信息技术的普及使得消费者能够随时随地发起交易行为，而企业则需要在最短时间内满足这些需求。这种需求的动态性要求供应链在规划、执行与反馈的各个环节都具有高效且灵活的适应能力。

柔性化供应链的形成离不开数字技术的深度支持。物联网、云计算、大数据分析等新兴技术为供应链的实时监控与动态调整提供了技术基础。例如，通过数据分析，企业可以预测消费者行为模式的变化趋势，从而提前优化库存、生产和配送计划。与此同时，云计算平台的应用使得供应链中的各个节点能够实现无缝连接和信息共享，从而显著提高了决策效率与执行能力。这种技术驱动的柔性化，不仅缩短了供应链响应时间，还降低了传统供应链中因信息滞后或不对称带来的风险。

柔性化特征体现在供应链组织模式的转型上。在传统模式下，供应链通常以单一企业为中心，采取线性结构，而在移动电子商务环境中，供应链更多地呈现出网络化和协作化的特征。这种网络化结构使得企业可以根据需求动态调整合作伙伴与资源配置，从而提高供应链的适应性与韧性。具体而言，企业可以通过建立动态联盟，与不同领域的合作伙伴共享资源，提升彼此能力，以应对需求的不确定性。此外，去中心化的供应链模式使得每一个节点都能够独立运行，并在必要时快速调整以适应市场变化。这种模式显著提高了供应链的整体敏捷性，同时降低了单点故障对全局的影响。

移动电子商务环境中的供应链柔性化反映在与消费者之间的互动与协作上。消费者的参与在供应链柔性化中的作用越来越重要。通过分析消费者反馈与行为数据，企业可以实现精准的市场定位与产品开发，甚至可以根据实时需求进行个性化定制。消费者需求驱动的供应链模式要求企业在设计和执行供应链策略时，不仅关注内部运作的高效性，还要具备外部市场变化的感知与响应能力。这种以消费者为中心的供应链柔性化不仅提升了服务质量，还显著增强了客户满意度与忠诚度。

在市场营销的视角下，柔性化供应链直接影响了营销策略的制定与实施。市场营销强调满足消费者需求的同时创造价值，而柔性化供应链的核心正是通过快速响应需求变化、优化资源配置来实现这一目标。在移动电子商务环境中，消费者行为的复杂性和多变性对营销策略提出了更高要求。企业需要依托柔性化供应链确保产品能够快速触达目标市场，并通过高效的物流与服务体系提升客户体验。这种高度灵活的供应链模式为企业实现精准营销、差异化竞争以及品牌塑造提供了重要支持。此外，柔性化供应链的建立也对企业的资源整合能力提出了更高要求。在移动电子商务环境下，资源整合不仅涉及供应链内部的生产、物流与仓储资源，还包括供应链外部的市场数据、技术平台以及第三方合作伙伴。企业必须在动态环境中合理配置与整合这些资源，以应对市场需求的波动与竞争压力。这种资源整合能力不仅是柔性化供应链的基础，也反映了企业整体竞争力的提升。

然而，实现供应链柔性化并非没有挑战。首先，柔性化供应链的建设需要企业在技术投入与组织转型方面进行大量投资，这对中小型企业来说可能是一个不小的负担。其次，柔性化供应链的运作依赖高度协同的网络化结构，这需要参与者之间建立信任与共享机制，否则可能导致信息不对称与资源浪费的问题。最后，柔性化供应链在实现动态响应的同时，也可能面临资源过度配置与成本增加的风险，这需要企业在柔性与效率之间找到平衡。

移动电子商务环境中的供应链柔性化特征，是技术进步与市场需求共同驱动的结果。柔性化供应链不仅是应对动态需求的重要手段，也是企业提升市场竞争力的战略选择。从市场营销的角度来看，柔性化供应链为满足消费者需求、优化营销策略，以及提升客户体验提供了强有力的支持。未来，随着移动电子商务的进一步发展，供应链的柔性化特征将继续深化，并对企业的运营模式、技术应用与市场营销策略产生深远影响。

三、信息化工具在供应链中的应用

信息化工具的快速发展深刻地改变了供应链的运作模式，其应用对于供应链透明度与效率的提升具有重要意义。供应链管理作为连接生产、运输、销售等环节的重要纽带，信息技术的融入不仅优化了其各环节的协同运作，更为市场营销活动提供了数据支持和战略指导。特别是区块链和大数据等技术的广泛应用，为现代供应链的优化和创新注入了强大的动力。

区块链技术以其去中心化和不可篡改的特性，为供应链的透明化提供了坚实基础。传统供应链存在信息孤岛、数据不对称等问题，而区块链通过建立分布式账本，将供应链中涉及的各个主体和流程信息加以整合，实现了全链条的信息共享和实时追踪。这种技术的应用显著增强了供应链中的信任，完善了信任机制，使各方能够更加有效地监控商品从原材料到最终消费者的全过程。供应链的每一节点通过区块链技术实现数据可视化，相关信息的真实性和完整性得到保障，从而减少了因信息不对称导致的资源浪费或决策失误。区块链还在供应链金融领域发挥了重要作用，实现通过智能合约自动化处理资金流动和信用风险评估，为企业降低成本、提高效率提供了有力支持。

大数据技术在供应链管理中的应用，侧重于信息的收集、分析和预测。供应链的高效运作依赖对市场需求、生产计划和物流配送的精准掌控，大数据技术通过对历史数据和实时数据的全面分析，能够识别出潜在趋势和异常情况。基于大数据技术的需求预测模型，可以帮助企业更准确地判断市场需求的变化，从而调整生产和库存策略，避免因供需错配而导致的资源浪费或销售机会的错失。此外，大数据技术还可以优化物流路径和配送方案，通过分析多维度数据，例如交通流量、气象条件以及运输成本，为企业提供最佳解决方案，从而降低运输费用并提高配送效率。

信息化工具的应用不仅仅局限于供应链内部流程的优化，还延伸到市场营销领域，为营销策略的制定提供了新的思路。企业通过信息技术手段获取供应链数据，能够更清晰地了解产品流通过程中的各项指标，例如库存水平、运输时效和客户反馈等，从而为市场营销活动提供重要的决策依据。当企业能够实时掌握库存情况时，可根据市场需求灵活调整促销活动和价格策略，最大程度地提升客户满意度和市场占有率。同时，通过分析消费者购买行为和偏好数据，企业可以有针对性地制定营销方案，实现精准营销，从而增强客户黏性和品牌竞争力。

供应链管理的复杂性要求信息化工具具备高效的协同能力和广泛的适用性。信息技术的进步，使供应链从传统的线性结构逐步转向以信息流为核心的网络化管理模式。在这一过程中，各环节的协同能力显得尤为重要。通过信息化工具的联动，各供应链主体可以实现高效沟通和协作，减少了重复劳动和资源浪费。供应链的智能化管理还通过信息流驱动物流和资金流的同步运作，使企业能够快速响应市场变化，提升供应链的灵活性和抗风险能力。此外，信息化工具的普及应用还加速了绿色供应链的构建。在当今可持续发展战略的引领下，企业越来越重视通过信息技术手段提升供应链的环保性。区块链技术通过记录产品的全生命周期信息，为绿色认证和可持续性评估提供了可靠依据。而大数据技术通过对能源消耗和排放数据的分析，为企业制定节能减排策略提供了科学依据。在市场营销中，企业可以借助这些数据，将绿色供应链的优势转化为品牌价值和市场竞争力，从而吸引更多关注环保的消费者。

信息化工具的应用不仅提高了供应链管理的透明度和效率，还在促进市场营销与供应链的深度融合中发挥了重要作用。通过信息技术手段，企业不仅能够优化供应链运作，还能够在快速变化的市场环境中保持竞争优势。区块链、大数据等技术的持续创新，将进一步推动供应链管理从传统模式向智能化、可视化、网络化方向发展，为企业实现长期价值增长提供更加坚实的基础。

第二节　商品与服务的数字化运营策略

一、商品信息数字化呈现

商品信息数字化呈现已经成为现代商业环境中的重要组成部分，极大地推动了营销模式的转型和消费者行为的变革。随着信息技术的飞速发展，尤其是互联网和智能设备的普及，商品展示方式不断创新和多样化。数字化技术不仅提高了商品展示的精准度和互动性，也为企业提供了全新的营销渠道和方式。因此，商品信息数字化呈现的重要性已逐渐超越传统的物理展示方式，成为企业营销和竞争战略的核心。

（一）商品信息数字化呈现的技术驱动因素

商品信息数字化呈现离不开一系列技术支持。现代信息技术尤其是在互联网和移动设备领域的突破，极大地拓宽了商品展示的方式和范围。高分辨率图片、动态视频以及虚拟现实与增强现实技术的引入，使得商品展示方式更加生动和立体。消费者不仅可以通过多维度的数字化展示更全面地了解产品信息，还可以通过针对商品的各类互动活动，提升自身参与感，加快购买决策进程。

1. 高清图片与图像优化技术

高清图片是商品信息数字化呈现中最常用的方式之一。高清图片能够有效地呈现商品的细节、质感和特点，增强消费者的视觉体验。精确的色彩还原、细腻的光影效果和多角度展示使得消费者能够更清晰地了解商品的真实面貌，从而减少商品购买中的不确定性与风险。图像优化技术与算法的应用，使得图片加载速度更快，展示效果更加流畅，从而提升用户体验和网站的交互性。在线上购物中，图片是消费者第一眼接触的商品信息载体，因此其质量直接影响着消费者对产品的认知与购买兴趣。

2. 视频内容与动态展示的影响力

随着短视频平台的流行，视频已成为商品信息数字化呈现中的重要方式。相比静态图片，视频具有更强的表现力，能够通过音效、画面和叙事手法更加全面地展示商品的功能、使用场景和优势。通过动态视频，企业不仅可以展示商品的外观和使用方式，还可以通过情境化的内容引发消费者的情感共鸣。在数字营销的背景下，视频能够增强品牌的传播效力，并通过故事化的叙事方式建立品牌与消费者之间的情感联系。随着人工智能和机器学习技术的不断发展，企业可以基于用户行为分析优化视频推荐系统，使得每个消费者都能看到符合自己需求的视频内容，从而提升营销的精准度。

3. 虚拟现实技术与增强现实技术

虚拟现实和增强现实技术的引入，使商品展示的互动性和沉浸感达到了前所未有的高度。通过增强现实技术，消费者可以将商品与自己的实际使用场景结合起来，实时体验商品的外观与功能。这种虚拟与现实的融合使消费者能够在没有实际接触商品的情况下，提前感知商品的效果与适用性，进而做出更加明智的购买决策。此外，虚拟现实技术提供了一个完全沉浸式的购物体验，消费者可以通过虚拟商店或虚拟展厅以第一视角浏览商品，沉浸在一个完全数字化的购物环境中。增强现实技术和虚拟现实技术不仅为消费者带来了新颖的购物体验，也为品牌营销带来了突破传统的创新方式，能够有效提升品牌的市场竞争力。

4. 大数据与个性化推荐

随着数字化商品展示方式的普及，大数据技术成为商品信息呈现和营销策略制定中的重要工具。通过大数据分析，企业能够准确捕捉消费者的行为习惯、偏好和需求，从而提供个性化的商品推荐和营销内容。这种基于用户画像的精准推送，不仅能够提高消费者对商品的关注度，还能够显著提升购买转化率。个性化推荐系统已成为商品信息数字化呈现的重要组成部分。通过深度挖掘消费者的历史浏览、搜索和购买数据，企业能够为每一位消费者提供更加符合其需求的商品信息，推动商品展示方式的差异化和精准化。

（二）商品信息数字化呈现对消费者行为的影响

商品信息数字化呈现对消费者行为的影响是深远的。随着在线购物的普及和数字展示技术的日益进步，消费者的购买决策过程已经发生了根本性的变化。传统的线下购物模式让消费者只能通过有限的触觉和视觉感官来获取商品信息,而数字化技术的引入打破了这一限制,极大地丰富了消费者的购物体验。

1. 缩短决策时间并提高购买转化率

商品信息的数字化展示能够有效减少消费者在购买决策过程中的不确定性和认知负担。高质量的图片和视频展示能够在短时间内传递商品的全面信息,帮助消费者更迅速地做出购买决策。这种即时获取信息的能力减少了消费者在决策过程中因信息不对称而产生的疑虑和不安,从而提高了购买转化率。在无实体接触商品的在线购物中,数字化展示手段尤为重要,它使消费者可以通过虚拟体验和互动方式弥补传统购物中的信息缺失,进一步提升了购买决策的效率。

2. 增强消费者的情感认同和品牌忠诚度

数字化呈现手段不仅用于展示商品的外观和功能,更旨在与消费者建立情感联系。通过故事化的视觉展示和互动体验,企业能够触动消费者的情感,引发共鸣,从而增强消费者对品牌的认同感和忠诚度。高质量的数字化展示,往往能够引导消费者形成正向的品牌认知,并激发其重复购买的动力。随着消费者与品牌之间互动的加深,数字化技术不仅提升了消费者对商品的认知度,还深化了品牌价值的传播,成为品牌忠诚度构建的重要手段。

3. 提升用户参与感和互动性

数字化商品展示的一个显著优势在于其高度的互动性。消费者不仅能够观看静态图片和视频,还能够通过虚拟现实与增强现实等技术与商品进行互动。这种参与感的提升使得消费者在购买过程中能够更加主动地体验商品,并形成更深刻的印象。此外,个性化推荐和定制化内容的提供,使得消费者在购物过程中能够根据自身需求做出更多选择,进一步提升了消费者的购物体验和参与度。

4. 增强消费者的消费冲动与购买意愿

数字化展示不仅能够减少消费者的决策时间,还能够激发其消费冲动。在购物过程中,情境化的展示和即时性的信息反馈,使得消费者能够在短时间内体验到购物的乐趣和满足感。通过增强现实技术,消费者能够更直接地感受到商品的使用价值,从而更容易产生购买欲望。特别是在促销活动和限时折扣等营销策略的支持下,商品信息的数字化展示能够有效提升消费者的购买意愿,推动其迅速完成交易。

(三) 商品信息数字化呈现的商业价值

商品信息数字化呈现不仅改变了消费者的购物体验,而且为企业带来了巨大的商业价值。企业通过数字化展示技术能够以更低的成本、更高的效率向全球消费者传递商品信息,从而突破传统销售渠道的限制。数字化展示还为企业提供了更加灵活的营销手段和竞争策略,使其能够在激烈的市场竞争中脱颖而出。

1. 突破地域和时空限制

传统的商品展示方式通常受到空间和时间的限制,消费者必须亲自到店铺中才能了解商品。而数字化商品展示借助互联网技术,打破了空间和时间的界限。数字化商品展示让无论身处何地的消费者,只需通过移动设备或计算机便可随时浏览商品信息,这极大地拓宽了市场的覆盖面。这种方式的创新不仅提高了商品展示的效率,还使得全球市场的开拓变得更加轻松和快捷。

2. 降低营销成本和风险

数字化商品展示大大减少了传统销售模式中的中介成本和物理展示成本。企业不再需要在实体店铺中为每一件商品投入大量资金用于展示和宣传,数字化技术使得商品可以在虚拟空间中以更低的成本展示给消费者。此外,数字化展示还可以通过实时数据监测和反馈,及时调整和优化营销策略,从而减少市场风险,提升营销效果。

3. 提升品牌影响力和市场份额

通过高质量的数字化展示,企业能够更好地塑造品牌形象,提升市场竞争力。商品信息的精准呈现,不仅能帮助消费者更快做出购买决策,还能增强消费者对品牌的信任和认同感。数字化展示为企业提供了一个新的营销阵地,使其能够在激烈的市场竞争中脱颖而出,并通过不断创新和优化营销策略提升品牌影响力和市场份额。

二、动态定价策略与实施

动态定价策略是随着市场需求、消费者行为及竞争环境的变化而灵活调整价格的定价方法。在技术驱动的现代商业环境中,尤其是在互联网、大数据和人工智能技术不断发展的背景下,动态定价成为一种关键的市场营销工具。通过结合大数据分析与个性化定价,企业能够实现价格的实时调整,并在最大化收益的同时,提高市场竞争力与客户满意度。动态定价策略不仅仅局限于简单的价格调整,它已发展成为一种战略性的竞争手段,涉及价格管理、资源优化和消费者行为分析等多个层面。

（一）大数据支持下的动态定价

大数据技术的迅猛发展为动态定价策略的实施提供了坚实的技术基础。大数据分析通过对海量数据的挖掘与分析，使企业能够实时了解市场需求、消费者偏好和竞争动态，为动态定价提供了科学的数据支持。通过收集消费者的历史交易记录、浏览行为、社会网络互动以及地理位置等多维度数据，企业可以全面掌握消费者的需求变化和价格敏感度，从而做出精准的定价决策。

具体而言，动态定价策略基于对大数据的分析，通过算法模型实时调整价格，使价格与消费者需求之间的匹配更加精确。在这一过程中，数据收集与分析不仅仅是定价决策的基础，它还为预测未来价格波动、优化资源配置以及提高营销效率提供了有力支撑。企业通过大数据技术能够减少过度定价或定价过低带来的损失，最大化企业的利润和市场份额。

（二）个性化定价：满足多样化需求

个性化定价模式是动态定价策略的核心组成部分之一。通过对消费者行为的深入分析，企业能够识别出不同消费者群体的支付意愿、需求特征以及购买决策过程中的偏好差异。个性化定价不仅可以为消费者提供更加灵活、精准的价格方案，还能帮助企业在市场中进行有效的价格歧视，从而最大化收益。

企业通常根据消费者的历史购买记录、浏览行为、兴趣爱好等数据对用户进行细分。不同的细分市场具有不同的消费需求和独特的购买模式，企业可以针对这些市场的特点设计不同的价格方案。通过个性化定价，企业不仅能够提升价格的匹配度，增强用户的购买意愿，还能够满足消费者个性化的需求，提升客户的忠诚度和满意度。此外，个性化定价也能有效减少传统定价策略中的资源浪费，例如通过对不同用户群体提供差异化的定价，避免在一个特定价格点上出现供需不匹配的情况。

（三）促销策略与动态定价相结合

促销活动是企业提高市场占有率、吸引新客户并促进库存流转的重要手段。与传统定价策略不同，基于大数据的促销策略能够针对消费者的具体需求、购买习惯以及市场趋势进行精准设计。通过对消费者的行为轨迹、产品偏好及促销敏感度进行数据分析，企业可以制定出更具针对性和有效性的促销方案，进而提高营销活动的效果。

动态定价与促销策略的结合能够产生协同效应。在这一过程中，动态定价为促销活动提供了灵活的调整空间，使得企业能够在价格调整过程中保持适应性。例如，在需求波动较大的情况下，企业可以根据市场反馈实时调整价格，并结合促销活动的实际效果进行优化。通过动态价格调整，企业不仅能激发消费者的购买欲望，还能通过促销活动有效推动销售量的增长。

动态定价与促销策略的结合，不仅能提升市场营销的精准度，还能增强企业应对市场波动的能力。在实施过程中，企业可通过动态定价灵活调整促销力度，根据不同消费者群体的需求定价，而促销活动的效果则为定价调整提供反馈数据。这种双向互动机制为企业的市场营销提供了更高的效率和更强的市场竞争力。

（四）持续优化与技术支持

动态定价策略的实施，不仅依赖数据的收集与分析，还需要强大的技术支持，以确保定价系统的高效运行。现代企业实施动态定价时，需借助大数据技术、人工智能和机器学习等先进工具，实现精准的价格调整和资源优化。通过技术手段，企业能自动应对市场变化，快速调整价格并优化定价策略。

动态定价系统不仅能够对数据进行实时分析，还能够在分析结果的基础上生成智能化的价格调整建议，帮助企业做出科学的决策。随着大数据技术和人工智能的不断发展，动态定价的精确度和效率也在不断提高。在进行价格调整时，企业不仅能实时分析市场需求和竞争环境，还能预测消费者未来的购买行为和需求变化，从而实现对市场的动态适应。

（五）持续面临的挑战与风险

尽管动态定价策略在市场营销中具有巨大潜力，但在实际操作中，企业仍面临着诸多挑战和风险。

首先，个性化定价模式的实施可能会引起消费者的反感，部分消费者可能会对价格差异产生不满，认为其遭受了不公平的价格歧视。这种反感情绪可能会损害企业的品牌形象，降低消费者的忠诚度。因此，在实施动态定价策略时，企业需要加强与消费者的沟通，确保其理解和接受定价差异的合理性。

其次，大数据技术的应用面临法律和伦理方面的限制。随着数据隐私保护法规的逐步完善，企业在收集和使用消费者数据时需要特别谨慎。在全球范围内，越来越多的国家和地区对个人数据的保护提出了更高的要求，企业必须确保其数据收集和使用行为符合相关法律规定，避免因违反数据保护法规而遭遇法律风险。此外，消费者对数据隐私的担忧也可能影响其对个性化定价模式的接受度，进而影响企业的定价策略。

最后，实施动态定价策略需要企业具备高水平的技术能力和数据管理能力。动态定价系统涉及复杂的算法模型和海量数据的处理，企业需要投入大量的资源进行技术研发和数据分析能力的提升。企业的技术能力不仅体现在系统的建设上，还包括对数据的管理和分析能力。只有具备强大的数据处理能力，企业才能确保定价决策的科学性和准确性。

（六）动态定价策略的未来发展

动态定价策略作为现代市场营销的重要组成部分，其发展前景广阔。随着大数据、人工智能和机器学习等技术的不断进步，动态定价将变得更加精准和智能。未来，随着更多实时数据的接入和分析，企业将能对消费者行为和市场动态进行更深入的分析，进一步提升定价策略的灵活性和有效性。

同时，随着消费者对个性化体验需求的不断增加，个性化定价将成为企业竞争中的重要武器。未来，个性化定价不仅仅依赖传统的购买记录和消费偏好分析，更将深入挖掘消费者的情感需求、社交网络数据等多维度信息，以提供更加细致和精准的定价服务。

此外，企业将更加注重动态定价策略与其他营销手段的协同作用。在未来的市场中，动态定价将与个性化推荐、社交媒体营销、品牌管理等多种营销策略紧密结合，通过全方位的数据分析和精准的定价方案，最大化市场价值。

三、服务体验优化路径

服务体验的优化在现代商业中已成为企业增强竞争力的关键因素，尤其是在移动互联网快速发展的背景下，如何通过移动端交互设计提升客户服务满意度，成为企业获取市场优势的核心策略。服务体验不仅关乎客户对企业产品或服务的直接感知，还深刻影响着客户的品牌忠诚度与市场口碑。在当今竞争日益激烈的商业环境中，企业若能通过有效的服务体验优化，提高用户满意度与参与度，无疑能进一步增强品牌的传播效应，扩大市场占有率。因此，如何科学设计和优化移动端服务体验，成为市场营销领域中的重要研究课题。

（一）服务体验的内涵与意义

服务体验是指消费者在购头和使用产品或服务的过程中，所产生的一系列情感、认知与行为反应。现代市场营销理论强调，服务体验不仅是对产品本身的感知，更是企业与消费者之间情感沟通的桥梁。良好的服务体验能够促进消费者对品牌的认同，增强其忠诚度，并激发其口碑传播效应。这一观点为优化服务体验提供了理论依据，说明了服务体验优化对品牌长远发展的重要性。

服务体验在移动互联网的背景下呈现出新的特征，主要表现为即时性、个性化、互动性等。随着智能手机等移动设备的普及，消费者的购物场景已从传统的实体店转向移动端。移动端的服务体验直接影响客户的购物体验与品牌认知，因此，优化移动端服务体验已成为提升品牌竞争力的重要途径。在这一过程中，移动端交互设计作为优化服务体验的核心手段，扮演着至关重要的角色。

（二）移动端交互设计与服务体验的关系

移动端交互设计本质上是通过对移动设备界面的优化和功能的创新，使用户在使用过程中获得便捷、高效的服务体验。移动端交互设计不仅是技术层面的调整，更涉及用户心理和行为特征的深刻理解与融合。在市场营销视角下，交互设计不仅是优化用户操作路径，更要通过创新引发用户情感的共鸣，使用户在使用产品或服务时感受到关怀，体验到个性化服务。由此，移动端交互设计成为优化服务体验的关键途径。

1. 界面设计与视觉感受

界面设计是用户与系统互动的入口，合理的界面设计不仅能提高服务的可用性和易用性，还能通过视觉元素传递品牌的专业性和可靠性。色彩搭配、字体大小、信息层级等设计细节直接影响到用户的第一印象。通过视觉设计的优化，企业能有效提升用户对品牌的信任感和对服务质量的认知。例如，简洁、直观的设计可以减轻用户的认知负担，从而提升其使用体验。此外，良好的视觉设计能创造愉悦的感官体验，增强用户对品牌的情感依赖。

2. 功能模块优化与服务便捷性

移动端的一个显著特点是随时随地都能进行交互，因此，优化交互设计的功能模块，提升服务的便捷性成为优化服务体验的重要手段。智能搜索、个性化推荐、精准导航等功能的设计，能有效降低用户的操作成本，提高用户与品牌的互动效率。特别是在服务类企业中，移动端交互设计能快速响应用户的需求，不仅提高了问题解决的效率，还增强了用户对企业的依赖性。根据市场营销理论，高质量的用户互动是长期关系的基础，而移动端交互设计的优化正是提升互动质量的重要途径。

3. 情感体验优化与客户忠诚度

客户情感体验的提升是移动端服务体验优化的一个重要方向。消费者情感在消费决策过程中起着重要作用。移动端交互设计通过语音交互、趣味化设计等方式，能够有效满足客户的情感需求。情感化的交互体验能使客户在服务过程中感受到品牌的关怀与温暖，这种情感联结有助于增强客户对品牌的忠诚度。市场营销理论指出，情感体验的优化不仅能提升客户的满意度，还能有效促进客户与品牌之间的情感认同，进而提高客户的复购率和推荐意愿。

4. 个性化服务与客户参与感

个性化服务是现代市场营销中提升客户满意度的重要策略之一。通过对客户数据的深度挖掘与分析，企业能为每一位客户提供量身定制的服务内容。个性化推荐、精准推送、定制化功能等方式能让客户感受到与品牌的深度连接。这不仅能提高客户参与度，还能显著提升销售转化率。移动端交互设计借助大数据和人工智能技术，为客户提供量身定制的服务方案，使服务体验更加贴合客户的个性需求。

5. 信息安全与客户信任

在移动互联网时代，信息安全和数据隐私问题日益成为消费者关心的重要议题。服务体验的优化需要充分考虑信息保护机制的设计。通过加密技术、双重验证等手段，企业能有效确保客户的个人信息和交易数据的安全性。客户对平台的信任感直接影响其对品牌的忠诚度和消费决策。信息安全的保障能显著降低客户对平台的疑虑，从而提升客户满意度，进而提升品牌形象。因此，移动端交互设计不仅要注重功能和美观，还要加强安全性设计，保障客户的隐私和数据安全。

（三）移动端交互设计优化路径

在实际应用中，移动端交互设计的优化是一项系统性工程，涉及界面设计、功能设计、情感设计、个性化设计和安全设计等多个层面。企业在优化移动端服务体验时，需要从以下几方面入手。

1. 以用户为中心的设计理念

服务体验优化的首要原则是以用户为中心，设计时需要从用户的需求、习惯、心理感受等方面出发。通过市场调研与数据分析，了解用户的行为模式和偏好，从而为其提供个性化、便捷的服务体验。用户中心化的设计理念可以帮助企业更好地理解用户需求，制定更具针对性的服务策略。

2. 简化用户操作路径与提高交互效率

交互设计的核心目标之一是简化用户操作路径，减少不必要的步骤和操作，提高用户体验的流畅性。通过对流程的优化，企业能在提升服务效率的同时，增强用户对品牌的认同感和依赖性。操作简便、响应迅速的服务，不仅能提高用户的满意度，还能增强用户对品牌的忠诚度。

3. 基于数据分析的个性化推荐与精准服务

利用大数据和人工智能技术，企业可以分析用户的消费行为、偏好和需求,为用户提供量身定制的服务内容。个性化推荐、精准营销、定制化功能等能极大增强用户的参与感,提高用户的满意度。在服务过程中,用户能感受到品牌的关怀和个性化体验,从而加深其与品牌的情感联系。

4. 情感化设计与提升品牌忠诚度

移动端交互设计需要关注用户的情感需求,通过语音互动、趣味化设计等方式,让用户在使用过程中感受到品牌的温暖和关怀。情感化设计不仅能提升客户满意度,还能加深用户对品牌的情感依赖,从而提高品牌忠诚度和口碑传播效应。

5. 信息安全与数据保护

在优化服务体验时,企业必须重视信息安全问题。通过技术手段确保用户数据的安全性,不仅能提升用户对平台的信任度,还能增强品牌的专业形象。用户在知晓其隐私得到充分保护时,将更加愿意进行消费决策,提升平台的整体竞争力。

(四)服务体验优化的未来发展趋势

随着技术的不断进步,未来的移动端交互设计将朝着更多创新方向发展。人工智能、虚拟现实、区块链等新兴技术的应用,将为服务体验的优化提供更多可能性。企业将能够通过更加精准的数据分析、更加智能的服务功能,以及更加个性化的互动体验,为客户提供超越期待的服务体验。与此同时,随着市场竞争的加剧,服务体验的优化将不再是可选项,而是企业生存与发展的核心战略之一。企业通过优化移动端服务体验,不仅能提升客户满意度,还能在激烈的市场竞争中获得独特的竞争优势。

第三节 客户关系管理在移动端的实施

一、移动端客户关系管理系统架构设计

移动端客户关系管理(customer relationship management,CRM)系统的架构设计,是现代企业在数字化转型过程中至关重要的一个环节。CRM系统的模块构成及其功能优化,需要从用户需求、技术支持和市场营销的综合视角进行分析和设计,以实现对客户资源的高效管理和企业竞争力的全面提升。

在架构设计上,移动端CRM系统应具备模块化的特点,以确保系统功能的灵活性和可扩展性。核心模块通常包括客户数据管理、销售自动化、市场营

销管理、服务支持以及数据分析等。客户数据管理是CRM系统的基础模块，其主要任务是记录和维护客户的基本信息、交易记录、行为偏好等多维数据，为精准营销和客户个性化服务提供支持。销售自动化模块旨在通过简化销售流程和提升销售效率，助力企业实现销售目标。这一模块在移动端的设计中，更需要强调实时性和便捷性，以满足销售人员随时随地访问和更新数据的需求。市场营销管理模块为企业的市场活动提供支持，涵盖市场细分、活动管理、预算分配和效果分析等功能，确保企业营销策略的执行效率。服务支持模块聚焦于售后服务和客户满意度的提升，其设计应能提供快速响应和多渠道服务的能力。数据分析模块贯穿于上述功能模块之间，通过整合和挖掘客户数据，为企业的决策提供数据支持。

功能优化是移动端CRM系统设计中的一个关键环节，直接影响用户体验和系统效能。首先，系统的用户界面需要充分考虑移动设备的特性，如屏幕尺寸、触摸操作等，力求简洁直观、易于操作。其次，系统需要高度重视数据的实时同步与安全性。通过云计算和区块链等技术，确保数据在不同设备间的无缝对接，同时保护客户隐私和商业信息的安全。最后，智能化是功能优化的重要方向。利用人工智能技术，如自然语言处理和机器学习，CRM系统能够实现智能推荐、自动化客户分类以及预测性分析，为用户提供更具针对性的服务。基于物联网的整合设计也是移动端CRM系统的一大创新点，通过将客户的设备数据与CRM系统连接起来，可以更全面地了解客户需求，从而提供更精准的解决方案。

移动端CRM系统的架构设计需要充分体现客户导向的理念。在信息过载的时代，客户的需求越来越多样化，个性化服务已成为企业赢得市场竞争的重要手段。移动端CRM系统通过精准的数据采集与分析，能够帮助企业准确捕捉客户的需求变化，并制定相应的营销策略。同时，系统的营销自动化功能有助于企业降低营销成本，提高营销效率。在这一过程中，营销人员不仅是系统的使用者，更是架构设计的参与者。只有将市场营销的实际需求与系统功能深度结合，才能确保CRM系统的设计符合企业的实际运营场景，进而为营销活动赋能。

随着数字化和移动化趋势的不断深化，移动端CRM系统的开发不再仅仅是传统系统的延伸，而是一个全新的综合生态体系。在这一生态体系中，各模块之间的协同作用尤为重要。例如，客户数据管理模块和市场营销管理模块的高效协作，可以实现从数据收集到策略执行的闭环流程；销售自动化模块和数据分析模块的结合，则能够为销售人员提供更加精准的行动指导。这样的模块协作，不仅提升了系统的整体效率，也为企业构建了一个高效的客户关系管理平台。此外，在技术实现层面，移动端CRM系统架构设计需充分考虑技术的先进性和适用性。云计算技术为系统提供了高效的数据存储与处理能力；大数据技术支持海量客户信息的分析与挖掘；人工智能技术则赋予系统更高的智能化水平。在移动设备的场景中，5G网络的普及进一步增强了系统的实时性和互动性，为系统的广泛应用提供了技术保障。

移动端CRM系统的架构设计需要在功能模块的设计与优化中充分融入市场营销的需求，确保系统不仅具有技术上的先进性，还能在实际应用中为企业创造价值。在企业的客户关系管理中，这样的系统架构不仅是一个工具，更是一个助力企业实现长远发展的战略伙伴。通过科学的模块构建、深度的功能优化以及先进技术的应用，移动端CRM系统将成为企业在数字化浪潮中保持竞争优势的重要支柱。

二、个性化营销与精准客户画像

个性化营销作为当代市场营销领域的重要发展方向，以满足消费者个性化需求和优化用户体验为核心目标。精准客户画像作为个性化营销的技术基础，通过对用户数据的深度挖掘和分析，能够为企业提供明确的消费者行为模式、偏好特征和潜在需求。这一营销方式有效提升了市场资源的利用效率，助力企业在竞争激烈的市场环境中实现差异化定位和精细化管理。

个性化营销的实现依赖对用户数据的系统性收集和分析。消费者在与企业互动的过程中，产生了大量的行为数据，包括购买记录、浏览历史、社交媒体活动以及移动设备的使用数据。这些数据的多样性和实时性为企业提供了更为丰富的消费者信息资源，打破了传统营销方式中单一维度分析的局限性。通过先进的数据挖掘工具与算法，企业能够识别出消费者潜在的行为模式，预测其未来的消费意图，从而制定更加精准的营销策略。

精准客户画像是个性化营销的重要环节，其构建过程涉及数据的采集、清洗、整合与分析。这一过程通常以大数据技术为支撑，将分散的数据整合为统一的用户档案，形成全面的消费者画像。通过对人口统计特征、消费行为、心理偏好和社交关系网络等多维数据的综合分析，企业能够构建出具体的消费者群体特征模型。这样的模型不仅可以描述消费者的基本属性，还可以揭示其行为动机和偏好倾向，从而为营销活动提供精确的方向指引。

在实践中，精准客户画像的价值体现在多方面。首先，它能够提升营销内容的相关性和吸引力。消费者在接受信息时更倾向于关注与其个性化需求匹配的内容，精准的客户画像可以帮助企业生成更加贴合消费者兴趣点的营销信息，从而提升信息的传播效果和消费者的参与度。其次，精准客户画像还可以帮助企业优化资源分配，避免营销资源的浪费。在传统营销方式中，企业往往通过广泛的广告投放吸引消费者，这种方式成本高昂且效果难以预测。而借助精准客户画像，企业可以锁定目标消费者群体，开展更有针对性的推广活动，实现投入产出比的最大化。

个性化营销与精准客户画像之间的协同作用，使得营销过程更加智能化、效率化和精确化。通过个性化营销，企业可以为消费者提供差异化的服务体验，增强消费者的品牌忠诚度和满意度。这种以消费者为中心的营销理念符合现代消费者对个性化服务的期望，特别是在数字化和移动互联网的推动下，消费者对即时性和个性化的需求愈加突出。精准客户画像则为这种个性化服务的实现提供了数据支持和技术保障，使得企业能够根据消费者的实时需求调整营销策略，快速响应市场变化。值得注意的是，精准客户画像的实施并非仅仅依赖技术手段，还需要企业从战略层面对营销模式进行重新设计。市场营销的核心目标是为企业创造价值，而这一目标的实现必须以消费者的需求为导向。因此，企业在构建精准客户画像时，应当注重消费者隐私保护与数据安全问题，以确保数据的合法性和消费者的信任。与此同时，企业还需培养具备数据分析能力的营销团队，以便更好地将精准客户画像的分析结果转化为可执行的营销方案。

随着人工智能和机器学习技术的快速发展，个性化营销的实施方式变得愈加多样化。例如，推荐系统的应用为消费者提供了更加贴合其兴趣的产品或服务选项，这种基于算法的推荐方式能够显著提高消费者的购买意愿。此外，动态定价技术的应用使得企业能够根据市场供需变化和消费者的支付能力实时调整价格策略，这不仅提高了企业的盈利能力，也满足了不同层次消费者的个性化需求。这些技术的应用进一步强化了个性化营销与精准客户画像的协同效应，使得营销过程更加智能化和数据驱动化。

从市场营销的角度来看，个性化营销的实施方式体现了市场细分的深入发展。传统的市场细分基于人口统计特征、地理位置和消费者偏好等静态变量，而个性化营销通过精准客户画像的构建，将消费者细分进一步拓展至动态行为和实时需求的层面。这种动态化的市场细分方式使得企业能够更加灵活地应对市场变化，抓住新的商业机会。同时，个性化营销还促进了消费者与品牌之间的深度互动，通过实时反馈和双向沟通，增强了消费者的参与感和品牌的吸引力。

三、移动端工具在客户生命周期管理中的应用：现状、突破与展望

在当代数字化经济背景下，客户生命周期管理已经成为企业获取竞争优势

的重要手段。客户生命周期管理不仅涵盖客户从首次接触到成为忠实消费者的全过程，还包括对潜在客户的发掘、现有客户的价值挖掘，以及流失客户的挽回。在移动互联网的普及和技术手段的快速迭代推动下，移动端工具在客户生命周期管理中展现出了巨大的潜力，为市场营销活动提供了更加灵活、高效和精准的支持。

客户获取是客户生命周期管理的首要环节，直接影响企业的市场占有率和品牌影响力。移动端工具能够通过数据采集和分析，对潜在客户进行精准的定位和分类。大数据技术与人工智能算法的结合，使企业能够通过分析用户行为数据，掌握消费者的偏好、需求和购买习惯。这种数据驱动的洞察能力使得企业可以设计高度个性化的营销活动，从而提高客户获取的效率。同时，移动端工具提供了多样化的接触点和传播渠道，能够通过社交媒体、短视频平台以及即时通信工具等方式接触到不同层次的潜在客户。通过这些平台，企业可以传递品牌价值观和产品信息，激发目标受众的兴趣并促使其进一步参与。在市场营销实践中，利用移动端工具开展内容营销和互动式推广，已成为吸引客户注意力的重要策略。

客户维护是客户生命周期管理的核心环节，对企业的盈利能力和长期发展至关重要。移动端工具的普及，使企业能够与客户建立实时、便捷和个性化的沟通机制。这种双向互动有助于增强客户的参与感和忠诚度。通过移动端应用程序、微信公众号或企业自有平台，企业可以为客户提供个性化的服务与定制化的体验，例如发送个性化推送消息、推荐相关产品或服务、开展会员活动等。此外，移动端工具还能够支持即时反馈机制，企业可以通过在线问卷、评论功能或直接互动，收集客户的意见和建议，并迅速调整服务策略以满足客户需求。CRM系统与移动端工具的结合，可以整合客户的历史数据，帮助企业制定精准的维护策略，从而提升客户的满意度和复购率。

客户挽回是客户生命周期管理中不可忽视的一个环节，关系到企业减少客户流失率并挽救潜在的收入损失。移动端工具能够通过分析客户行为轨迹，发现流失风险较高的客户群体，并根据分析结果采取针对性的挽回措施。例如，通过数据监测，企业可以识别长期未进行互动的客户，随后通过个性化推送或精准广告重新唤醒其兴趣。在挽回过程中，移动端工具的作用不仅限于信息传递，还体现在客户关系修复和价值再创造的能力上。企业可以利用移动端平台提供补偿性服务或专属优惠，以重建客户对品牌的信任感。此外，移动端工具还可以通过与社交媒体的深度融合，将品牌信息渗透到客户的社交圈层，从而形成间接影响力，激发客户重新与企业建立联系。

从市场营销的视角看，移动端工具在客户生命周期管理中扮演着连接企业与客户的重要媒介角色。企业通过移动端工具建立了与客户无缝对接的渠道网络，使得客户在生命周期的各个阶段都能够得到全面的关怀与服务。与此同时，市场营销活动与移动端技术的融合，使得客户管理从以往的广撒网模式向精准化和个性化方向转型。在这一过程中，客户数据的价值被充分挖掘，为企业提供了制定科学营销策略的依据。移动端工具不仅使客户获取更加高效、维护更加贴心，还使得挽回失去的客户成为可能，这种全方位的客户管理模式提升了企业的市场竞争力。

在实施客户生命周期管理时，企业要充分考虑客户体验的重要性。移动端工具在为客户提供便利的同时，也需要保证使用过程的流畅性和愉悦感，这直接影响客户对品牌的认可度。用户界面的设计、交互逻辑的合理性以及操作的便捷性都对客户体验产生深远影响。市场营销实践表明，优化客户体验可以显著提高客户的满意度，从而增强客户忠诚度，为客户生命周期的延长创造条件。

在未来的发展中，随着技术的进一步演进，移动端工具将在客户生命周期管理中承担更为重要的角色。例如，5G技术的普及和增强现实、虚拟现实技术的成熟，将为企业创造更加沉浸式和互动性的客户体验。这些技术的应用，不仅能够强化客户获取的吸引力，还能通过创新的维护和挽回方式，实现更高层次的客户关系管理。此外，在利用移动端工具进行客户生命周期管理时，企业也需注重数据隐私保护和伦理问题。客户数据的安全性和隐私性是建立信任关系的基础，企业必须在技术应用和数据管理方面做到合规和透明。

移动端工具为客户生命周期管理注入了新的活力，使得企业能够以更低的成本和更高的效率实现客户获取、维护与挽回。其核心在于以技术为驱动力，以数据为基础，以客户为中心，通过个性化和精准化的市场营销策略，构建稳定、可持续的客户关系网络。这不仅有助于提升企业的盈利能力，也为其在竞争激烈的市场环境中赢得长期优势提供了保障。客户生命周期管理的实施，需要企业不断优化移动端工具的应用方式，以适应市场环境的变化和客户需求的多样化。通过创新和精细化管理，企业可以在数字化浪潮中抓住机遇，推动品牌价值的持续增长。

第四节　运营效率提升与成本优化路径

一、运营自动化技术的应用

运营自动化技术的引入与广泛应用在现代企业中不仅成为提升资源配置效率、优化运营流程的关键手段，也为企业竞争力的增强提供了必要的技术支持。尤其是随着人工智能（AI）和机器人流程自动化（RPA）技术的结合，企业的运营模式经历了深刻的变革，不仅在内部管理效率的提升方面产生了积极作用，同时也为市场营销、供应链优化、客户关系管理等领域提供了新的发展机遇。

（一）运营自动化技术的核心组成

运营自动化技术，尤其是机器人流程自动化与人工智能的结合，已成为现代企业运营中不可或缺的技术支撑。机器人流程自动化技术是通过模拟人类在计算机系统中执行的重复性任务，借助规则和预设程序完成数据处理、信息录入等任务的技术。而人工智能技术，特别是机器学习和自然语言处理技术，通过智能算法分析海量数据，实现智能化决策和服务，进一步推动了自动化技术在各行各业的应用。

（二）RPA技术在企业运营中的应用

RPA技术在企业内部的主要应用场景包括数据处理、信息录入、系统间的数据交换等，尤其适用于处理大量重复性、规则化的任务。例如，在企业的日常财务管理中，RPA技术能自动化处理发票审核、账单结算等流程中的事务，极大地提高了工作效率，并降低了人为失误。这一技术的应用不仅有效减少了人工干预的成本，还提升了数据处理的准确性和速度。

在市场营销领域，企业通常面临来自多个渠道的大量客户数据，这些数据涉及客户需求、购买行为、市场反馈等内容。传统的手动数据处理方式常常导致信息的滞后和错误，难以满足实时性要求。而RPA技术通过自动化集成不同系统中的数据，帮助企业及时获得全面的客户信息，并为营销决策提供数据支持。通过对这些数据的高效处理，RPA技术不仅使得市场营销更加精准，还使得营销策略能快速响应市场变化，从而提升了企业的市场竞争力。

(三) 人工智能技术在运营自动化中的深度融合

与 RPA 技术的应用不同，人工智能的引入使得运营自动化走向了智能化、个性化的方向。AI 通过机器学习、深度学习、自然语言处理等技术，能够在多个领域实现智能决策和自动化操作。尤其在客户服务领域，AI 驱动的智能客服系统已成为企业服务的标准配置。这些智能客服系统通过对客户输入的语句进行实时分析，能迅速理解客户需求并做出响应。此外，AI 还可以通过情感分析判断客户的情绪变化，从而为企业提供更为精准的客户服务，提升用户满意度和忠诚度。

在市场营销中，AI 技术同样发挥了重要作用。通过对客户行为数据的深度分析，AI 能预测消费者的需求并为其提供个性化的商品推荐。AI 还可以基于历史数据分析，帮助企业实现精准营销，从而提升营销活动的效果与转化率。在广告投放中，AI 技术能实时调整广告的投放策略，提升广告的精准度与有效性。这种智能化的运营方式使得企业能更好地应对市场的复杂变化，并通过精准的营销手段提升品牌影响力。

(四) 供应链管理与库存优化中的自动化技术

在供应链管理与库存优化方面，RPA 与 AI 技术的结合展示了强大的协同效应。运营自动化技术通过实时跟踪库存状态，结合历史销售数据，能够预测未来的需求变化，从而提前调整采购计划。这种预测性分析不仅帮助企业减少库存积压，还确保了货物的供应及时性，降低了因库存过剩或短缺带来的风险和成本。在促销活动中，AI 可以根据不同的促销周期与商品销售数据进行智能分析，帮助企业做出更为合理的库存安排，避免因库存不均而导致的客户流失或销售损失。

在供应链中，AI 技术还能帮助企业实现智能化的仓储管理。例如，自动化的仓储系统能实时更新库存信息并在最短时间内完成商品出入库操作，大幅提升了仓储管理的效率和准确性。同时，基于 AI 技术的物流路径优化算法也能根据实时交通数据和天气情况，优化运输路线，提高物流效率。

(五) 财务管理中的自动化应用

运营自动化技术在财务管理中的应用，主要体现在重复性任务的自动化和智能化决策的支持上。在传统的财务管理中，企业的账单审核、税务计算、报表生成等工作通常需要大量的人工干预。而 RPA 技术的应用，能帮助企业在财务流程中实现高度自动化。自动化的账单审核系统能通过规则识别发票与采购订单、支付记录之间的匹配关系，自动完成审核和支付过程，从而减少了人工操作的失误率。

在财务数据的分析和风险预测方面，AI 技术提供了更加智能化的决策支持。AI 可以通过对财务数据的深度分析，及时发现潜在的财务风险并发出预警。同时，AI 技术还能预测企业的未来财务状况，帮助企业在预算编制、资金规划等方面做出更加科学的决策。在市场营销预算管理中，AI 可以分析不同营销渠道的投入产出比，为企业制定更加合理的预算方案。

(六) 人力资源管理中的智能化应用

在人力资源管理中，运营自动化技术的应用同样表现出巨大的潜力。从招聘到绩效评估，AI 与 RPA 的结合能够在多个环节中提升效率并减少人为偏差。AI 技术通过大数据分析，能快速筛选出符合岗位要求的候选人，帮助企业在招聘过程中降低时间成本，并提高招聘的精准度。而在员工绩效评估方面，AI 能通过分析员工的工作数据、行为数据等多维度信息，为管理层提供更加客观的评价依据。此外，RPA 技术也能帮助企业自动化处理员工数据，生成各种管理报表，减轻人力资源管理人员的工作负担。

(七) 自动化技术对市场营销的深远影响

随着消费者需求的日益个性化与多样化，企业对市场营销的需求也在不断变化。在这一背景下，运营自动化技术的应用尤为重要。AI 通过深度学习和行为分析，能够精准地洞察消费者需求，并根据这些洞察结果调整企业的营销策略。通过 AI 对消费者行为的预测，企业可以在适当的时机推出定制化产品，优化广告投放策略，并提供个性化的推荐服务。这种基于数据驱动的精准营销，不仅能提高客户的参与度，还能显著提升转化率和顾客忠诚度。

RPA 技术则在营销活动中的实时调整和优化中发挥了重要作用。例如，在广告素材的更新与投放策略调整方面，RPA 可以实时响应市场变化，自动化更新广告素材，确保营销活动的时效性和相关性。通过这种技术，企业能更快速、更高效地响应市场动态，抢占市场先机，从而增强其在激烈竞争中的优势。

(八) 运营自动化技术的宏观效应

从宏观角度来看，运营自动化技术的普及对整个行业生态系统产生了深远影响。首先，自动化技术提升了企业间的协作效率和供应链透明度。通过 RPA 与 AI 技术，供应链中的各方能够实时共享数据，实现信息的无缝对接，从而提升了整个供应链的运作效率。其次，运营自动化技术推动了市场营销从传统

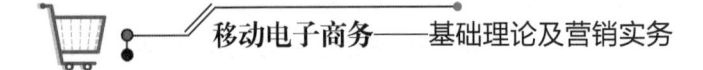

经验导向转向数据驱动决策。这种变革不仅提升了行业整体运营水平，也使得消费者在更高效的市场环境中获得了更好的服务体验。

二、物流与配送效率的提升方法

在现代企业供应链管理中，物流与配送效率的提升已成为企业竞争力的重要体现。随着全球化进程的加快和数字技术的飞速发展，物流管理的效率问题逐渐成为企业关注的核心。在这一背景下，智能调度和无人配送技术的兴起，为提升物流效率、降低运营成本提供了新的解决思路。这些技术的应用不仅突破了传统物流模式中的瓶颈，还从市场营销角度增强了企业的竞争优势，进而优化资源配置，提升客户体验，最终实现价值的最大化。

（一）智能调度在物流效率提升中的作用

智能调度作为一种创新的物流管理技术，其核心在于通过大数据分析、算法优化以及实时信息处理来高效地协调和管理物流资源。传统的物流调度通常依赖人工经验和固定模式，这使得调度系统容易受到信息滞后、人工判断失误和资源分配不均等因素的影响，从而降低了物流的效率和灵活性。而智能调度则通过实时获取和处理来自各个环节的数据，能够动态地优化配送计划和路径规划，实现运输工具、货物和配送人员的最优配合。

1. 精准的需求预测与路径优化

通过大数据和机器学习模型，智能调度系统可以对市场需求进行预测，并基于预测数据进行物流路径的优化。在实际操作中，这可以避免不必要的资源浪费，减少交通拥堵对配送的影响，并提高整体的配送效率。

2. 动态调度和资源优化

智能调度能根据实时变化的信息，如交通状况、天气变化、库存情况等，自动调整配送策略，灵活应对各种不确定性因素，确保货物在最短时间内到达目的地。同时，调度系统能够对仓储空间、运输工具以及配送人员的使用情况进行精细化管理，从而避免资源闲置和冗余，提高资源利用率。

3. 信息实时反馈与调整

与传统调度方式相比，智能调度系统能通过物联网技术实时监控配送过程中的每一个环节。这种反馈机制使得物流管理者能及时了解各类配送任务的完成情况，提前预测可能出现的问题，并迅速做出调整，确保配送任务顺利完成。

智能调度不仅提高了物流的效率，还从市场营销的角度提升了企业的竞争力。配送速度直接影响消费者的购物体验，而快速、精准的配送服务能有效提升客户的满意度，进而提升品牌形象和市场份额。此外，智能调度优化了物流成本结构，通过提高运输资源的利用效率，降低了配送过程中的能源消耗和人力成本，进一步增强了企业在价格竞争中的优势。

（二）无人配送技术的应用与优势

无人配送技术，涵盖无人机、无人车等自动化设备，正在逐步替代传统的人工配送方式。通过减少人工干预，无人配送技术不仅有效降低了人力成本，而且在配送效率、灵活性和适应性等方面展现了巨大优势。

1. 高效的配送能力

无人配送设备不受传统交通方式的限制，尤其是无人机可以跨越地面交通的拥堵，在城市的高空通道中快速完成配送任务。这种技术使得配送时间大幅缩短，尤其在城市交通复杂、交通高峰期间，能显著提高配送的效率。

2. 灵活的应对能力

无人配送能应对特殊情况下的配送需求，例如在恶劣天气环境下，无人配送设备可以不受交通管制和天气限制，保持高效的配送服务。无人配送技术的高度自动化也使其能在不依赖大量人工操作的情况下，持续进行配送工作，大幅提升了企业的运营韧性。

3. 成本效益

无人配送设备的应用能显著降低人力成本，尤其是在配送过程中需要的人工干预较为频繁的场合，减少了对人力资源的依赖。这种低成本高效率的特点对于企业尤其是那些面临大量配送任务的电商平台来说，是一个巨大的优势。

4. 提升市场形象

采用无人配送技术的企业通常能借助这一前沿技术提升品牌形象和市场定位。尤其是在消费者日益关注科技创新和高效服务的今天，企业通过引入无人配送技术，可以吸引更多的潜在客户，并树立其在智能化、科技化方面的行业地位。

无人配送技术的应用不仅仅局限于高效配送，还促进了市场营销的新机遇。企业可以通过市场宣传突出其在技术创新和配送服务方面的优势，吸引那些重视高效、智能和便捷购物体验的消费者。此外，随着无人配送技术的不断成熟和推广，消费者的接受度逐渐提高，这对于企业的品牌塑造和市场拓展具有重要的战略意义。

（三）智能调度与无人配送的协同作用

智能调度与无人配送技术的结合，能够在物流效率提升方面发挥更大的协同效应。智能调度为物流配送提供了一个高效的资源管理平台，而无人配送则

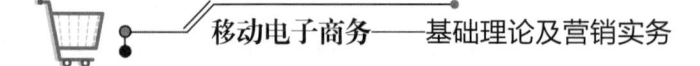

以其高度自动化和灵活性提供了强有力的执行支持。两者结合起来，将为现代物流带来前所未有的效率提升。

1. 高效的资源整合与实时调整

智能调度系统可以通过实时监控各类资源的使用情况，包括仓储空间、运输工具和配送人员等，在整个物流链条中实现资源的最优配置。而无人配送技术则作为执行环节，能够无缝衔接调度系统的决策，快速响应调度指令并完成配送任务。通过两者的协同作用，企业能够确保物流资源在最短时间内实现最优分配，提高整体配送效率。

2. 增强的市场响应能力

通过大数据分析和预测，智能调度系统能够预判市场需求的变化，并根据需求波动做出相应调整。而无人配送技术则提供了灵活的配送能力，可以针对不同的市场需求进行个性化定制，从而实现精准配送。这一精准匹配的能力，不仅提高了物流配送的效率，也增强了企业对市场需求变化的快速响应能力。

3. 提升客户体验与满意度

在现代电商环境中，客户对物流配送的要求越来越高，尤其在配送时效性、准确性和个性化服务方面。智能调度与无人配送的协同作用使得企业能够更加精准地满足客户需求，实现个性化、及时的配送服务。这种高效的配送服务不仅提高了客户的满意度，也提升了企业的品牌忠诚度，进一步增强了企业的市场竞争力。

（四）成本控制与效率提升

智能调度和无人配送技术的应用，能够通过优化资源配置、提高效率来降低物流成本。在传统物流模式下，资源浪费、运输不合理、运输工具的空载等问题普遍存在，导致企业的物流成本不断上升。而智能调度系统通过对数据的精准分析和优化，能够有效避免这些问题，实现对资源的合理分配和高效利用。无人配送技术则通过减少对人力的依赖，进一步降低了企业的运营成本。

此外，智能调度和无人配送还能缩短物流配送的周期，提高周转效率。运输周期的缩短意味着企业能在更短的时间内完成更多的订单，从而提高产能和资源利用率。企业通过降低物流成本，不仅能提高其利润率，还能在价格竞争中占据有利位置，吸引更多消费者。

（五）绿色物流与可持续发展

随着环境保护意识的提升和政策法规的日益完善，绿色物流已成为物流行业的重要发展趋势。智能调度技术通过优化运输路径，减少空载率，有效降低了碳排放和能源消耗。而无人配送设备通常采用电力驱动，其碳排放远低于传统的燃油配送车辆，为物流行业的可持续发展提供了有力支持。

绿色物流不仅符合社会责任要求，也成为企业市场竞争的新优势。通过强调智能调度和无人配送在绿色物流中的应用，企业能够树立环保、可持续发展的品牌形象，吸引环保意识较强的消费者。对于企业而言，这种绿色转型不仅能提升品牌形象，还能在激烈的市场竞争中获得更多消费者的青睐。

（六）持续发展面临的挑战与解决策略

尽管智能调度和无人配送技术在提升物流效率方面具有显著的优势，但在实际应用过程中，仍面临着技术成本高、政策法规不完善、消费者接受度低等问题。企业需要采取有效的市场营销策略来应对这些挑战。例如，借助成功案例和技术优势，消除消费者对无人配送技术的疑虑；通过组织试用活动，提高客户对新技术的接受度；通过线上线下的整合，增强技术的应用效果，进一步推动智能调度与无人配送技术的普及。

三、数据驱动的成本管理

数据驱动的成本管理在当今企业运营中逐渐成为提升竞争力、优化运营的核心策略之一。随着大数据技术的快速发展和广泛应用，企业已不再仅仅依赖传统的财务核算和预算管理工具，而是通过数据分析与深入分析，发现成本管理中的潜在机会，实施动态和精准的成本控制。这一转型在提高企业运营效率、优化决策过程和提升市场响应能力等方面，发挥着日益重要的作用。

在这一背景下，数据驱动的成本管理不仅能对企业各个层级的成本进行全方位分析，还能通过数据的实时采集和分析，帮助企业及时发现运营中的资源浪费、效率低下等问题，并采取措施解决资源浪费问题，提升效率，从而推动整体运营水平的提升。

（一）支出控制的精准化

支出控制是企业成本管理中的一项基本任务，而传统的支出控制往往依赖历史数据和预算预测，这种方式往往面临滞后性和适应性差的问题。在快速变化的市场环境中，企业往往难以依靠固定的预算模式精准控制支出。大数据技术的引入使得支出控制变得更加精准和动态。通过对多维度数据的采集与处理，企业能够实时监控各项支出的变化，识别成本结构中的高效益和低效益环节。例如，在市场营销领域，企业可以通过数据分析了解不同营销渠道和活动的实际投入产出比，精确追踪广告、促销等营销手段的效果，及时调整预算分配。大数据帮助企业突破传统的"盲目"投入模式，从而使得营销活动在提升品牌价值的同时，避免不必要的资源浪费。通过智能化分析，企业不仅能掌握精准的支出数据，还能预测不同市场情景下的支出需求，进而做出及时调整。

此外，大数据能帮助企业对成本项进行详细分解，识别其中潜在的隐性成本。例如，许多企业的成本构成中存在许多隐藏的、没有被准确记录的费用，通常难以通过传统财务手段进行识别。而大数据技术通过对生产、销售、供应链等各环节的实时监控，能够揭示出这些被忽视的成本，并根据实时数据进行动态调整，从而优化资源的分配和使用。

（二）成本分配与资源优化

传统的成本分配方式多依赖经验和固定标准，然而，这种分配方式无法应对复杂多变的市场环境和快速变化的企业运营状况。大数据的应用提供了一种更加科学和灵活的资源分配方法，企业能够根据实际运营数据实时调整成本分配策略，使资源能更加高效地配置。

通过大数据分析，企业能够清晰地看到不同部门、项目或环节的成本贡献度，并依据数据结果进行合理调整。以生产过程为例，企业可以根据生产线的实时数据和市场需求变化，调整生产资源的分配，优化产能利用率，降低不必要的生产成本。此外，企业还能通过数据分析找出低效环节，并采取措施进行资源重新配置。例如，某些生产环节可能因设备老化、操作不当或管理不到位，导致生产效率低下，通过数据监控和分析，企业可以找出这些"瓶颈"环节，并进行针对性的改善和优化，从而降低生产过程中的无效支出。

大数据分析为成本的动态分配提供了支撑。企业通过实时监控各项成本指标，能够灵活调整预算和资源配置，实现动态管理。这种灵活性使得企业能在面对突发事件时，迅速做出应对策略，避免因外部环境变化导致的资金浪费或运营效率低下。

（三）供应链管理与成本优化

供应链管理是企业成本管理的重要组成部分，而有效的供应链管理能显著降低企业的整体运营成本。通过大数据分析，企业可以对供应链的各个环节进行实时监控，从而识别出可能存在的高成本环节，并采取相应的优化措施。数据驱动的供应链优化主要体现在以下几个方面。

1. 需求预测与库存管理

利用大数据技术，企业能更加精准地预测市场需求变化，进而优化库存管理。传统的库存管理方法依赖历史销售数据和经验预测，而大数据技术能基于海量的市场数据进行深入分析，识别出潜在的消费趋势，进而帮助企业调整生产计划和采购策略。这种精准的需求预测能有效减少库存积压，降低仓储和物流成本，从而优化整体供应链效率。

2. 运输与物流优化

大数据分析能帮助企业识别物流成本中的高效和低效环节。例如，通过对运输路线和时效的分析，企业可以优化运输路线，避免高成本的运输方式，提高物流效率。同时，通过分析运输过程中的各类数据，企业可以更好地进行供应链协同，确保各环节的顺畅运作，避免因信息不对称或沟通不畅导致的物流延误和成本增加。

3. 生产过程中的成本控制

在生产环节，大数据技术能帮助企业监控生产线的实时状况，从而识别出生产过程中可能导致浪费的环节。例如，通过传感器和数据监测技术，企业能够实时跟踪生产设备的运行状态，预防设备故障的发生，减少生产中的停机时间。此外，大数据还能帮助企业优化原材料采购，避免因供应商选择不当或采购量不合理而导致的原材料浪费。

（四）市场营销的精准投放与成本节约

市场营销是企业面向市场获取竞争优势的关键环节，而在传统营销模式下，企业往往依赖大规模的广告宣传和营销活动，这种方式不仅投入巨大，而且效果难以精准衡量。通过数据驱动的成本管理，企业能够实现精准的市场营销，避免资源浪费。

1. 个性化营销

大数据能帮助企业更好地了解消费者行为和偏好，进而制定更加个性化的营销策略。通过分析消费者的历史购买记录、浏览行为以及社交媒体互动等数据，企业能够预测消费者的潜在需求，并制定更加精准的广告投放和促销活动方案。这种基于数据的个性化营销，不仅能提升顾客的购买意愿，还能提高营销活动的整体效能。

2. 精准广告投放

通过大数据分析，企业能够根据消费者的兴趣、年龄、地理位置等多维度数据，精准地将广告投放给最可能产生购买行为的目标群体，从而避免资源浪费。与传统的广告投放方式相比，数据驱动的精准广告投放，能够在有限的预算下获得更高的转化率和回报率。

3. 社交媒体营销与口碑传播

借助大数据，企业能更高效利用社交媒体进行口碑传播和品牌推广。通过分析消费者在社交平台上的互动数据，企业能够及时发现潜在的品牌倡导者和忠实顾客，从而加强与这些消费者的互动，提升品牌的市场影响力。

（五）成本波动的预测与风险控制

成本波动是企业在运营过程中面临的常见挑战，尤其是在原材料价格、能源成本等外部因素的影响下，企业可能面临较大的成本压力。通过大数据分析，企业能对成本波动的原因进行深入分析，并根据市场趋势预测未来可能的成本变化，进而采取适当的风险控制措施。

1. 原材料价格预测

通过对原材料市场的历史数据、供需关系以及地缘政治等因素的分析，企业能够提前预测原材料价格的波动趋势，从而制定合理的采购计划。这种预测能力可以帮助企业在原材料价格上涨时及时锁定采购价格，避免因价格波动带来的成本压力。

2. 市场波动的监测

大数据分析能帮助企业监测市场的潜在变化，例如消费者需求的变化、竞争对手的动态等。通过对市场环境的实时监控，企业能及时调整生产计划、调整产品定价和优化营销策略，减少因市场波动带来的财务压力。

第五节　案例分析：唯品会的精准供应链与营销策略

唯品会作为中国领先的特卖电商平台，其成功的秘诀不仅仅在于通过提供打折商品来吸引消费者，更在于其精准的供应链管理和与之配套的营销策略的有机结合。通过精细化的库存管理和高效的物流配送，唯品会实现了供应链管理与营销策略的深度融合，从而在竞争激烈的电商市场中脱颖而出，赢得了消费者的青睐并占据较大的市场份额。

唯品会的供应链管理依赖大数据和智能算法的深度应用，采用了"仓储和销售同步"的供应链模式，这一模式使其能够精准预测消费者的需求，确保库存配置合理且库存周转速度快。借助大数据分析，唯品会能够根据消费者的购买习惯、浏览记录以及社会热点等，实时调整商品库存，避免传统零售中常见的"断货"或"滞销"问题。这种基于精准数据预测的库存管理方式大大减少了库存积压，也降低了成本，为平台带来了更高的运营效率。此外，唯品会在与品牌商的合作中也展现了极高的协同效率。平台通过与品牌商共享数据、共同分析市场趋势，帮助品牌商减少了库存压力，并优化了供货周期。对于品牌商而言，这种合作模式不仅提升了商品的销量，还避免了因过度囤积库存带来的价格下降和库存浪费问题。唯品会借助这种深度合作关系，能够精确地将促销活动与合适的品牌、商品匹配，确保推送的促销信息精准有效，触达真正需要的消费者群体。

在营销策略方面，唯品会通过个性化推荐系统进一步提升了用户的购物体验。平台通过分析用户的浏览历史、购买偏好和行为数据，形成用户画像，从而推送更加符合消费者兴趣和需求的商品推荐。例如，当用户浏览某一类别的商品时，平台能够根据历史购买记录和搜索行为，自动推荐相关的优惠商品或新上市的商品，提升了用户的购买意向和转化率。唯品会还通过精准的广告投放，利用用户的社交行为和兴趣爱好，在合适的时机向用户推送个性化的促销信息。这种基于数据驱动的精准营销，不仅提高了平台的转化率，还增强了客户的忠诚度。

在唯品会的运营模式中，精准供应链管理和营销策略相辅相成，形成了一种相互促进的良性循环。精准的供应链管理保障了平台的商品供应和库存优化，而个性化的营销策略则促进了消费者的购买决策和复购率。在这一过程中，唯品会深刻理解了如何通过数据洞察消费者的购买需求，并通过精准的商品推荐和广告投放引导消费者的购物行为。每一次精准的推送和推荐都在提升消费者满意度的同时，促进了平台收入的增长。

这种基于精准供应链和数据驱动的营销策略，不仅提升了消费者在唯品会的购物体验，也为平台带来了更高的效率和利润。通过持续优化供应链和营销系统，唯品会有效降低了运营成本，同时增强了平台的竞争力。平台不仅在销售额上取得了突破，还通过精准的供应链管理建立了强大的品牌忠诚度，赢得了更多消费者的青睐。此外，唯品会在数字化转型方面的探索也值得其他电商平台借鉴。平台通过不断推动技术创新，推动供应链管理的数字化转型，不仅提升了自身的运营效率，也为整个行业提供了新的思路。唯品会利用大数据技术和人工智能算法优化商品流通和库存管理，在降低运营成本的同时，也具备了快速响应市场变化的能力。这使得平台能够迅速适应消费者需求的变化，在竞争日益激烈的电商环境中保持了独特的优势。

唯品会的成功经验为其他电商平台提供了宝贵的参考。精准的供应链管理和数据驱动的营销策略是现代电商平台能够在竞争中占据优势的重要法宝。通过精准的库存管理，平台能够确保商品供应不出现过度积压或断货的情况，从而提高了供应链的灵活性和市场响应速度。而精准营销则通过不断挖掘消费者的需求和兴趣，推送个性化的商品推荐和促销信息，提高了用户的参与度和购买转化率。这种基于数据的运营模式，不仅能够提升平台的经营效率，也能有效提升用户的购物体验和品牌忠诚度，进而促进平台的长期发展。

随着消费者需求日益个性化和多样化，电商平台需要不断加强数据分析与技术创新，精准捕捉市场动向和消费者行为，才能在激烈的市场竞争中脱颖而出，获得消费者的长期支持和忠诚。唯品会正是通过不断完善其精准供应链和营销策略，提升了运营效率并增强了用户黏性，为电商行业树立了一个成功的典范。

▶ **案例讨论问题**

1. 唯品会如何通过精准的库存管理和供应链优化，提升用户购物体验？
2. 在精准营销中，唯品会如何运用大数据分析了解用户需求并提供个性化推荐？这对用户转化率有何影响？
3. 唯品会的成功体现了供应链管理和营销策略深度融合的方式，这种融合对电商平台的长期竞争力有何帮助？

习　　题

（一）选择题

1. 下列关于供应链整合与协同管理的描述中，正确的是（　　）。
A. 供应链整合主要是指企业与消费者之间的联系优化
B. 供应链协同管理强调不同供应链环节之间的独立运作
C. 供应链的整合能够降低市场响应速度和灵活性
D. 通过供应链整合，企业可以优化资源配置，提高效率和灵活性

2. 数字化转型在供应链管理中的作用不包括（　　）。
A. 提高供应链响应速度
B. 减少供应链各环节的协同和互动
C. 优化采购策略和供应商选择
D. 通过数据分析预测市场需求和消费者行为

3. 移动电子商务中的个性化营销通常依赖下列哪些技术？（　　）
A. 大数据分析和人工智能
B. 广告投放和传统媒体宣传

C. 短信和电话推销

D. 无线通信技术和无线支付

4. 在唯品会的供应链管理中，下列助于实现库存的合理配置与快速周转的策略是（　　）。

A. 精细化库存管理与实时数据分析

B. 聚焦单一品牌合作

C. 延迟促销活动的推送

D. 将库存完全交由第三方仓储管理

（二）填空题

1. 供应链管理的核心目标之一是通过_____来提高资源配置效和市场响应速度。

2. 移动电子商务平台通过使用_____技术，能够根据用户的购买行为与浏览习惯提供个性化的商品推荐。

3. 唯品会通过与品牌商的深度合作，帮助其减少_____压力，同时确保库存的优化管理。

（三）简答题

1. 解释供应链整合在移动电子商务平台中的重要性，并举例说明如何通过供应链整合提高运营效率。

2. 通过唯品会的案例，分析个性化推荐如何通过大数据分析实现精准营销。简述该策略对用户体验和转化率的影响。

3. 在移动端的营销策略中，如何利用客户行为数据进行精准广告投放？请说明其在提升用户参与度中的作用。

4. 请简要讨论数字化转型如何帮助企业优化供应链管理，并在移动电子商务中获得竞争优势。

第七章　移动电子商务的服务与体验设计

第一节　移动端用户体验设计的原则与实践

一、移动端用户体验设计的基本原则

移动端用户体验设计作为移动电子商务领域的重要环节，直接影响用户的操作效率与整体满意度。在设计过程中，需以用户为核心，结合移动设备的特性，遵循一系列科学合理的基本原则，从而确保设计方案能够在复杂多变的环境中最大程度地满足用户需求。移动端用户体验设计不仅仅是单纯的视觉艺术表现，更是一门综合了心理学、交互设计和技术创新的系统性学科，其核心目标在于通过提升交互质量，助力移动电子商务实现高效的用户转化与价值延伸。

目标明确是用户体验设计的基本原则。这一原则强调，在设计之初需对产品目标进行精准定位，并围绕目标明确规划用户操作路径，以帮助用户高效完成所需任务。明确目标的意义不仅体现在功能的直观表达，更在于将用户的行为需求和产品的服务能力进行合理匹配。用户在使用移动电子商务应用时，往往期望能够快速获得所需信息或完成交易操作。如果设计中缺乏清晰的目标指引，用户很容易因为迷失在复杂的界面或多余的功能中而产生挫败感，从而降低产品的使用黏性。因此，在用户体验设计中，需要将核心功能模块进行层级划分，并通过简洁的导航体系和直观的操作逻辑，引导用户在最短时间内到达预期目标。

设计的简洁性与直观性是提升用户体验的关键要素。在移动设备屏幕相对较小的限制下，界面设计应注重信息的精准传达与视觉层级的优化。减少界面上的非必要元素，可以有效减轻用户的认知负担，提高信息获取的效率。直观的设计强调界面元素的可辨识性和操作的易理解性，用户在初次接触产品时无须复杂的学习过程即可顺畅完成各类操作。在移动电子商务场景中，简洁直观的设计能大幅提升用户在购物浏览、支付结算等环节的流畅体验，同时也能降低因操作复杂性引发的用户流失风险。

快速响应作为用户体验设计的核心原则之一，直接关系到用户对产品性能的感知与信任度。移动端设备由于受到网络环境、硬件性能等外部因素的影响，其响应速度可能存在一定波动，但设计者需尽可能减少这一问题对用户体验的负面影响。在用户发出操作指令后，系统应快速做出反馈，并通过动画或提示信息等形式明确操作状态，以减轻用户因等待时间而产生的不安或焦虑感。特别是在移动电子商务场景中，用户常常需要在高峰流量或弱网络环境下完成支付、查询等关键操作，快速响应的机制能够有效保障用户行为的连贯性与体验的稳定性。此外，技术优化在快速响应原则的实现中也扮演着重要角色，包括但不限于数据压缩、缓存优化和服务器性能提升等方法，均能够为用户带来更高效的交互体验。

在设计过程中，这些基本原则并不是孤立存在的，而是相辅相成、相互作用的统一体。在目标明确的基础上需要以简洁直观的设计语言进行呈现，而简洁直观的界面又需依托快速响应的技术支持才能实现最佳效果。这种有机结合的设计模式，不仅能提高用户的操作效率，还能为产品的市场竞争力赋能。在移动电子商务领域，用户往往面临众多选择，体验不佳的应用很容易被迅速替代。因此，遵循基本设计原则，不仅有助于提升用户的满意度，还能为企业的商业模式创新与可持续发展提供有力支撑。除此之外，用户体验设计的实践需要以动态的方式适应不断变化的用户需求和技术发展。随着移动电子商务的场景日益多元化，用户的行为模式也呈现出个性化和复杂化的趋势。设计者需通过对用户数据的持续分析与反馈机制的完善，不断优化体验设计的策略与细节，从而在变化的市场中始终保持竞争优势。这一过程中，目标明确、简洁直观、快速响应的设计原则将作为核心指导思想贯穿始终，为实现用户价值与商业价值的双重目标提供理论支持。

在未来的发展中，随着人工智能、大数据、5G网络等技术的深入应用，移动端用户体验设计将迎来更多的创新可能性。无论技术如何进步，以用户为中心的设计理念始终是体验优化的核心。在技术赋能与用户需求的共同驱动下，设计者应继续探索目标明确、简洁直观、快速响应等基本原则的实现路径，确保用户体验的稳定性、灵活性与前瞻性，并为移动电子商务的长远发展注入持久的动力。

二、用户需求洞察与调研方法

在现代移动电子商务的背景下，对用户需求的洞察与调研是推动商业创新和优化服务的重要环节。随着技术的发展和用户行为的日益多样化，企业需要以科学、系统的方法深入了解用户的核心需求,以实现精准的市场定位和个性化服务的提供。用户需求洞察不仅是营销策略的基础,也是提升用户满意度和企业竞争力的关键环节。

在移动电子商务中,数据分析作为一种高效的需求洞察工具,通过对海量用户行为数据的挖掘,可以揭示用户的偏好、行为模式和消费趋势。移动电子商务的特点决定了用户的行为数据具有高频性、即时性和多样性的特征,这为企业利用大数据技术进行需求洞察提供了丰富的素材。通过数据的收集与整合,企业可以构建用户画像,精准地把握用户的年龄、性别、地域、消费能力和购买意图等基本信息。在此基础上,进一步的行为分析可以帮助企业发现潜在需求,例如某一类商品在某一时段的搜索量激增可能反映出用户的即时购买需求,而用户对促销活动的高点击率则可能表明其对价格敏感度较高。与此同时,用户访谈作为一种直接与用户沟通的调研方式,为获取深度需求提供了可能性。相较于数据分析的宏观视角,用户访谈更多聚焦于微观个体的真实感受和潜在期待。这种调研方法通过面对面的交流或在线交互,能够帮助研究人员理解用户的情感和心理状态,从而补充数据分析中难以捕捉的主观性和情境性信息。在移动电子商务的场景中,用户访谈可以揭示出影响购买决策的复杂因素,例如用户对界面设计的偏好、支付方式的接受程度以及对售后服务的期待。这些信息往往是量化数据无法充分展现的,而通过系统化的访谈记录和分析,企业能够更全面地理解用户需求的多维属性。

将数据分析与用户访谈相结合,能够形成一种定量与定性相辅相成的需求洞察模式。在移动电子商务中,用户的行为和需求具有动态变化的特征,因此需要动态调整需求洞察的重心。通过定量数据的挖掘,企业可以明确主流趋势和普遍问题,而通过定性访谈则可以探究特定群体的独特需求和体验差异。在上线新功能或新服务时,企业可以通过数据分析验证其适用性和受欢迎程度,而通过访谈则可以获得用户对功能细节的直观反馈,从而进一步优化设计和运营策略。

调研方法的选择和实施在很大程度上决定了用户需求洞察的深度和广度。在移动电子商务领域,调研工具的数字化趋势显著提升了调研效率和数据质量。企业可以借助在线调查问卷、用户体验测试和社交媒体互动等方式快速收集大规模的用户反馈。同时,结合人工智能和机器学习技术,企业能够更加智能化地分析调研数据。例如,通过自然语言处理技术,企业可以对用户评论和意见进行情感分析,进而洞察用户的满意度和潜在需求。随着5G技术和移动终端的普及,收集和分析实时数据也成为可能,这为需求洞察的即时性提供了新的技术支持。然而，需求洞察与调研方法的有效性还受到多种因素的影响，其中包括样本代表性、数据准确性和分析方法的科学性。在数据分析过程中，样本的广泛性和多样性是保证结论可信度的基础，若样本过于单一或数据来源有限，则可能导致偏差和误判。同样，用户访谈的深度和广度也直接影响调研结果的全面性。为了提高调研的可靠性，企业需要在调研设计阶段充分考虑用户分布的多样性，并针对不同群体采用差异化的调研策略。此外，分析方法的选择应根据调研目标和数据特性进行科学规划，例如对于复杂的用户行为模式，可以引入聚类分析和预测建模，而对于用户情感的表达，可以采用语义分析和案例分析相结合的方法。

在移动电子商务的快速发展中，需求洞察不仅是产品和服务优化的重要依据，更是驱动用户体验创新的核心力量。通过科学的调研方法，企业能够更全面地把握用户需求的复杂性，从而在激烈的市场竞争中占据优势。企业在需求洞察中需要兼顾技术与人文视角，将数据分析的精准性与用户访谈的深度相结合，以实现对用户需求的全面理解和持续响应。这种多层次的需求洞察模式，不仅有助于提升企业的市场适应能力，也为构建以用户为中心的商业生态提供了坚实基础。

三、提升体验的常见策略

提升用户体验是移动电子商务领域中不可或缺的重要组成部分，是提高用户满意度、增强平台黏性与竞争力的核心策略。用户体验的优化涵盖多个维度，而在移动电子商务环境中，优化导航、简化操作步骤与提升视觉吸引力成为构建优质体验的关键手段。这些策略通过不同方式协调作用，共同促进了用户与平台之间的高效互动，并对平台的整体商业表现产生了深远影响。

导航系统的优化是提升用户体验的一项重要工作，其核心在于设计清晰、简洁且符合逻辑的界面结构，使用户能够快速定位所需信息。合理的导航设计不仅能降低用户在复杂页面中迷失的可能性，还能显著提升用户与平台互动的效率。优化导航需要以用户为中心，遵循直观易用的原则，将复杂的功能和信息层级以合理的方式展现。通过简化信息层级、优化页面布局与强化导航功能的响应速度，可以更好地满足用户的预期。导航设计需要兼顾不同用户群体的需求，确保无论是初次使用者还是熟悉平台的用户都能轻松完成目标任务。

简化操作步骤在优化用户体验中扮演着不可或缺的角色。操作过程过于复杂或烦琐，往往会引发用户的挫败感并降低完成交易的可能性。因此，在移动电子商务场景中，操作步骤的优化旨在最大限度地减少用户的时间和精力消耗，同时确保操作流程的顺畅和准确。优化的核心在于简化交互流程，去除不必要的环节，同时注重界面的逻辑性与连贯性。通过降低交互复杂度，用户能在较短的时间内完成操作任务，从而提升整体使用体验，在潜移默化中增强用户参与意愿。优化的操作步骤应围绕用户行为模式设计，既要满足功能需求，又要最大程度降低错误率。通过减少操作的重复性、冗余性及潜在的摩擦点，用户能获得更高效的体验，同时平台也能从中获益。

视觉吸引力是影响用户体验的重要因素，它不仅决定了用户对平台的第一印象，还直接影响用户在平台上的停留时间及进一步的交互意愿。在移动电子商务环境中，视觉设计需要在有限的屏幕空间内传达足够多的信息，同时确保界面美观与功能的统一性。视觉设计的优化需要以用户需求为导向，避免过于复杂或冗长的内容展示，注重信息的重点突出和界面元素的适配性。通过协调色彩、排版和动效的使用，界面可传递出清晰的信息层次和良好的品牌形象，从而提升用户的视觉舒适度和心理满足感。此外，视觉设计还需要与平台的整体调性和目标用户的审美需求相一致，以增强品牌认知度并建立长期信任关系。视觉吸引力的提升不仅有助于用户情感的愉悦，也能够间接影响用户对平台的功能性评价，从而进一步提高用户体验的综合质量。

这三种策略在实践中需相辅相成，通过全方位的优化共同提升用户体验。在移动电子商务的复杂环境中，单一策略的优化往往无法解决所有问题，只有综合考虑导航、操作及视觉设计之间的协同作用，才能实现更高层次的用户体验目标。基于这一原则，平台需要不断监测用户行为数据，并结合用户反馈进行动态调整。数据分析能够揭示用户的偏好和痛点，为策略优化提供明确的方向。此外，优化过程需要持续迭代，通过试验和验证寻找更高效的解决方案，确保策略始终与用户需求保持一致。

移动电子商务的快速发展和技术的不断进步为用户体验优化提供了新的可能性和挑战。在这一过程中，技术创新成为推动优化策略实施的重要动力。例如，人工智能、虚拟现实等前沿技术的发展为平台提供了更加智能化和个性化的工具，可以在提升体验的同时强化用户与平台之间的互动关系。未来，用户体验优化将不仅仅局限于当前的三个主要维度，而是会在更广泛的技术与应用场景中不断拓展与深化。平台需要始终以用户为核心，将体验优化作为长期发展战略的重要组成部分，通过技术与设计的结合不断提升用户的整体满意度与忠诚度。

第二节 服务设计思维在移动电商中的应用

一、服务设计思维的核心理念与关键步骤

服务设计思维作为一种面向创新和用户体验的跨学科方法，近年来在各行各业中得到了广泛应用。它通过系统化的方式，强调在服务设计全过程中紧密关注用户需求与体验，从而构建能够满足市场与客户需求的服务体系。在移动电子商务快速发展的背景下，服务设计思维尤为重要，因为它不仅能帮助企业在产品设计阶段确保用户需求的精准捕捉，还能在服务交付过程中提升用户的参与感和满意度。

服务设计思维的核心理念是"以用户为中心"。这一理念要求服务设计不仅仅局限于单一的功能性需求，而是要全面考量用户在使用过程中各方面的情感、心理以及行为需求。这一方法从根本上改变了传统的服务设计方式，传统设计往往侧重于功能性和技术性的实现，而服务设计思维则在保证服务功能的基础上，致力于创造出能让用户高度参与且具有深度体验价值的服务环境。特别是在移动电子商务领域，随着智能手机和移动互联网技术的不断发展，用户的需求和期望也在发生快速变化，这要求服务设计能够灵活应对这些变化，并在服务的每一个环节中精准地把握用户的动态需求。

在应用服务设计思维时，通常包括几个关键的步骤，这些步骤并非线性地依次进行，而是构成互为联系、相互反馈的一个循环过程。在移动电子商务领域，这些步骤的实际应用不仅有助于服务的提升，也能增强企业的市场竞争力，尤其是在众多平台和产品同质化竞争愈发激烈的环境下。

第一个关键步骤是深入了解用户需求与痛点。服务设计思维要求设计者从用户的角度出发，尽可能全面地了解其需求和问题。在这一过程中，设计者需要根据大量的用户调研，包括定性和定量的用户行为分析、现场观察、深度访谈等，来全面了解用户的实际需求。尤其是在移动电子商务背景下，由于用户的移动设备使用场景和行为方式具有多样性和即时性，设计者必须充分考虑用户在不同情境下的使用需求，并通过数据分析准确地识别用户的核心痛点。例如，用户在使用移动电商平台时可能会遇到浏览速度慢、支付安全性差等问题，这些都是设计过程中需要特别关注的痛点。在这一过程中，设计者的任务不仅仅是收集数据，更是要深入挖掘潜在的用户需求，理解用户的情感和行为模式，并用系统化的视角进行归纳与总结。

第二个关键步骤是服务构思与创意生成。在这一阶段，设计者需要根据第一步收集到的用户需求和痛点，结合市场趋势与技术发展，提出具有创意性和解决问题能力的方案。这一过程强调创新和多样性，设计者需要在构思阶段考虑到各种可能性，并通过头脑风暴等方法激发创意。在移动电子商务的应用背景下，这一阶段的设计方案往往需要考虑如何整合智能化技术、数据分析能力以及移动端的便捷性，以便创造出符合用户期望的服务体验。例如，如何通过移动端的个性化推荐系统提升用户购物体验、如何通过移动支付优化支付环节、如何确保用户在快速浏览过程中能够得到最佳的信息呈现等，这些都是在创意生成阶段需要综合考虑的问题。

第三个关键步骤是原型设计与用户测试。在这一阶段，设计者需要将构思阶段的创意转化为实际的原型，并进行初步的测试与优化。原型设计不仅是简单的视觉呈现，更重要的是在设计过程中模拟用户的实际使用场景，检验服务方案的可行性与有效性。在移动电子商务领域，原型设计往往包括界面设计、功能设计以及交互设计等方面。在这一过程中，设计者需要通过用户测试来评估原型的效果，了解用户在使用过程中的感受和反馈。这一阶段尤为重要，因为它能够帮助设计者及时发现问题并进行调整，避免服务设计过程中出现脱离用户需求的情况。

第四个关键步骤是对设计方案的优化与实施。根据测试反馈，设计者需要对方案进行必要的调整和改进，确保最终的服务方案能够全面符合用户需求并具有高效的实施价值。在这一过程中，技术团队、产品经理以及市场团队的协作尤为重要，因为服务设计的最终落地不仅仅依赖设计本身的优化，还需要各方的共同努力来确保方案的顺利实施。在移动电子商务平台的服务设计中，技术团队需要确保平台能够承载高并发的用户请求，产品团队需要确保服务流程的顺畅，市场团队则需要通过市场调研和推广策略，确保服务能够被广泛接受并吸引用户参与。服务设计的一个重要环节是持续的评估与反馈机制。在移动电子商务领域，由于市场环境和技术不断变化，服务设计的优化不能是一次性完成的任务。服务设计思维要求在实施过程中持续收集用户反馈，并根据市场的变化不断调整服务内容和交付方式。这一反馈机制确保了服务能够在动态的市场环境中始终保持与用户需求的契合，帮助企业提升服务质量并保持长期的用户忠诚度。

服务设计思维作为一种以用户为中心的创新方法，通过一系列系统化的步骤，帮助企业在产品和服务的设计过程中不断优化用户体验。在移动电子商务领域，服务设计思维更是发挥着举足轻重的作用。通过深入了解用户需求、生成创意方案、测试与优化原型设计、协调方案实施，以及进行持续的评估与反馈，服务设计思维能够有效提升移动电子商务平台的用户体验，增强平台的市场竞争力，并推动行业持续地创新。

二、服务蓝图在电商中的设计与应用

服务蓝图是一种系统化的工具，用于描绘和分析企业与用户之间的服务交互过程。在电商行业，特别是移动电子商务领域，服务蓝图的设计与应用具有重要意义，它能够有效帮助企业理清服务流程、优化客户体验，并提升整体运营效率。随着移动互联网技术的快速发展，越来越多的消费者通过智能手机等移动设备参与到在线购物中，电商平台也逐渐从传统的PC端转向移动端。因此，移动电子商务的服务蓝图设计不仅涉及传统的客户接触点，还要考虑到移动设备特有的交互方式、信息流通的实时性及个性化需求的日益增长。

在移动电子商务的服务蓝图设计中，企业需要精准地梳理出用户在整个购物过程中的每一个接触点。接触点是用户在与企业进行交互时的关键时刻，这些时刻可能是用户第一次接触品牌时的广告浏览，也可能是在交易完成后的售后服务环节。对电商企业而言，理解每一个接触点的功能、作用及其对用户体验的影响是至关重要的。通过服务蓝图，企业可以全面地呈现这些接触点，进而帮助其识别用户在购物过程中可能遇到的问题、痛点以及需求的空缺，从而实施针对性的优化措施。

电商企业与用户之间的服务流程可以分为多个阶段，每个阶段都涉及不同的交互环节。移动电子商务的特点之一就是其高度的即时性和动态性，用户的购物需求和行为模式常常发生变化。在这种背景下，服务蓝图的设计不仅要关注传统的线性服务流程，还要考虑移动设备所带来的多维度、实时性和多样化的交互方式。例如，在浏览商品时，用户可能通过社交媒体、搜索引擎或推荐系统等多种途径发现商品并产生购买兴趣；在支付环节，用户通过各种支付工具进行交易；交易完成后，用户还会通过移动设备进行订单查询、评价、投诉等操作。这些都体现了移动电子商务中服务流程的多样性和复杂性。

服务蓝图的设计有助于电商企业在分析服务流程时，能够以一种系统化、结构化的方式呈现出服务的各个环节，以及企业在每一环节中所扮演的角色。具体而言，服务蓝图能够将前台服务与后台服务区分开来，明确服务人员的职责，并为每个环节提供相应的操作规范和技术支持。前台服务涉及用户直接感知的服务内容，如商品展示、订单处理、支付流程、客户咨询等；而后台服务则包括了订单管理、物流配送、数据分析等不直接为用户接触的服务内容。通过精细化的蓝图设计，企业能够在不同的服务环节中实施精准的操作和管理，从而实现服务质量的全面提升。

在移动电子商务的环境中，服务蓝图的设计要结合移动技术的特性进行调整。与传统的电商服务流程不同，移动电商往往需要考虑到设备的适配性、操作的便捷性以及多元化的支付方式等因素。在设计服务蓝图时，必须充分考虑到移动端用户的使用场景和心理需求。在商品浏览和选择过程中，用户在移动端的视觉体验与传统PC端有所不同，企业需要优化产品页面的布局，使其能够适应不同尺寸的屏幕，同时确保信息传达的清晰性和直观性；在支付环节，移动设备支持的多种支付方式，如二维码支付、指纹支付等，都需要在服务蓝图中有所体现，以满足用户对快捷和安全交易的需求。此外，随着大数据和人工智能技术的不断发展，移动电子商务的服务蓝图设计也要能够灵活地适应用户个性化需求的变化。在服务蓝图的构建过程中，企业可以根据用户行为数据进行实时分析，进而推送定制化的商品推荐、促销活动或服务内容。通过对用户数据的分析，企业不仅能够在用户的购物旅程中提供个性化的体验，还能够有效预测并满足用户的潜在需求。这种个性化服务的实现，离不开对服务流程中每个接触点的细致规划与优化，也依赖对移动技术的精准运用。

在电商企业的实际操作中，服务蓝图具有协调各部门工作，优化资源配置的作用。随着电商行业的竞争愈发激烈，企业不仅要关注用户体验，还要在保证服务质量的基础上提高效率、降低成本。通过设计科学的服务蓝图，企业能够清晰地识别出每个服务环节中的资源消耗和瓶颈问题，进而对流程进行合理的调整和优化。例如，在订单处理和物流配送环节，电商企业可以根据服务蓝图确定是否需要优化库存管理、提升配送效率，或通过合作伙伴提升物流服务的质量；在客服环节，企业通过蓝图明确服务人员的工作职责和服务标准，提升服务响应速度和问题解决效率。

移动电子商务的发展趋势要求服务蓝图设计能够动态调整和持续优化。随着新技术的不断涌现，用户需求和行为也在不断变化，这要求企业在设计服务蓝图时要具备灵活性和前瞻性。服务蓝图不应只是静态的工具，而应是一个随着时间推移和市场变化不断更新和优化的动态框架。随着人工智能技术在电商领域的广泛应用，服务蓝图的设计应考虑如何将智能客服、语音助手、自动化推荐系统等新技术融入服务流程中，以提升用户体验和操作效率。

在移动电子商务的竞争中，服务蓝图的有效设计与应用，不仅能够帮助企业清晰地识别用户接触点、优化服务流程，还能够通过提升用户体验、降低运营成本、增强品牌竞争力，为企业创造更大的商业价值。通过科学的服务蓝图设计，电商企业可以在复杂的市场环境中实现精细化管理，提升整体服务质量，增强客户黏性，进而在激烈的市场竞争中占据有利位置。因此，服务蓝图不仅仅是一个设计工具，它还是电商企业实现长期可持续发展的关键所在。通过不断优化服务蓝图，移动电子商务平台可以更好地适应用户需求的变化，提升企业的运营效率和市场竞争力，从而在快速发展的电商市场中取得成功。

三、跨部门协作与设计整合

在当今高度竞争的商业环境中，跨部门协作已成为企业在不断变化的市场中实现持续增长和创新的关键因素。尤其是在服务设计领域，如何通过有效的跨部门协作与设计整合来推动业务的整合和创新，已成为现代企业战略的重要组成部分。随着技术的快速发展，尤其是移动电子商务的蓬勃发展，企业的服务设计不仅仅局限于单一的部门或职能领域，而是需要各部门间的深度协作，通过设计整合来实现全方位的业务创新和客户体验优化。

跨部门协作在服务设计中的作用不仅是推动产品或服务的创新，更是促进企业整体战略目标实现的必要手段。通过将各个部门的专业能力、技术资源和市场视角相结合，企业能够更全面、准确地理解消费者需求，从而开发出更加符合市场需求的产品或服务。在这一过程中，跨部门协作的关键在于如何克服部门之间的沟通壁垒，打破信息孤岛，确保不同职能团队能够围绕共同目标有效整合资源、信息和技术，以实现服务设计的最大效益。

移动电子商务的发展为跨部门协作与设计整合提供了全新的机遇与挑战。移动电子商务作为一种新兴的商业模式，依托于移动互联网技术的发展，正在逐渐改变传统商业运作的方式。随着智能手机的普及和移动支付技术的成熟，消费者的购物方式发生了深刻变化。企业在设计服务时，必须考虑到这一转变对消费者行为、购买决策以及用户体验的深远影响。因此，服务设计不再是简单的产品或服务开发，而是一个涉及多个部门的复杂协作过程，特别是涉及产品研发、市场营销、信息技术、物流、客户服务等多个职能的协调配合。

在跨部门协作的过程中，服务设计的核心目标是通过整合各个部门的专业知识和资源，搭建一个协同工作的平台，以更好地满足客户需求并提升客户体验。在这一过程中，设计整合不仅是将不同的业务模块进行技术上的融合，更是在理念和战略层面上实现部门间的深度对接和协同。以移动电子商务为例，设计整合涉及的部门可能包括IT部门、产品开发部门、营销部门、客户服务部门等。各部门在服务设计过程中需要协调一致，确保每一个环节都能够与整体服务战略和客户需求保持一致。

移动电子商务本身的特性决定了服务设计必须具备高度的灵活性和适应性。服务设计不仅要考虑如何满足消费者的基本需求，还要能够迅速响应市场的变化，提供个性化的服务体验。为了实现这一目标，各部门的紧密协作显得尤为重要。IT部门需要为移动电子商务平台提供稳定的技术支持和创新功能，确保平台的运行效率和用户体验；产品开发部门需要根据市场需求和技术趋势设计出符合消费者偏好的产品和服务；营销部门则要通过精准的数据分析，制定个性化的营销策略，以提升用户的参与度和忠诚度；客户服务部门则需要为消费者提供快速、高效、个性化的售后服务，增强消费者的满意度和品牌忠诚度。此外，随着大数据、人工智能等技术的应用，跨部门协作的深度和广度也在不断扩大。通过数据共享和技术整合，各部门能够实时获取市场动态和消费者行为数据，从而在服务设计过程中做出更加精准的决策。尤其是在移动电子商务环境下，消费者的需求变化往往非常快速和多样，传统的单一部门或职能的决策模式往往无法满足市场的需求。因此，各部门需要通过数据和技术的深度融合，在服务设计过程中实现精准的用户画像分析、个性化推荐、实时调整等功能，从而提升整个服务体系的灵活性和适应性。

　　服务设计的成功不仅仅依赖各部门之间的协作与整合，还需要企业领导层对跨部门协作的重视和支持。在移动电子商务的背景下，企业的领导者需要有前瞻性的视野和战略眼光，能够准确判断市场趋势和技术变化，并为跨部门协作提供足够的资源和保障。这包括为不同部门提供必要的沟通平台和协作工具，鼓励跨部门之间的知识共享和信息流通，同时通过有效的激励机制促进各部门的协同工作。通过这种全方位的支持和推动，企业能够在跨部门协作的过程中实现真正的设计整合，提升整体业务效率和市场竞争力。

　　除技术层面的协作和整合，跨部门协作在服务设计中的另一个关键因素是文化和理念的融合。在一个多元化的企业环境中，不同部门之间可能存在不同的工作方式、思维模式和价值观念，这种文化差异可能会成为跨部门协作的障碍。因此，在推进服务设计的过程中，企业不仅要注重技术和资源的整合，还要着力于推动部门间文化的融合。通过建立共同的目标导向和服务设计理念，企业能够帮助员工跨越部门边界，形成更加紧密的工作协同和创新氛围。

　　跨部门协作与设计整合在服务设计中的作用不容忽视，尤其是在移动电子商务迅猛发展的背景下。随着技术和市场需求的不断变化，企业必须打破传统的部门壁垒，通过深度协作与整合，实现产品和服务的创新。在这一过程中，设计整合不仅是一个技术或流程的问题，更是战略、文化和管理层面的全面协同。只有在各个部门的紧密合作下，企业才能够真正提升服务设计的价值，满足日益复杂的市场需求，并在激烈的竞争中脱颖而出。

第三节　智能化服务与客户交互优化

一、智能化服务的应用场景

随着移动互联网技术的迅猛发展，智能化服务在各行各业中得到了广泛应用，尤其在移动电子商务领域，其作用愈加突出。智能化服务不仅推动了技术的进步，也在根本上改变了消费者的购物体验和企业的运营模式。在这个背景下，人工智能技术的逐渐成熟使得智能客服、智能推荐以及个性化推送等服务成为移动电子商务的重要组成部分。这些智能化服务通过深度学习、大数据分析等技术手段，帮助企业在提升用户体验、优化运营效率、增强竞争力等方面取得了显著成效。

智能客服作为智能化服务的一个核心应用，其作用在于通过自动化手段解放人工客服的劳动力，并实现全天候、无时差的客户服务。传统的客服模式往往依赖大量人工投入，其服务范围和时效性受到限制。随着人工智能技术的引入，智能客服不仅能够在较短时间内处理大量的客户咨询，还能够通过自然语言处理技术，准确理解并回答客户的提问，大幅提升了服务效率和客户满意度。智能客服系统通过对用户咨询内容的分析，能够提供即时、精准的回复，减少了人工客服的负担，使其能够将更多的精力集中在处理更为复杂和高端的问题上。此外，智能客服系统还能够进行自我学习和迭代，通过分析大量用户交互数据，不断提升其服务质量和响应能力。这一转变对于移动电子商务平台尤为重要，因为电商平台通常面临着庞大的用户群体和海量的用户咨询需求，智能客服的引入无疑大幅提升了平台的服务能力。与此同时，智能推荐系统的普及也为移动电子商务的发展注入了新的活力。基于用户的历史浏览和购买记录，结合大数据分析和机器学习算法，智能推荐系统能够精准地预测用户的兴趣爱好，并实时为其推送相关商品或服务。与传统的静态推荐方式不同，智能推荐系统能够根据用户的实时行为动态调整推荐内容，从而提高了用户的购物转化率。对于移动电子商务平台而言，个性化推荐不仅能够增强用户的黏性，还能够在激烈的市场竞争中提升平台的差异化竞争力。通过精准推荐，电商平台能够在海量商品中为用户呈现出最符合其需求的商品，从而提高用户的购物体验。值得注意的是，智能推荐系统的成功实施依赖对用户数据的精准分析和对用户行为的深刻理解，因此如何在确保用户隐私的前提下进行数据采集和分析，是当前智能推荐技术发展中的一个关键问题。

在智能化服务中，个性化推送作为一种更为细化的用户服务手段，已成为移动电子商务平台不可忽视的竞争工具。个性化推送通过对用户行为数据的挖掘与分析，实现了信息的精准传递，让商家能够在最合适的时间，以最合适的方式向用户推送最合适的内容。这种方式能有效提高用户参与度和购买转化率。尤其在移动互联网时代，用户注意力非常有限，借助个性化推送帮助用户在短时间内获取最符合其需求的信息，可大幅提升用户的购买决策效率。个性化推送的形式也日益丰富，包括但不限于短信推送、App推送、社交媒体推送等，这些推送方式能够依据不同用户群体的特点灵活调整，进一步增强服务的针对性和有效性。

在智能化服务的应用中，技术的革新推动了传统业务模式的转型升级，然而，如何有效地整合和利用这些智能化服务，仍是企业面临的一个重要挑战。移动电子商务的核心竞争力不仅体现在其产品和服务本身，还体现在其能够通过高效的智能化手段提供差异化的用户体验。智能化服务的应用，尤其是智能客服、智能推荐和个性化推送等技术，能够在保证服务质量的同时，降低企业的运营成本，提高其市场反应速度。在这种背景下，企业的运营模式逐渐向智能化、数字化方向转型，如何通过精确的数据分析和智能算法优化业务流程，提升用户体验，成为行业竞争的关键。然而，智能化服务的广泛应用也带来了数据安全与隐私保护等一系列问题。随着智能客服、智能推荐以及个性化推送等服务对用户数据的深度依赖，如何确保这些数据的安全性和合法性，如何在使用数据时遵循伦理和法律的要求，成为各大电商平台和技术提供商亟待解决的重要课题。在数据采集、存储、传输和处理的过程中，企业必须采取一系列严格的安全措施，防止用户信息泄露或滥用，同时要严格遵守相关法律法规，如《中华人民共和国数据安全法》和《中华人民共和国个人信息保护法》等，以确保智能化服务的健康发展。此外，用户的隐私保护需在技术层面和法律层面得到双重保障。在设计智能化服务时，企业需充分考虑如何平衡服务创新与用户隐私之间的关系，从而避免因数据安全问题带来的声誉损害。

随着技术的不断发展，智能化服务的应用场景将会不断扩展，未来可能还会出现更多创新的智能化服务形式。例如，通过人工智能技术进一步提升用户交互的自然性和流畅性，或者通过智能硬件设备进一步提升用户体验的沉浸感。此外，人工智能与物联网、大数据、5G等新兴技术的结合，可能会进一步推动智能化服务的多样化和深度化，使得服务更加个性化、智能化和实时化。在这种发展趋势下，移动电子商务平台不仅要通过现有的智能化服务提升用户体验，还需要时刻关注技术发展的前沿动态，积极布局未来可能出现的创新技术和服务，以保持其在市场中的竞争优势。

智能化服务，特别是在 AI 客服、智能推荐和个性化推送等领域的应用，正在为移动电子商务行业带来深刻的变革。通过这些智能化手段，电商平台不仅提升了服务效率和客户满意度，也实现了更精准的市场定位和资源配置。然而，随着技术的不断进步，如何在优化服务的同时确保数据安全与隐私保护，如何利用前沿技术进一步提升智能化服务的智能化和个性化程度，将是未来电商平台面临的主要挑战。在未来，智能化服务将在移动电子商务行业中扮演越来越重要的角色，并推动这一领域的持续创新性发展。

二、客户交互优化的设计路径

在现代电子商务的迅猛发展中，移动电子商务作为一种新型的商业模式，已经在全球范围内得到广泛应用。随着智能手机的普及和网络技术的不断发展，消费者逐渐倾向于通过移动设备进行购物与交易。与此同时，用户体验的提升成为影响移动电子商务成功的关键因素之一。尤其是在客户交互优化方面，如何通过精准的用户反馈和持续优化交互策略来构建高效的客户关系和提高用户满意度，成为移动电子商务平台必须面对和解决的重要问题。因此，客户交互优化的设计路径逐渐成为移动电子商务领域研究的热点之一。

客户交互的优化过程是一个持续且动态的过程，它不仅依赖用户的主动反馈，还包括平台对这些反馈的有效分析与响应机制。传统的电子商务平台多以网页为主要载体，但在移动电子商务的背景下，用户交互方式发生了显著变化，用户界面更加简洁、交互方式也更为便捷，随着移动技术和人工智能的不断进步，用户的需求也越来越复杂。因此，如何在此基础上对交互策略进行有效优化，使之能够不断适应市场变化和用户需求，成为企业面临的重要课题。

从用户反馈到交互策略的优化是一个闭环流程，涵盖了用户体验的多个维度。用户反馈作为核心信息来源，是推动交互策略优化的关键。用户反馈的形式多种多样，包括但不限于直接的用户评价、社交媒体上的互动评论、在使用过程中遇到的问题及困难，以及通过数据分析提取的用户行为轨迹等。对移动电子商务平台而言，获取用户反馈并进行分析是优化交互策略的第一步。通过数据分析，可以识别出用户在交互过程中的痛点与需求，例如在哪些环节产生了用户流失，哪些操作步骤耗时过长或导致用户产生挫败感等问题。获取用户反馈之后的下一步是对反馈信息进行深入分析，并结合大数据技术与人工智能算法，识别出用户的需求趋势和行为模式。随着大数据时代的到来，消费者行为的复杂性和多样性促使移动电子商务平台必须更加注重数据的挖掘与分析。通过大数据分析，可以获得用户在使用过程中的全面画像，帮助平台了解用户的兴趣、偏好、购买习惯以及使用设备的环境因素等。这一阶段的关键是通过智能算法对用户反馈数据进行精准分类与分析，从而洞察潜在的用户需求，并基于此设计更加符合用户期望的交互策略。

在此基础上，交互策略的优化需要依托技术手段的不断创新与应用。例如，引入人工智能技术，能让平台在用户交互过程中实时动态调整，提供个性化推荐和定制化服务。移动电子商务平台可通过机器学习算法对用户行为进行学习，并不断优化交互界面和操作流程，从而提供更加流畅和高效的购物体验。增强现实技术和虚拟现实技术的应用，也为移动电子商务的交互方式带来了革命性的变化。用户不仅可以通过触摸屏进行简单操作，还可以通过语音、手势或视觉感知来与平台进行互动，从而极大地提升了用户的沉浸感和参与感。与此同时，移动电子商务的交互策略优化还需充分考虑多元化的用户需求以及不同用户群体的特点。在用户群体的多样性和需求的个性化日益显著的今天，企业需通过精确的市场细分制定个性化交互策略。不同的用户群体对于界面设计、功能使用以及商品推荐等方面的需求有所不同，企业必须基于大数据分析，依据用户的历史行为和偏好，设计出符合其需求的定制化交互体验。这不仅有助于提升用户黏性，增加平台的回访率，还能让平台在激烈的市场竞争中脱颖而出。

移动电子商务平台在实施交互策略优化的过程中收集用户的反馈信息，不仅仅是为了改进现有的服务，更是为未来的发展方向提供指导。通过长期积累的用户数据，平台可以形成更加科学的产品规划和市场策略。在这个过程中，用户的参与感会不断提升，忠诚度也会逐渐增强，平台与用户之间的关系也会越来越紧密。平台不仅要在每一次的交互过程中优化用户体验，更要通过分析每次交互数据的背后信息，挖掘出用户的潜在需求，从而为未来的策略调整和创新奠定基础。

除技术手段与数据分析外，交互设计的优化还需融入人性化设计的理念。移动电子商务平台在设计交互策略时，不仅要关注操作的便捷性和流程的简化，还要在视觉呈现和信息传递方面做到清晰、精准，符合用户认知习惯。色彩搭配、字体大小、按钮布局、导航栏设计等细节因素，虽然看似微不足道，但往往能直接影响用户的操作体验和心理感受。人性化的交互设计不仅能提高用户的满意度，还能增强用户的信任感与品牌忠诚度，这对于移动电子商务平台的长期发展至关重要。此外，跨平台的客户交互优化也是移动电子商务中不可忽视的重要环节。随着用户接触移动电子商务的方式日益多样化，用户不仅在手机上进行购物，还可能通过平板、智能穿戴设备等多种平台与服务进行互动。因此，如何保证不同平台之间的一致性和协同性，使得用户在跨设备使用时能够体验到无缝衔接的交互体验，成为交互优化设计的重要考量。无论是平台的功能设计、界面适配，还是数据同步，跨平台的一致性设计都能有效增强用户的使用黏性和品牌忠诚度。

移动电子商务中的客户交互优化设计路径，不仅是一个依靠技术和数据分析的过程，还包含了对用户需求的深刻理解和对未来发展趋势的预见。通过从用户反馈到交互策略的闭环优化，平台能够持续提升用户体验，增强用户的参与感和忠诚度，从而在竞争激烈的市场中脱颖而出。随着技术的不断发展和市场的不断变化，未来的客户交互优化将更加智能化、个性化和人性化，最终实现用户与平台之间的良性互动与共同发展。

三、数据驱动的服务改进方法

在当今移动电子商务的快速发展中，数据已成为推动企业创新和提升服务质量的重要资产。随着信息技术的飞速发展，尤其是移动互联网和大数据的广泛应用，通过对用户行为数据的精准分析，企业不仅能深入了解消费者需求，还能在个性化服务、营销策略和客户体验方面做出更加精准的决策。通过对用户行为数据的深入挖掘与分析，企业能够实现服务质量的持续优化，从而提高消费者的满意度与忠诚度。

在移动电子商务的背景下，用户行为数据的采集与分析，为企业运营提供了更为丰富的信息来源。与传统的零售模式相比，移动电子商务能够实时追踪消费者的各类行为，如点击、浏览、购买、评价等。这些数据不仅是企业开展市场研究的重要依据，也是进行个性化服务设计与精准营销的基础。用户在移动端的操作行为、偏好选择以及与平台互动的频次，都为企业提供了丰富的行为数据，这些数据反映了消费者的需求和习惯，从而为后续的服务优化提供了有力支持。

在理解用户需求的过程中，数据分析技术的应用显得尤为关键。随着数据处理能力的提升，企业可以借助先进的机器学习和数据挖掘技术，从海量的数据中提取出潜在的用户行为模式。这些技术不仅能够揭示用户在平台上浏览、点击的规律，还可以通过分析消费者的历史购买记录、兴趣偏好和社交媒体互动等，进一步推测用户的需求变化趋势。在此基础上，企业能够精准识别目标消费者群体，进而为其量身定制服务与产品，提升服务的个性化水平。

在移动电子商务的服务改进中，数据驱动的精准营销成为一个重要的策略。通过对用户行为数据的深入分析，企业能够在用户还未明确表达需求时，通过预测其可能的兴趣和购买意图，主动推送相关产品与服务。这一过程的核心在于通过对用户的历史行为进行数据建模，从而对其未来的行为进行有效预测。精准推送不仅提升了用户的购买意愿，也增加了服务的相关性与时效性，避免了信息过载和无效干扰，从而大幅度提升了用户体验。

在移动电子商务的服务改进过程中，用户行为数据的采集与分析不仅是营销优化的核心，也是提升客户关系管理系统功能的重要手段。通过对用户的全程行为数据进行整合与分析，企业能够准确了解每一位消费者的生命周期，从而为其提供有针对性的服务。客户的生命周期管理通过对用户在不同生命周期阶段的行为分析，帮助企业识别用户的需求变化，及时调整服务策略。通过这种数据驱动的服务改进方法，企业能够在激烈的市场竞争中占据优势，保持与用户的长期关系。

除了精准营销和客户关系管理，用户行为数据还能在个性化推荐系统中发挥重要作用。个性化推荐系统已成为移动电子商务平台中常见的服务改进工具。通过对用户行为数据进行分析，个性化推荐系统能够在用户登录平台的第一时间，为其推荐符合个人兴趣的商品或服务，从而提升用户的购买体验。在这一过程中，个性化推荐系统利用协同过滤、内容分析、深度学习等技术对用户行为进行分析和建模，进而通过算法不断优化推荐结果。随着个性化推荐系统的不断成熟和优化，用户在平台上的参与度、转化率以及整体满意度均得到了显著提升。

随着消费者对服务质量要求的不断提高，企业需要不断改进服务体验以满足多样化的需求。移动电子商务平台能通过对用户行为数据的实时监控，及时发现服务中存在的问题，并做出相应调整。这种基于数据的动态优化方法，使得服务的提升不仅是静态的，更是持续进行的。数据的实时反馈机制使得企业能够在最短的时间内识别并响应用户的需求变化，从而使服务更具灵活性与适应性。值得一提的是，随着人工智能技术的应用，数据驱动的服务改进逐渐进入了更加智能化的阶段。通过人工智能技术，企业可以对大量的用户行为数据进行更加精准的分析与预测，进一步提升服务的智能化水平。人工智能技术在用户需求预测、行为分析、个性化推荐等领域的应用，提升了数据处理效率，并加强了数据与用户需求之间的匹配度。智能化的数据分析不仅使得服务更具个性化，也为企业创造了更高的商业价值。

用户行为数据在移动电子商务中的应用，已成为提升服务精准性、优化用户体验、增强市场竞争力的重要手段。通过对用户行为数据的实时采集与深入分析，企业可为消费者提供更加精准的服务和产品推荐，从而提高消费者的购买转化率和满意度。在这一过程中，数据驱动的服务改进方法不仅能帮助企业优化营销策略、提升客户关系管理水平和个性化服务质量，还能增强企业对市场动态的敏感性和适应能力。

第四节 用户留存与满意度提升策略

一、用户留存的关键指标与数据监测方法

在现代移动电子商务的运营过程中,用户留存率被广泛认为是平台成功与否的重要标尺。留存率直接反映了用户对平台的忠诚度和依赖度,是衡量平台长期健康发展和可持续性的重要指标之一。相较于传统电商平台,移动电子商务平台用户行为更复杂多变,加之智能手机等便捷设备的普及,用户注意力易分散,导致用户流失率较高。为了提高用户留存率,平台需要通过对关键数据指标的监测与分析,获得用户行为的深刻洞察,并基于此调整其运营策略。

(一) 用户留存率的测量与影响因素

用户留存率是指在特定时间段内,仍然活跃并与平台持续互动或消费的用户占总用户数的比例。这一指标对于评估移动电子商务平台的长期价值至关重要。留存率的高低反映了平台对用户需求的满足程度以及用户对平台的认同度和黏性。

用户留存率受多种因素影响,其中最为关键的包括平台的产品或服务质量、用户体验、个性化推荐的准确性以及平台的运营策略。用户留存率往往与活跃度和转化率相互关联,高留存率的用户群体通常表现出较强的活跃度和较高的购买频次,从而促进平台的整体增长。

在进行用户留存率分析时,平台应根据不同的时间维度(如日、周、月等)来评估用户的流失率与活跃情况。同时,平台还应区分新用户与老用户的留存情况,这是因为老用户往往在留存率和转化率的提升中起到更为关键的作用。

(二) 活跃度的量化与优化

活跃度通常通过日活跃用户数(daily active users,DAU)和月活跃用户数(monthly active users,MAU)来衡量。这些指标不仅能反映用户的活跃频率,还可间接反映平台对用户需求的满足程度。高活跃度往往意味着平台具备较强的用户黏性和较高的用户参与度。平台可通过持续的用户激励和个性化推荐,进一步提升用户活跃度,进而带动整体留存率增长。

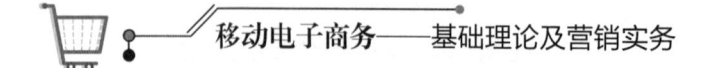

活跃度和留存率之间存在高度的正相关关系。留存率较高的用户群体往往在平台上进行频繁的交互，形成了相对稳定的用户基础。为了提升活跃度，平台可以通过多种策略进行干预。例如，增强平台的互动性，推送个性化内容和促销活动，或者在用户首次使用后，设置清晰的引导流程，以确保用户能够持续发现平台的价值。

（三）转化率的提升与关联性

转化率是指用户从浏览产品到完成购买或采取其他预定目标行为（如注册、下载等）的比例。在移动电子商务平台上，转化率的提升通常意味着平台能够有效地将潜在客户转化为实际消费者，进而推动平台的收益增长。

转化率与用户留存密切相关。高留存率的用户群体在平台上具有较高的参与度，这使得他们在转化过程中更加倾向于完成交易或其他目标行为。因此，提升留存率和活跃度，直接有助于提高转化率。平台可以通过简化购物流程、提升支付便捷性、加强个性化推荐等方式来进一步提高转化率。

（四）数据监测方法的应用

欲提升用户留存率、活跃度和转化率，需借助科学的数据监测与分析方法。通过精确的数据采集和分析，平台能够实时洞察用户行为，及时发现用户流失的潜在原因，进而调整运营策略以提高留存率和转化率。以下是几种常见的数据监测方法及其在移动电子商务中的应用。

1. 用户行为追踪

用户行为追踪技术是指通过采集用户在平台上每一次操作的数据，来分析用户的行为模式。这些数据包括但不限于页面浏览记录、点击次数、停留时间、跳出率、购买路径等信息。通过对这些行为数据的深入分析，平台能够识别出哪些因素影响了用户留存，哪些环节导致了用户流失，从而有针对性地进行优化。

通过用户行为数据追踪，平台可以进一步洞察用户的需求和痛点。例如，如果平台发现用户在某一环节频繁放弃购物车，可能是因为支付流程烦琐或物流信息不透明，这时平台可以通过简化支付流程或优化物流信息展示来提高转化率。此外，用户行为追踪也有助于平台了解用户的兴趣偏好，从而推动个性化推荐系统的优化。

2. A/B 测试

A/B 测试是一种常见的数据分析方法，通过将用户分成两组，分别体验不同的功能或界面，进而对比其效果。这种方法特别适用于小范围内的实验，可以帮助平台评估不同设计对用户留存率和转化率的具体影响。

A/B 测试可以应用于多种场景，例如测试不同的页面布局、按钮设计、商品推荐算法等。通过收集两组用户的行为数据，平台能够明确哪个版本的设计能够带来更高的转化率或更长的用户停留时间，从而选择最佳方案进行全面推广。

3. 用户反馈分析

用户反馈分析通过收集用户评价、评论、客服咨询等信息，帮助平台了解用户的真实需求与痛点。用户的评价和评论可以揭示平台在产品质量、服务质量、功能设计等方面的优劣，从而为优化平台提供重要依据。

平台应建立完善的用户反馈机制，及时响应用户的问题和建议。在数据收集和反馈分析的基础上，平台可以优化服务流程、改善用户体验，从而提升用户满意度和忠诚度。通过定期分析用户反馈，平台还可以预测用户的需求趋势，进一步优化产品与服务，增强市场竞争力。

4. 社交平台数据分析

随着社交媒体的普及，社交平台成为用户与平台互动的重要途径。通过分析用户在社交平台上的评论、点赞、分享等行为，平台可以获得关于用户偏好和需求的重要信息。社交平台的互动数据不仅能够帮助平台进一步优化用户画像，还能够为平台提供关于市场趋势和竞争态势的深刻洞察。例如，平台可以通过分析用户在社交媒体上的讨论内容，了解他们对平台产品的真实感受，进而调整产品策略或市场营销方案。社交平台的用户数据也能够为个性化推荐系统提供更多参考，帮助平台为用户提供更具吸引力的服务。

（五）数据驱动的运营决策

随着数据分析技术的进步，移动电子商务平台逐渐向数据驱动的运营模式转型。通过实时的数据采集与分析，平台可以快速响应市场变化，调整运营策略，优化用户体验，从而提升用户的留存率和活跃度。

在数据驱动的运营模式下，平台需要具备强大的数据分析能力，并能够灵活调整策略以应对市场和用户行为的变化。平台可以利用大数据分析，预测用户需求，制定个性化的营销策略，提升用户体验并提高转化率。此外，通过数据监测与反馈机制，平台可以持续优化产品与服务，提高用户的忠诚度和平台的市场竞争力。

（六）持续优化与市场适应性

移动电子商务的市场环境瞬息万变，用户需求和行为也在不断发生变化。因此，平台必须持续进行数据监测与分析，确保运营策略始终与用户需求保持一致。在这一过程中，平台不仅要关注用户留存率、活跃度和转化率等核心指标，还需要关注数据背后所反映的更深层次的市场趋势和用户需求变化。通过灵活的策略调整和快速响应，平台能够在激烈的市场竞争中脱颖而出，确保其长期的增长和可持续发展。

通过上述监测方法和数据分析，移动电子商务平台可以实现对用户行为的精准掌控，优化用户体验，从而在激烈的市场竞争中保持竞争力。平台的成功不仅依赖技术创新和产品优势，还需要基于对用户需求的深刻理解和对数据的有效利用。

二、提升用户满意度的体验优化策略

在当今移动电子商务快速发展的背景下，提升用户满意度已成为电商平台实现长期可持续增长的核心因素。随着技术的进步、市场环境的变化以及用户需求的多样化，消费者对购物体验的期望逐渐向个性化、便捷性及情感化发展。在这样的市场环境中，如何有效提升用户满意度，优化用户体验，已成为企业获得竞争优势的关键。

（一）产品功能优化与用户体验提升

产品功能的设计与优化是任何电商平台的基础，是提升用户满意度的前提。现代移动电子商务平台不仅要提供传统电商平台所具备的基本功能，还应加入更多符合用户需求的创新功能，从而满足消费者在购物过程中对便捷、高效、智能化的需求。

1. 高效的搜索与导航功能

在移动电子商务平台上，搜索功能是用户与平台之间最直接的交互入口。用户通过搜索引擎能够快速找到自己需要的商品。为了提升用户体验，平台需要优化搜索算法，确保搜索结果准确、相关，并且响应灵敏。例如，智能搜索技术可以根据用户的历史行为、兴趣爱好和地理位置等信息提供个性化搜索结果，减少用户在平台上无效信息的搜索时间，从而提升用户的购物效率。

2. 顺畅的支付与结算过程

移动电子商务的核心之一是便捷的支付过程。支付过程是否流畅，直接影响用户的购物体验。如果支付过程烦琐或者不够安全，用户可能会因为不便而放弃购物。因此，平台应当优化支付流程，简化支付步骤，并为用户提供多种支付方式，如银行卡支付、移动支付（如支付宝、微信支付等）、信用支付以及分期付款等。此外，支付过程中的安全性是用户体验的重要考虑因素，平台应加强支付环节的数据加密与信息保护，提升用户对平台的信任度。

3. 智能化的购物车管理

购物车是用户购物过程中的一个关键功能，尤其是在移动电商中，便捷且高效的购物车管理功能至关重要。智能购物车能根据用户的购物历史、浏览记录等信息，为用户提供精准的商品推荐。此外，平台应提供便捷的购物车修改和清空功能，优化购物车中的商品分类和展示方式，从而减少用户在购物过程中的时间成本，提升平台的整体黏性。

（二）情感化服务的提升

随着市场竞争的加剧，单纯依赖产品本身的优势已经不足以满足用户日益增长的需求。服务情感化不仅是对用户需求的延伸，更是建立用户长期忠诚度的重要手段。消费者不仅希望通过平台获取物质上的满足，更期待在购物过程中能够感受到情感上的关怀与认同。

1. 品牌形象与情感共鸣

品牌形象的塑造在提升用户满意度方面发挥着至关重要的作用。品牌不仅仅是产品的代名词，还代表着消费者的身份认同和情感归属。平台可以通过提升品牌文化、传递品牌理念以及树立品牌个性，来拉近与用户之间的情感距离。例如，通过社会责任感的体现，如绿色环保、公益活动等，商家能够在情感上与消费者建立深厚的联系。这不仅能提升用户的忠诚度，还能增强平台的长期竞争力。

2. 个性化服务与用户关怀

基于大数据分析，平台能够深入了解每一位用户的兴趣偏好与消费习惯，从而提供个性化的服务和建议。个性化的购物推荐不仅能提升用户体验，还能增强用户对平台的归属感与信任感。此外，平台还可以通过智能客服、自动化推送等技术，及时响应用户诉求，进一步提升用户的满意度。例如，在用户浏览某一产品后，平台可以通过短信、邮件等方式提醒用户促销活动或相关商品的推荐，使用户感受到平台对其需求的高度关注。

3. 即时响应与互动服务

移动电子商务平台的另一优势是能够实现灵活、即时的互动服务。传统电子商务平台多以单向信息流通为主，而移动平台通过即时通信工具、社交化功能和互动式推荐系统等手段，提升了与用户之间的互动质量与频率。这种互动并非局限于产品层面的咨询，而是扩展到用户与平台之间的情感交流。例如，平台可以通过在线客服、实时反馈、社交化互动等方式，快速响应用户的疑问和反馈，增强平台的亲和力与用户的忠诚度。

(三) 个性化与互动服务的优化

个性化服务的优化已成为移动电子商务平台提升用户满意度的重要策略之一。在移动互联网环境下，平台可以通过对用户行为数据的分析，精确描绘每一位用户的消费画像，并提供量身定制的购物建议与体验。

1. 精准的个性化推荐系统

基于大数据分析与人工智能技术，平台可以对用户的行为数据进行深度挖掘与分析，从而为用户提供更加个性化的购物推荐。个性化推荐不仅能提高商品的曝光度，还能增强用户的购物体验与满意度。通过了解用户的购买历史、搜索习惯、浏览记录等，平台可以精准推送符合用户兴趣的商品或服务，从而提升购买转化率。

2. 社交化功能与用户互动

移动电子商务平台的社交化功能极大地提高了用户的参与感和互动性。通过引入社交网络功能，平台可以促使用户之间进行交流、分享与推荐，从而提高平台的活跃度与用户黏性。例如，平台可以通过用户评价、晒单、评论等功能，激励用户参与到平台的社交互动中。同时，用户可以在平台上与其他消费者分享购物心得、商品使用经验，从而增强平台的社区氛围和用户的归属感。

(四) 数据驱动的用户体验优化

随着信息技术的不断发展，大数据和人工智能技术在平台的应用，已成为提升用户满意度的重要手段。平台通过对用户行为数据的收集、存储和分析，能够实时跟踪用户的购物需求与行为变化，从而优化平台的各项功能与服务。

1. 大数据分析与用户画像

大数据技术的应用使得平台能够通过对用户数据的深度挖掘，建立用户画像，了解用户的兴趣、习惯、购买能力、偏好等各方面信息。这些信息可以为平台的精准营销、个性化推荐、动态定价等策略提供支持。同时，通过实时分析用户的行为数据，平台可以及时调整商品推荐、价格策略以及营销活动，从而提升用户的购物体验和满意度。

2. 人工智能与智能服务

人工智能技术的广泛应用，使得平台能够在用户体验的多个环节提供智能化服务。例如，通过语音识别、自然语言处理等技术，平台可以为用户提供智能客服、语音购物等创新服务，进一步提升平台的互动性与便捷性。此外，人工智能还能够通过预测用户的需求，自动化推送优惠券、促销信息等，帮助平台实现精准的市场营销。

（五）跨平台体验一致性的保障

随着移动设备和PC端的普及，用户的购物需求不再局限于单一终端。为了提供优质的用户体验，平台需要确保在不同终端之间提供一致的体验。

1. 跨平台设计的一致性

在移动设备、桌面设备和其他智能设备之间切换时，用户期望能够体验到无缝衔接的服务。为此，平台应注重跨平台的一致性，确保在不同设备上的功能设计、界面布局和用户体验的一致性。这不仅能增强用户的购物便利性，还能提升品牌的可信度和用户的忠诚度。

2. 数据同步与多设备支持

在跨平台使用的过程中，数据同步是一个重要的技术挑战。平台应确保用户在不同设备间切换时，能够实现购物数据、购物车、支付信息等内容的同步更新，以确保用户能够在任何设备上继续其购物过程，而不必重复操作。通过无缝的数据同步，用户能够更加灵活地使用平台，从而提升其满意度和平台黏性。

第五节　案例分析：美团的移动端服务体验与营销策略

美团在中国的移动电子商务领域取得了显著成就，特别是在O2O（线上到线下）平台的运营上，展现出了强大的竞争力。其成功的背后，既有庞大的用户基础和丰富的服务种类，也离不开其精细化的移动端服务体验设计和精准的营销策略。通过优化移动端用户体验，美团不仅提升了用户的黏性，还成功增强了用户的满意度，进一步积累了忠实的用户群体。美团的平台不仅是一个单纯的外卖或服务预订工具，更是一个集购物、娱乐、社交于一体的综合性移动电商平台，吸引了无数消费者的参与，并通过不断优化用户体验，开展精准营销，使其在激烈的市场竞争中脱颖而出。

美团的移动端设计注重极简风格和高效的操作流程，用户在使用时不会被烦琐的界面或冗余的操作步骤所困扰。平台通过对用户行为的深度分析，在每一个环节中都能为用户提供简洁而流畅的操作体验。例如，在外卖订餐过程中，用户只需简单地输入需求、选择菜品、确认订单，支付后即可完成整个过程。每一项操作都可以通过快速的响应和便捷的界面设计来完成，从而减少了用户的等待时间，提升了整体的购物体验。美团还根据服务类型的不同，优化了移动平台中的布局，使得用户在浏览不同的服务时，能够快速识别所需的功能并执行相应操作。例如，在选择旅游服务时，用户能够快速获取推荐景点、酒店信息和其他用户的评价，这一设计有效提高了用户的决策效率。

为了进一步增强用户体验，美团利用大数据分析技术，对用户的消费习惯、浏览历史等数据进行深入挖掘。通过这些数据的分析，美团能够精准了解用户的需求和偏好，从而为每个用户推送个性化的商品和服务推荐。用户不仅能够在平台中快速找到符合自己兴趣和需求的商品，而且在收到推送的推荐信息时，更容易产生购买的冲动。这种精准化的个性化推荐系统，使得美团能够通过定向营销提高用户的购买转化率，同时减少了用户在平台上无效浏览的时间，优化了用户的购物路径。

除了在用户体验方面的努力，美团的营销策略同样具有高效性与精准性。社交化营销的应用是美团成功的一个重要因素，平台通过团购、拼团等社交功能将消费者的社交行为与购买决策紧密结合。用户可以通过邀请朋友参与拼团或团购，享受比单独购买更为优惠的价格。这种基于社交关系的营销策略，不仅增加了用户的参与感，还激发了他们分享平台信息的动力，从而帮助平台扩大了用户基数，提升了品牌曝光率。社交化营销有效地利用了用户之间的社交网络和口碑效应，借助朋友推荐和社交传播的优势，使得美团能够迅速扩大其用户群体，并提高了平台的活跃度。此外，美团还通过多种形式的优惠活动来增强用户黏性。例如，平台定期推出"限时秒杀""满减优惠"等活动，通过在特定时间段内提供价格上的优惠，吸引用户快速下单。这样的活动既能够提升平台的交易量，又能够促进用户之间的互动。通过社交平台和线上线下的联动，用户在参与这些活动时不仅能够享受优惠，还能够体验到分享快乐的社交快感。这些创新的营销手段帮助美团牢牢抓住了年轻消费者的心理，从而增强了品牌忠诚度。

美团的成功还体现在其对用户行为的敏锐捕捉和数据驱动的决策上。美团通过精准的推荐算法和高效的定位技术，进一步增强了用户购物的体验感。无论用户处于何种地理位置，平台能够根据用户的具体位置推送附近的热门餐厅、优惠活动和旅游景点，极大地提高了个性化服务的精准度。美团利用这种基于位置的数据分析，使得用户能够更便捷地发现周围的商品和服务，降低了用户选择的难度，提高了购买的效率。

在市场竞争愈加激烈的今天，美团通过精细化的服务体验和精准化的营销策略，不仅成功吸引了大量新用户，也维系了现有用户的活跃度。社交化的营销策略和大数据的应用使得美团能够更好地理解用户需求，从而提供更加个性化的服务，进一步提升了用户对平台的忠诚度。而美团通过不断优化用户体验和细化营销策略，不仅提高了平台的交易量，提升了品牌知名度，也为平台赢得了更多的市场份额。如今，美团已不仅仅是一个外卖平台，它已逐步发展成为一个综合性的生活服务平台，满足了用户在多个场景中的需求，成为中国移动电子商务市场中的佼佼者。

通过大数据的分析和社交化营销的应用，平台不仅能够为用户提供便捷的服务，还能通过创新的营销方式促进用户的购买行为，推动品牌的长期发展。

▶ 案例讨论问题

1. 美团的移动端服务设计如何满足用户的需求？
2. 美团如何通过大数据与个性化推荐提升用户转化率？
3. 在美团的营销策略中，社交化营销和拼团功能如何帮助提升用户黏性和品牌忠诚度？
4. 美团的移动端优化是否存在改进空间？你认为哪些方面的改进能够进一步提升用户体验？

习　题

（一）选择题

1. 美团在移动端服务设计中的核心原则之一是（　　）。

A. 功能复杂化

B. 用户界面简洁直观

C. 强调广告推广

D. 复杂的多级操作

2. 美团的社交化营销策略主要通过下列哪种方式提升用户黏性？（　　）

A. 利用优惠券奖励

B. 用户评论和评分系统

C. 拼团与社交平台分享

D. 视频广告和直播带货

3. 美团通过下列哪些技术手段进行个性化推荐？（　　）

A. 人工智能和大数据分析

B. 电视广告和市场调研

C. 传统的市场推广手段

D. 电邮营销和短信推送

4. 下列哪项不是美团在移动端优化中注重的方面？（　　）

A. 用户界面简洁性

B. 用户操作的高效性

C. 增加广告数量

D. 提供个性化推荐

（二）填空题

1. 美团通过分析用户的_____和行为数据，为用户提供个性化的推荐服务。

2. 美团的"拼团"营销策略主要依赖_____平台的社交传播效果。

3. 美团通过个性化推荐和精准广告投放来提升_____率和客户忠诚度。

（三）简答题

1. 美团如何通过移动端的精准服务设计提升了用户体验？请结合美团的不同服务领域进行分析。

2. 结合大数据与个性化推荐的应用，简述美团如何利用这些技术提高用户的购买转化率并提升平台的竞争力。

3. 你认为美团的社交化营销模式对于其他电商平台的借鉴意义是什么？结合你对其他电商平台的了解，讨论其可行性。

第八章　移动电子商务的未来发展与创新

第一节　人工智能与大数据在营销中的前瞻性应用

一、智能推荐算法的革新

智能推荐算法的革新是当前移动电子商务领域中的一个重要发展方向，其核心目的是通过人工智能技术提升消费者的购物体验，并实现个性化推荐的精准性。在传统的推荐系统中，主要依赖基于规则的算法或者简单的协同过滤技术，这些方法虽在一定程度上可以提供基本的推荐功能，但其个性化精度和灵活性较为有限。随着大数据技术、机器学习和深度学习的兴起，智能推荐算法迎来了革命性的转型，能够更好地理解消费者的需求和偏好，从而提供更加精准和高效的服务。

在移动电子商务环境下，消费者行为的数据量庞大且多样，如何从这些海量数据中提取出有价值的信息成为算法发展的关键。智能推荐系统不仅需要理解消费者的购买历史，分析其浏览记录，还要考虑到消费者的实时需求和上下文信息。因此，采用深度学习、自然语言处理等先进技术能够在更深层次上对消费者行为进行建模，提炼出更加精确的个性化推荐信息。深度学习尤其在图像识别、语音处理和文本分析等领域的应用，使得推荐系统可以更加全面地理解用户的多样化需求。

个性化推荐的精准性不仅仅局限于根据用户历史行为的简单推测，更加注重实时性和动态性。智能推荐算法通过结合实时数据和上下文分析，能够对消费者的即时需求做出反应。不同于传统方法固定的规则和算法，智能推荐系统通过自我学习和优化，不断调整模型参数，以适应不断变化的用户需求和市场环境。例如，基于神经网络的推荐算法能够在庞大的数据集合中快速识别出用户的兴趣点，从而生成与其相关度更高的推荐内容。此外，随着智能设备的普及,移动电子商务平台可以通过获取用户的地理位置信息、设备类型以及使用场景等数据,进一步提升个性化推荐的精度。

智能推荐系统的创新不仅在于技术层面的突破,还在于其对消费者行为模式的深入挖掘。在过去,推荐系统的设计大多依赖显性的数据,例如购买记录、浏览历史等,而如今,算法更加注重隐性数据的捕捉和分析。隐性数据包括消费者的情感态度、行为趋势以及潜在需求等,这些信息往往难以通过直接的数据采集方式获得,但却能反映出消费者更为真实的需求。因此,现代推荐系统越来越注重对消费者的全方位分析,不仅仅依赖显性的数据,还通过对社交媒体内容、评论和反馈等非传统数据源的整合,进一步优化推荐结果。

在移动电子商务的应用场景中,智能推荐算法的革新还表现为对多元化消费场景的适应性。移动平台的特点决定了其用户与传统电商平台的交互方式截然不同,用户更加注重即时性、便捷性和流畅性。因此,智能推荐系统必须能够在短时间内响应用户需求并提供个性化的购物建议。通过运用智能化算法,平台可以在用户进入应用的瞬间,根据其个人兴趣、最近的浏览行为、社交圈的影响等因素,快速生成相关产品推荐。这种高效、精准的推荐机制,不仅提升了用户体验,也加速了购买决策的形成,从而有效提高了销售转化率。

移动电子商务的竞争环境使得智能推荐系统的创新更加迫切。随着消费者对产品和服务要求的不断提升,个性化推荐的精准度已成为电商平台赢得用户忠诚度的核心因素之一。传统的推荐方式已无法满足现代消费者的需求,特别是在移动互联网时代,用户的期望不仅是获得准确的推荐结果,更加注重推荐的及时性和多样性。为了应对这一挑战,智能推荐算法不仅要不断提升其数据处理能力,还需要具备自适应调整的能力,确保能够实时紧跟市场趋势,洞察消费者需求的变化。此外,智能推荐算法的创新还涉及对消费者心理的理解和行为预测。随着人工智能技术的不断发展,推荐系统不仅能够分析显性行为数据,还能从用户的情感倾向、心理状态等隐性因素出发,深入挖掘用户的潜在需求。通过情感分析技术,系统能够识别用户在浏览产品时的情感变化,例如对某一产品的喜爱程度,或是对某一品牌的忠诚度,这些信息对于精准推荐至关重要。通过对情感数据的分析,平台能够为用户提供更加贴合其内心需求的产品推荐,而不仅仅是基于历史行为的推荐。

智能推荐算法的革新是移动电子商务领域的一次深刻变革。随着人工智能和大数据技术的发展,个性化推荐的精准度和实时性得到了显著提升。智能推荐系统不仅通过对用户行为的细致分析提供个性化服务，还通过自我学习和调整不断优化推荐效果，满足了消费者日益增长的个性化需求。这种技术的革新不仅推动了移动电子商务的快速发展，也为企业提升用户体验、提高销售转化提供了强有力的支持。随着技术的不断进步，智能推荐系统将在未来的电子商务中发挥越来越重要的作用，成为推动行业发展的核心动力。

二、大数据分析驱动市场预测

在当前信息技术迅猛发展的背景下，市场预测作为商业决策的重要组成部分，正逐渐依靠大数据分析技术的支持。大数据不仅提供了丰富的消费者行为数据，还通过复杂的分析模型帮助企业洞察市场趋势，指导其战略规划。尤其在移动电子商务领域，消费者的购物行为和市场动态随时都可能发生变化，如何准确地预测市场需求、优化供应链管理以及提升客户体验，成为各大企业面临的重大挑战。

大数据分析在市场预测中的应用，不仅是对海量数据的收集和处理，更是在深度挖掘数据背后的潜在规律和趋势。在传统的市场预测方法中，企业通常依赖有限的历史销售数据、季节性变化以及市场调查报告来进行判断。然而，这些方法往往不能快速响应市场的即时变化，也难以捕捉到消费者行为背后的细微变化。移动电子商务的兴起，尤其是智能手机的普及，进一步推动了消费者购物行为的变化。消费者通过移动设备随时随地进行购物，产生了大量的实时数据，包括浏览历史、搜索关键词、购买记录、支付方式等。这些数据为市场预测提供了丰富的资源和新的视角。

大数据分析的核心优势之一是能够在短时间内处理和分析海量的异构数据，通过数据挖掘技术找出隐藏在其中的规律。例如，使用机器学习算法和自然语言处理技术，可以对消费者的行为进行深度分析，识别出他们的购买倾向、兴趣爱好以及潜在需求。这些分析结果可以帮助企业在实际运营中更好地预测消费者的行为，从而制定出精准的营销策略和产品定价方案。

在移动电子商务领域，消费者的购买决策不仅受到价格、品牌、广告等传统因素的影响，还与社会化媒体、评论、个性化推荐等因素紧密相关。大数据分析可以整合来自各个渠道的信息，帮助企业了解消费者在不同平台上的互动行为和情感倾向。这种全方位的消费者画像不仅使得市场预测更加准确，也使得企业能够实现更加个性化的营销，提升用户黏性和转化率。此外，大数据分析还能够提供基于实时数据的动态预测功能。在传统的市场预测中，数据分析通常依赖过去的数据和趋势模型，这种方法往往忽视了市场快速变化的因素。

而在大数据的支持下，企业可以实时跟踪市场的变化，及时调整预测模型，确保预测结果更加贴合实际情况。移动电子商务的快速发展，使得消费者的行为模式更加多样化，这为市场预测带来了更多的复杂性。消费者不仅在购买过程中进行多次决策，还会受到各种外部因素的影响，如社交网络的推荐、线上评论的反馈等。因此，传统的市场预测方法已无法满足现代电子商务环境下的需求。大数据技术通过整合多元化的数据源，分析和识别出各种变量之间的关系，帮助企业更好地理解市场需求的变化趋势。

在移动电子商务环境下，市场预测的准确性不仅仅依赖数据的全面性和分析模型的先进性，还受到数据隐私和安全问题的影响。随着消费者对个人信息保护的关注日益增加，企业在进行大数据分析时必须严格遵守数据隐私保护的相关法律法规，确保消费者数据的安全性。在此背景下，企业需要在数据采集和使用过程中采取合规措施，既要充分利用大数据的优势，又要保障消费者的隐私权和数据安全。

大数据分析的有效运用，不仅提高了市场预测的准确性和灵活性，还为企业带来了更为丰富的业务创新机会。通过数据驱动的市场预测，企业可以更加精准地把握消费者需求的变化，提升产品的竞争力。此外，企业还可以根据预测结果，优化供应链管理，降低库存成本，并通过精准的广告投放和个性化推荐提升客户满意度和忠诚度。在移动电子商务这个快速变化的市场环境中，借助大数据分析，企业能够提前做好战略布局，提升其市场竞争力。

随着大数据技术的不断发展，未来市场预测的准确性和精细化水平将进一步提高。通过更为智能的算法和更全面的数据采集方式，企业将能够更好地把握市场变化的趋势，洞察消费者行为的深层次动向，制定出更为精准的商业决策。同时，随着人工智能、物联网等新兴技术的融合，大数据分析的应用场景将不断扩展，推动市场预测技术向更加多元化和高效化的方向发展。

大数据分析在市场预测中，特别是在移动电子商务领域的广泛应用，已成为推动商业决策的优化和市场发展不可或缺的重要工具。通过深入挖掘消费者行为、整合各类数据源、实时跟踪市场变化，企业能够做出更加科学和精准的市场预测，优化业务流程，提升整体运营效率。在这一过程中，大数据不仅为企业带来了技术创新的机会，更为商业模式的转型和市场竞争力的提升提供了强大的动力。

第二节　元宇宙与虚拟现实对移动电子商务的潜在影响

一、沉浸式购物体验的打造

随着科技的迅速发展，尤其是在 VR 和 AR 技术不断突破的背景下，沉浸式购物体验已成为现代移动电子商务中提升消费者参与感、增强购买意图、提高用户满意度的核心手段之一。沉浸式购物体验突破了传统电商平台的平面交互和商品展示模式，给予消费者更加直观、身临其境的购物感受。在这种新型体验中，消费者不仅是信息的接收者，还成为商品展示和交互过程中的重要参与者。

（一）虚拟现实与增强现实技术的应用

虚拟现实技术通过创建一个完全数字化的虚拟环境，为消费者提供沉浸式购物体验。消费者通过佩戴 VR 设备，进入虚拟商店进行商品浏览、试用及购买。这种虚拟商店模拟了实体店铺的布局和商品陈列，消费者可以在虚拟空间中自由移动，查看商品的细节，甚至通过交互操作与商品进行互动。VR 技术的优势在于能够提供多感官的体验，如通过视听效果增强购物氛围，通过空间移动提升互动体验，使得消费者能够更为全面地感知商品特性和使用效果，类似于真实购物时的感官体验。

增强现实技术通过将虚拟元素叠加到现实世界中，提供另一种形式的沉浸式购物体验。消费者通过手机、平板电脑等设备的摄像头扫描环境，将虚拟商品显示在现实世界的场景中。这一技术的最大优势在于其高度的个性化和即时性，消费者可以在自己的居住环境中模拟商品的摆放效果，从而直观地评估商品与周围环境的匹配度。与传统的电商平台相比，AR 技术使得消费者能够更有信心地做出购买决策，避免因对商品尺寸、外观或功能的认知不准确而导致的退货问题。

（二）沉浸式购物体验的核心优势

沉浸式购物体验的核心优势在于，它突破了传统电商模式中的时空限制，打破了消费者在购物过程中对信息获取的局限。消费者不再局限于静态的图片和文字描述，而是可以通过 VR 或 AR 技术获得更加丰富、立体的商品展示，进而提升对商品的认知水平和购买欲望。通过这些技术，消费者能够在一个仿真的虚拟环境中与商品进行互动,感知商品的真实外观、功能及使用场景。

在传统的电商平台中,消费者购物的主要依据是平面图像和文字信息,这种方式在某些情况下会导致消费者对商品的实际感知与期望产生偏差。而沉浸式购物体验通过虚拟化手段让消费者置身其中,从而解决了购物过程中触觉缺失的问题。消费者能够在虚拟空间中自由试穿、试用商品,甚至在购物过程中模拟物品的组合与搭配效果,从而加深对商品的理解和认知。通过这种全新的互动模式,消费者不仅在视觉和听觉上获得感官上的满足,更能通过参与性较强的互动体验提高对商品的接受度与购买意愿。

(三) 沉浸式购物的市场需求与消费者行为

随着移动互联网技术和智能设备的普及,消费者在购物过程中的需求越来越倾向于即时性、个性化和互动性。沉浸式购物体验正是迎合了这一趋势。通过VR和AR技术,消费者可以随时随地进入虚拟商店,进行商品浏览并做出购买决策,这种便捷性与沉浸感的结合,显著提升了消费者的购物体验。在这种新型购物环境下,消费者不仅能根据自己的兴趣和需求选择商品,还能通过多感官交互方式体验商品,做出更加理性的决策。

消费者行为的个性化特征促使商家更加注重购物过程中的参与感和互动性。传统电商平台往往依赖标准化的商品推荐和固定的购物流程,难以满足消费者多样化的需求。沉浸式购物体验则通过提供个性化的购物场景和互动方式,帮助消费者更好地理解商品特性,增强购物的乐趣和互动性。这种模式不仅改变了消费者的购物习惯,也为商家提供了更多与消费者建立深度联系的机会。

(四) 沉浸式购物体验与商业模式创新

沉浸式购物体验的引入,不仅推动了消费者行为的变革,也促使传统电商商业模式的创新。传统电商平台主要依靠商品展示、价格优惠以及简单的用户交互来吸引消费者,而沉浸式购物则要求商家在商品展示、互动方式、平台设计等方面进行全面升级。商家不仅要优化商品质量和服务,还必须创新购物流程和体验方式,以适应消费者日益提高的参与度和互动性需求。

在这一过程中,技术平台的选择和开发变得尤为关键。商家需要在现有的电商平台上加入VR和AR技术,并确保这些技术的顺利运行与用户体验的无缝衔接。平台的可操作性与易用性成为沉浸式购物体验成功推广的关键因素。商家还需考虑到VR与AR技术的普及性和消费者的设备适配问题,以便将这种新型购物体验推广到更广泛的用户群体。

(五) 面临的技术瓶颈与挑战

尽管沉浸式购物体验拥有广阔的前景和潜力，但其推广和应用仍面临一些技术瓶颈和现实挑战。

首先，虽然 VR 和 AR 技术在近年来取得了显著进展，但要实现大规模的应用仍存在一些技术障碍。尤其是在大规模用户数据处理、实时反馈与流畅交互等方面，平台的技术要求较高，这需要商家不断优化平台架构与技术支持。

其次，智能手机等移动设备的普及，虽然为沉浸式购物体验的推广提供了便利，但并非所有消费者都具备支持高质量 VR 或 AR 体验的硬件设备。高质量的沉浸式体验需要更强大的硬件支持，例如专用的 VR 眼镜或 AR 眼镜，而这些设备的普及率仍然较低。因此，如何在现有设备条件下优化沉浸式购物体验，使其能够在更多消费者群体中普及，是商家需要解决的一个重要问题。

最后，沉浸式购物体验的推广需要关注消费者个体差异的适应性。不同的消费者在技术接受度、操作熟练度以及互动偏好上存在差异，商家需要提供更加灵活和个性化的购物体验。例如，一些消费者可能更倾向于通过虚拟试穿来选择服装，而另一些消费者则可能更喜欢通过 AR 技术来模拟家具与房间环境的搭配效果。因此，如何根据消费者的个性化需求提供定制化的沉浸式体验，是商家面临的又一挑战。

(六) 沉浸式购物体验的未来发展

尽管面临诸多挑战，沉浸式购物体验依然具有巨大的发展潜力。随着 VR 和 AR 技术的不断成熟和普及，未来的技术门槛将不断降低，沉浸式购物体验将在更广泛的消费群体中得到应用和推广。未来，商家将更加注重如何结合消费者的个性化需求，提供更具互动性和趣味性的购物场景，进一步提升消费者的购物体验和满意度。

此外，随着人工智能和大数据分析的深入应用，沉浸式购物体验也将实现更高层次的智能化。通过对消费者行为数据的分析，商家可以实时了解消费者的偏好、需求和购物习惯，从而定制个性化的购物体验，提供更加精准的商品推荐和互动方式。

二、元宇宙中的虚拟商城

随着数字化转型的不断深入，移动电子商务的飞速发展推动了传统商业模式的重大变革。在此背景下，元宇宙作为集成了虚拟现实、增强现实、区块链、人工智能等前沿技术的生态系统，逐步成为数字商业领域的重要发展方

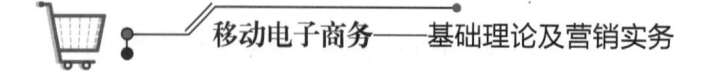

向。元宇宙中的虚拟商城不仅是对传统电商平台的延伸，更是对消费行为与商业互动方式的全面重塑。

（一）技术支撑：构建虚拟商城的核心基石

虚拟商城的实现依赖一系列先进技术的协同工作，尤其是在VR、AR、5G网络、云计算、区块链等技术的支撑下，虚拟商城逐渐脱离了传统电商平台的模式，为消费者带来更加沉浸式和互动性的购物体验。移动电子商务作为虚拟商城的技术基础，为其提供了更加便捷、灵活的接入方式和更加个性化的服务。通过智能手机、平板电脑等移动终端，消费者可以随时随地进入虚拟商城进行商品浏览、互动与购买。此外，5G网络技术的普及不仅提升了数据传输速度，还保证了虚拟商城流畅的实时互动体验，使得消费者能够通过高性能设备享受沉浸式购物过程。VR与AR技术的结合，使得商品展示更加直观，用户通过佩戴虚拟头显设备，仿佛置身于一个真实的购物空间，从而突破了传统屏幕购物的局限。

区块链技术的引入为虚拟商城的交易系统提供了可靠的技术保障。在元宇宙中，商品交易不仅限于现实商品的买卖，虚拟商品（如数字艺术品、虚拟服饰等）的流通也成为重要内容。区块链的去中心化特性可以确保交易的安全性与透明度，避免了传统支付系统中的冗余中介环节，降低了交易成本，提高了交易效率。同时，区块链技术的不可篡改性使得交易记录更加可靠，增强了用户对虚拟商城平台的信任。

（二）消费者行为：从传统购物到沉浸式体验的转变

在传统电商平台中，消费者的购物行为主要通过浏览、搜索和点击进行决策。然而，在虚拟商城中，消费者的购物模式经历了根本性的变化，购物行为变得更具沉浸感和互动性。虚拟商城通过提供虚拟现实和增强现实的购物体验，让消费者可以像在实体商店中一样，与商品进行互动，运用VR技术沉浸式试用商品特性。消费者不仅仅是购买者，更是虚拟商城中的探索者和参与者。通过虚拟商城，消费者可以与商家进行实时交流，参与到商品设计、定制与体验过程中，甚至与其他消费者分享购物心得与体验，建立更加多维的社交互动。

个性化需求的崛起是虚拟商城中消费者行为的一大特点。在传统电商平台中，个性化推荐通过数据分析帮助商家推送符合用户兴趣的商品。然而，在虚拟商城中，人工智能技术的深度应用使得个性化体验得到了进一步扩展，消费者的行为数据被实时收集并用于优化商品推荐和展示。借助智能算法，平台能够根据消费者的浏览历史、购买记录以及偏好，为其提供更加精准的产品推荐，同时提升购物体验。虚拟商城的智能客服和虚拟导购等功能也能够根据用户的需求，提供实时帮助和指导，增强了消费者的购物信心与满意度。

（三）商业模式创新：虚拟商城的多元化发展

虚拟商城不是一个单纯的购物平台，其商业模式在不断创新与优化中呈现出多元化的趋势。传统的电商平台主要通过销售商品和吸引流量获取收入，而虚拟商城的收入来源已不再局限于商品销售，还包括虚拟空间的租赁、广告投放、社交互动等多个层面。虚拟商城作为一个全新的数字商业生态系统，通过提供虚拟土地或虚拟空间的租赁服务，为商家和品牌商提供了新的营销渠道与展示平台。品牌商可以在虚拟商城中打造独特的虚拟店铺，消费者可以在这个虚拟空间中进行商品浏览和互动。

虚拟商城的商业模式体现了平台经济的特征。平台作为中介，通过整合多方资源，为商家、品牌商和消费者提供了一个互动交易的空间。不同的利益相关者通过平台的协作实现资源最大化，推动了虚拟商城的商业价值提升。此外，虚拟商城作为一个新兴的社交平台，极大地增强了消费者的互动性和参与感。通过社交化的购物体验，消费者不仅可以购物，还能与其他消费者互动、分享购物心得，甚至参与到商品的设计与定制过程中。这种互动和娱乐性，使得虚拟商城的商业模式进一步延伸，形成了一个多元化、全方位的商业生态圈。

（四）虚拟商品与交易：数字商品的兴起与支付创新

虚拟商品的流通是元宇宙中的虚拟商城与传统电商平台的重要区别之一。在元宇宙中，除了传统的实体商品外，虚拟商品如数字艺术品、虚拟服饰、虚拟房地产等成为交易的对象。这些虚拟商品的交易不仅涉及用户的消费需求，还推动了数字经济的发展。通过区块链技术，虚拟商品的交易变得更加透明与安全，消费者可以通过智能合约进行购买，交易过程不再依赖传统的支付系统，减少了支付中的风险和摩擦。

数字货币作为支付工具的使用，进一步提高了交易的便捷性和安全性。随着虚拟货币和加密货币的普及，消费者可以在虚拟商城中使用数字货币进行商品购买，而不再依赖传统货币体系。这不仅提高了支付效率，还减少了跨国交易中的货币兑换问题，增强了全球范围内用户的参与感。数字货币在虚拟商城中的应用，不仅推动了支付体系的革新，还为虚拟商品的交易提供了新的支付解决方案。

（五）社交与娱乐：虚拟商城中的多功能融合

虚拟商城不仅仅局限于提供商品购买的购物体验，还逐渐成为消费者进行社交互动、娱乐和文化交流的平台。在传统的电商平台上，社交互动和娱乐功能较为薄弱，而在虚拟商城中，社交元素的融入为消费者提供了一个更加丰富的购物场景。消费者可以在虚拟空间内与其他用户进行实时互动，分享购物心得、体验评价、商品推荐等，甚至可以参与到虚拟商品的设计、创作与生产过程中。这种社交化的购物体验使得消费者不仅在购买商品时获得满足，还能够通过社交行为提升购物的趣味性和参与感。

虚拟商城中的娱乐性表现得尤为突出。通过将游戏化元素与购物行为结合，虚拟商城在增强消费者黏性和互动性方面发挥了巨大作用。在浏览商品、参与互动时，消费者可以获得积分、奖励和优惠券，这些虚拟奖励不仅提升了购物体验，还增强了商家的用户留存能力。此外，虚拟商城通过与娱乐内容创作者的合作，进一步丰富了平台的多样性，并增强了平台的吸引力，进而推动了商业模式的创新。

（六）未来发展趋势：技术与需求的持续融合

随着虚拟商城的不断发展，其商业模式、技术架构和消费者行为将持续发生变化。未来，随着5G、人工智能、区块链等技术的不断进步，虚拟商城的体验将进一步得到提升，虚拟商品的交易和支付体系将更加完善。同时，消费者对于个性化、即时性和社交互动的需求也将继续推动虚拟商城的创新。虚拟商城不仅仅是购物的场所，更将成为消费者参与娱乐、社交和创作的多功能平台，推动着整个数字商业生态的形成与发展。

在这一过程中，虚拟商城的商业模式也将更加多元化和灵活。除了传统的商品销售，虚拟商城还将通过虚拟空间的租赁、社交互动的增值服务以及品牌营销的创新等多个渠道，探索新的收入来源。虚拟商城将不断融合各类前沿技术，满足消费者多样化的需求，推动数字经济和数字社会的发展。

第三节　移动电子商务与绿色经济结合的趋势

一、绿色供应链的构建

在当前全球范围内对可持续发展要求日益提高的背景下，绿色供应链的构建已成为全球企业竞争力的重要标志之一。随着数字技术的迅猛发展，尤其是物联网、大数据、人工智能等技术的应用，供应链管理逐步向绿色转型，以应对日益严重的环境挑战和资源短缺问题。绿色供应链不仅关注产品的环保性能，还包括从产品设计、原材料采购到生产、运输、销售等各个环节的能源消耗和碳排放的优化，从而实现整个供应链系统的低碳化、高效化、可持续发展。

在供应链的管理和运作过程中，物流环节的优化尤为关键。传统的供应链管理模式往往依赖固定的运输路线和时间安排，这种方式往往导致资源的浪费，无法有效利用现有的环境和技术优势。而在数字化的推动下，智能化物流系统可以对运输过程进行实时监控和调度，从而实现更为精确的运作安排。这种数字技术的引入不仅提高了物流效率，也有效降低了运输过程中的碳排放和能源消耗，进而推动了绿色供应链的构建。

移动电子商务作为数字经济的一部分，深刻改变了传统供应链的运作模式，尤其在促进物流与供应链的低碳化运作方面，展现出了巨大的潜力。随着移动平台的普及，消费者的购物行为日益趋向线上化，这一趋势不仅缩短了供应链的链条，还减少了中间环节的资源消耗。此外，移动电子商务还通过大数据技术对消费者的需求进行精准分析，从而在供需匹配上实现高度优化，避免了过度生产和运输过程中不必要的资源浪费。这种基于大数据的精准需求预测与智能供应链调度，进一步推动了物流环节的绿色化。然而，绿色供应链的构建不仅是技术的应用，更涉及企业整体经营理念的转变。绿色供应链要求企业不仅关注经济效益的提升，同时也要承担起环境责任。在这一过程中，数字技术起到了桥梁作用，尤其是在供应链的信息透明度、可追溯性和效率方面，数字技术的应用为绿色供应链的推行提供了坚实的基础。通过数字技术，企业能够实时获取供应链各环节的运营数据，从而及时发现潜在的环境风险，并采取有效的措施进行应对。例如，企业可利用大数据分析来识别供应链中高碳排放环节，并通过优化方案进行改进，从而实现整个供应链的低碳化运作。

随着移动电子商务的持续发展，消费者对绿色环保的关注也不断提升，这对企业供应链管理提出了更高的要求。消费者逐渐倾向于选择那些采用绿色供应链模式、能够提供环保产品的企业。在这种市场需求的驱动下，企业不得不加大对绿色供应链构建的投入。为了满足市场和消费者的需求，企业需要在供应链的各个环节进行技术创新和流程改进，而这些都离不开数字技术的支持。通过数字技术，企业能够实时跟踪产品的生命周期、原材料来源、运输路径等关键信息，并将其透明化，使消费者能够了解产品的环保性能，进而提升企业的品牌信誉和市场竞争力。

在绿色供应链的实现过程中，物流与供应链的低碳化运作是一个系统工程。数字技术的引入，不仅能降低运营成本，提高供应链的运作效率，还能显著减少环境污染和资源浪费。然而，要真正实现绿色供应链的构建，仅仅依靠技术的推进是不够的。企业需要在组织结构、管理模式、战略布局等方面进行全面创新，形成全员参与、全流程优化的绿色供应链管理体系。这要求企业从战略层面认识到绿色供应链的重要性，并将其纳入长期发展的战略规划之中。进一步来说，绿色供应链的构建离不开政策支持和社会责任的推动。各国政府和相关组织逐步加强对绿色供应链的政策引导，尤其是在环保标准、碳排放限制等方面出台了更加严格的法规。这为企业绿色供应链的构建提供了外部压力和动力，促使企业在遵守法规的同时，推动绿色技术和绿色管理的深入发展。此外，消费者的环保意识逐渐提升，他们不仅关心产品的价格和质量，还越来越关注产品的环保性和供应链的绿色化。这种社会责任意识的提升，进一步推动了企业绿色供应链建设的进程。

数字技术的迅猛发展为绿色供应链的构建提供了全新的机遇，通过物流与供应链的低碳化运作，企业不仅能够提升运营效率，降低成本，还能够在激烈的市场竞争中占据有利位置。而随着移动电子商务的不断发展，消费者对绿色供应链的关注度也日益增强，这要求企业在构建绿色供应链的过程中，不仅要依靠技术创新，还要注重社会责任和政策法规的配合。企业只有通过技术、管理、政策和社会责任的多方协同，才能实现绿色供应链的有效构建，为全球可持续发展贡献力量。

二、环保电商模式的兴起

近年来，环保电商模式作为一种新兴的商业形态，逐渐在全球范围内获得了广泛关注，尤其是在可持续发展理念的推动下，环保电商与传统的电子商务模式有着显著的差异和优势。随着移动互联网技术的不断发展，消费者对环境保护、资源节约的需求也日益增强，环保电商模式应运而生，成为一种能够响应社会和环境需求的新兴商业趋势。这一模式不仅是对电商平台商业模式的创新，更是在全球环保背景下，如何通过互联网技术履行社会责任和实现环保目标的有力探索。

在移动电子商务的影响下，环保电商的兴起为二手交易平台的发展提供了新的契机。随着消费者对资源浪费问题的日益重视，传统的一次性消费模式逐渐显现出不可持续的弊端。这种趋势催生了二手商品交易平台的蓬勃发展，尤其是在年轻一代消费者中，二手市场不仅仅是一个交换商品的平台，更逐步成为一种文化现象。通过移动电子商务平台，消费者能够便捷地进行商品的转让和交换，从而实现对物品的再利用。这不仅降低了商品的生命周期成本，还有效地减少了资源的浪费。环保电商平台基于这种模式，进一步整合了线上交易与线下物流的优势，使得二手商品的流通变得更加高效便捷。

当今社会，绿色消费理念正在成为越来越多消费者购买行为的重要指引。与传统消费模式下的"消费即购买"不同，环保电商鼓励消费者参与到更加注重资源循环利用、减少对环境负担的消费行为中。在这一过程中，移动电子商务平台提供了更加个性化和精准化的消费场景，消费者不仅可以方便地购买环保商品、绿色产品，还能通过平台提供的智能推荐系统，根据个人的环保意识和消费需求，选择更加适合的商品和服务。这种基于移动平台的数据分析和消费行为预测，不仅能提高消费者的购物体验，还能通过实时数据反馈，促使更多商家在产品设计和销售中更加注重可持续性。同时，环保电商模式的兴起并非单纯依赖消费者行为的转变，还离不开技术创新的推动。随着大数据、人工智能和物联网等技术的广泛应用，环保电商平台能够通过精确的数据分析和精准的市场定位，为消费者提供更加定制化的环保商品。在这一过程中，技术的作用不仅体现在对消费需求的精准捕捉上，还体现在商品生命周期管理、资源回收和循环利用等方面。通过技术的支持，环保电商平台能够有效地实现商品的追踪管理，确保产品从生产到消费、再到回收的每一环节都符合环保标准，从而减少资源的浪费，推动整个产业链的绿色转型。

移动电子商务作为环保电商模式的重要组成部分，还具有其他独特的优势。例如，平台的移动性和灵活性，使得消费者可以随时随地访问平台，进行环保商品的购买与交换。这种便利性不仅促进了消费行为的频繁发生，也推动了环保电商平台在全球范围内的扩展。借助智能手机和移动支付技术，环保电商平台能够实现更加便捷的支付，并且通过实时推送和个性化推荐，提高消费者对环保商品的关注度和购买意愿。此外，移动平台还能够通过社交功能和用户评价体系，进一步增强消费者之间的互动与信任，从而促进绿色消费文化的传播。

环保电商模式并非仅靠二手商品的交易与循环消费，还涉及环保产品推广和绿色商业生态构建。许多环保电商平台在运营过程中，积极引导消费者选择绿色产品：这些产品采用可再生材料生产、环保包装使用。这些商品的流通不仅满足了消费者对环境友好型产品的需求，也为企业提供了一个展示其社会责任的平台。通过绿色产品的推广，环保电商平台推动了行业的可持续发展，逐步形成了一种绿色供应链的商业生态。然而，环保电商模式的推广也面临一定的挑战。首先，环保电商平台的建设和运营需要大量的初期投入，包括技术研发、物流支持以及市场推广等方面的资金投入。其次，尽管环保电商的理念逐渐深入人心，但环保商品的价格普遍较高，部分消费者可能对其接受度较低，导致这一模式的普及速度较为缓慢。因此，如何降低消费者对环保商品价格的敏感性，提高其对环保电商平台的信任度，是未来发展过程中需要重点解决的问题。

环保电商模式的兴起是移动电子商务发展过程中对社会环保需求的积极回应，它不仅推动了二手商品市场和可持续消费场景的快速发展，也促进了技术创新与绿色供应链的融合。随着消费者环保意识的不断提升以及技术进步的推动，环保电商模式将会在未来发挥越来越重要的作用，成为推动全球可持续发展和绿色消费的重要力量。

第四节　移动电子商务的技术迭代与新商业模式探索

一、5G与移动支付的深度结合

随着5G技术的迅猛发展，移动支付在电子商务领域的应用逐渐从传统的支付方式转变为更加多元化、高效化的服务手段，推动了电子商务的发展。5G技术的高带宽、低延迟和广连接能力，为移动支付的实现提供了前所未有的支持，进一步提升了电子商务的速度与支付的便利性。在这一背景下，移动支付作为现代消费模式的一部分，其与5G技术的深度结合不仅提升了用户体验，还拓展了新的应用场景，为商业模式的创新提供了新的契机。

5G网络的特点为移动支付的快速发展创造了极为有利的条件。传统的移动支付大多依赖4G网络，这一网络虽然能够满足大部分日常交易的需求，但在数据传输速度、延迟响应和高密度场景的处理能力上存在一定的局限。与4G相比，5G技术具有更高的带宽和更低的延迟，使得数据处理和传输效率大幅提升。这种提升直接影响了移动支付的响应速度，尤其是在高频交易、复杂支付场景以及大规模并发情况下，5G的优势尤为突出。移动支付不仅能够实现更快速的交易结算，还能够提供更加精准的实时数据分析，支持商户和消费者做出更为及时和精准的决策。

同时，5G技术的低延迟特性让移动支付能够在用户体验上达到更加流畅的效果。消费者在支付过程中往往对等待时间非常敏感，任何微小的延迟都可能影响其支付体验。随着5G网络的普及，支付过程中的信息传输几乎没有延时，消费者能够在毫秒级别内完成交易，支付过程变得更加顺畅与高效，极大地增强了消费者的支付体验。这一变化不仅促进了支付环节的创新，也推动了数字化消费场景的不断拓展，使得移动支付能够涵盖更加多元的商业需求。此外，5G技术对移动支付的带动作用还体现在为新兴消费和商业模式的拓展提供技术支持。随着5G网络的覆盖和发展，更多创新型商业场景得以实现。例如，AR、VR等技术的结合为消费者提供了更加沉浸式的购物体验。在这些场景中，消费者能够通过移动支付快速完成虚拟商品的购买，无论是在虚拟试衣、在线购物还是虚拟体验中，移动支付作为交易的核心工具，能够无缝对接各种新兴技术，提供快速、安全的支付服务。这些创新场景的出现，进一步拓展了电子商务的边界，并为商家和消费者之间的互动提供了更多可能性。

5G技术的普及使得移动支付能够在传统行业之外，迅速渗透到更多新的领域。例如，智慧城市的建设过程中，5G为移动支付在交通、公共服务、智能家居等领域的应用提供了强大的支撑。消费者不仅能够在商场、餐厅、线上平台等传统场所进行移动支付，还能在公共交通、停车场、自动售货机等新型场景中实现支付。这些应用的出现，使得移动支付的场景更加丰富，满足了消费者日益多样化的支付需求。

在此基础上，移动支付的安全性和隐私保护成了关注的焦点。5G技术在为移动支付提供更高速度和便利性的同时，也必须考虑支付过程中可能产生的安全隐患。在5G网络中，海量的数据流动使得信息的安全性尤为重要，因此，金融科技和支付平台需要结合先进的加密技术、区块链技术以及人工智能等手段来保障交易的安全性，防范潜在的网络攻击和数据泄露风险。通过不断创新支付安全技术，可以确保消费者的个人信息得到有效保护，从而增强消费者对移动支付的信任度。

通过5G与移动支付的深度融合，电子商务的生态系统得以进一步优化和发展。5G技术不仅提高了电子商务平台的运营效率，还拓宽了移动支付的应用场景和业务领域。随着5G的普及，未来可能会出现更多基于移动支付的创新商业模式，如智能支付、物联网支付等，这些新兴模式将进一步推动数字经济的增长并改变消费者的生活方式。

在全球范围内，5G技术的推广和应用正在改变着各国和地区的经济格局，尤其是在发展中国家和新兴市场，5G与移动支付的结合提供了一个巨大的发展机会。借助5G技术，这些地区能够通过提升支付效率、降低交易成本来加快数字化转型的步伐，缩小与发达地区之间的数字鸿沟，从而推动全球电子商务的进一步发展。

二、无接触交易技术的创新

随着信息技术的快速发展，尤其是在智能设备普及的背景下，无接触交易技术作为移动电子商务领域的一项重要创新，正在改变消费者的购物体验以及商业运作模式。这一技术的出现不仅响应了现代消费者对于便捷、安全支付方式的需求，也为企业提供了更为高效、低成本的交易手段。无接触交易技术的发展历程，尤其是在面部识别支付和语音购物等新兴支付方式上的应用，代表了未来消费趋势和技术革新的方向。

面部识别支付技术的核心在于利用面部特征进行身份验证，从而完成支付过程。与传统的密码输入或刷卡支付方式相比，面部识别支付具有明显的优势。面部识别能够为用户提供更为便捷的支付体验，消费者无须携带现金或银行卡，亦无须记住烦琐的密码。其通过精确的面部识别算法与设备传感器结合，能在短时间内完成身份识别，极大地提高了支付效率。同时，面部识别的使用极大地降低了支付过程中的错误率和安全隐患。技术的发展使得面部识别能够在多种场景下稳定运行，包括光线变化和角度问题，进一步提升了其实际应用的普适性。

与面部识别支付技术相辅相成的是语音购物技术。语音购物依托自然语言处理和语音识别技术，赋予用户通过语音命令进行在线购物和支付的能力。此项技术的创新点在于其极大地简化了购物流程，使消费者能够以最自然的方式与智能设备进行互动。通过智能语音助手，消费者可以直接发出购物指令，无须通过传统的图形界面操作。这种无接触的交互模式，尤其对于双手无法自由操作或不熟悉传统电子商务平台的用户，具有极大的吸引力。语音购物不仅提升了购物的便捷性，还为残疾人提供了更加友好的购物方式，体现了技术的普适性和包容性。

无接触交易技术的创新，尤其是在移动电子商务环境中的应用，呈现出对传统商业模式的深刻影响。在以移动设备为基础的电子商务平台上，无接触支付方式的引入为消费者带来了前所未有的便捷性，也推动了企业业务流程的重构。移动电子商务的本质在于将购物行为从线下搬迁到线上，通过智能设备为消费者提供更加灵活、多样的购物方式。随着无接触支付技术的进一步普及，消费者无须通过烦琐的步骤完成支付，甚至可以在购物过程中完全摆脱传统的界面交互，简化了购物流程，提高了购物的效率和舒适度。

除了支付环节，移动电子商务平台通过集成面部识别和语音购物等技术，进一步优化了产品推荐和个性化服务。在面部识别技术的支持下，平台可以通过分析用户的面部表情、情绪变化等信息，为用户推荐更加符合其需求的商品或服务。同时，语音购物技术能够根据用户的语音指令快速响应，提供精准的商品查询和购买服务。这些创新的技术手段，不仅提升了用户的购物体验，还加强了消费者与商家之间的互动，使得消费者在购物过程中能够获得更多的个性化推荐与服务。

随着消费者对于安全和隐私保护的关注度日益增加，如何确保无接触交易过程中的信息安全和数据隐私，成为技术创新必须面对的挑战。面部识别支付和语音购物等技术虽然为用户提供了极大的便捷性，但与此同时也带来了潜在的隐私风险。面对这一问题，相关技术的研发者和应用平台需要加强数据加密、隐私保护措施的完善，确保用户信息不被恶意利用或泄露。此外，支付安全的保障也应成为技术应用的重要考量，防止遭受黑客攻击或身份伪造等安全威胁。

无接触交易技术的应用，不仅为消费者带来了便捷的购物体验，也在商业运营模式上催生了新的发展机会。在企业层面，通过集成面部识别支付和语音购物等技术，商家能够更加高效地管理支付和交易流程，减少人工干预，提高运营效率。无接触支付技术的普及，减少了传统支付方式中存在的支付故障、信息输入错误等问题，同时也降低了支付过程中潜在的欺诈风险。对商家而言，这不仅是提升客户满意度的有效手段，更是降低交易成本、提高运营效益的重要途径。

三、SaaS平台与多端运营的融合

随着数字技术的不断发展，移动电子商务逐渐成为全球零售行业的重要组成部分。在这一过程中，SaaS平台的兴起，为企业的跨平台运营提供了更加灵活与高效的解决方案。SaaS平台本质上是一种基于云计算的服务模式，允许企业通过网络访问并使用各种业务应用程序。这种服务模式不仅有效降低了企业的IT基础设施成本，也为多端运营的实现提供了有力支持。尤其在移动电子商务的背景下，SaaS平台与多端运营的融合，成为推动企业数字化转型的重要力量。

多端运营是指企业通过多个终端设备（如PC端、移动端等）进行同步管理和操作，以确保无缝的用户体验和统一的业务管理。随着移动互联网的普及和智能终端的多样化，消费者的购物习惯发生了显著变化，他们不再局限于某一特定平台，而是在多个设备间进行自由切换。因此，如何在不同的设备之间实现业务的协同与整合，成为企业在移动电商领域取得竞争优势的关键。SaaS平台为企业提供了这种可能，它通过云端的数据同步与共享，确保企业能够在不同终端之间实现统一管理，提升了运营效率和用户体验。

在这一融合过程中，SaaS平台所提供的弹性服务和模块化功能，能够帮助企业根据自身的需求进行个性化配置。与传统的单一平台运营模式不同，

SaaS平台支持多平台的协同运作，使得企业能够在移动端、桌面端及其他智能设备上，实现业务流程的高度整合。例如，在移动电商领域，消费者通过手机浏览商品、下单、支付、查询物流等操作，商家则能够通过后台统一管理订单、库存、支付及用户信息等。这种统一的管理方式不仅大幅提升了企业的运营效率，也增强了数据分析的能力，为企业决策提供了更加精准的依据。此外，SaaS平台为移动电商企业提供了灵活的扩展能力，能够随着业务需求的变化，动态调整服务资源。这一特性对于企业应对市场变化，尤其是在不同终端和多样化消费者需求的情况下，具有重要意义。企业无须投入大量的资本进行硬件设施建设，也无须担心平台的技术更新和维护问题，从而可以将更多的精力集中在核心业务和用户体验的提升上。这种高效、低成本的运营模式，使得移动电商企业能够在激烈的市场竞争中脱颖而出，快速响应市场需求变化，并实现快速迭代与创新。

在多端融合的过程中，SaaS平台能够有效地实现数据的整合与管理。传统的电商平台常常面临数据孤岛的问题，不同终端间的数据无法互通，导致信息不对称和运营效率低下。通过SaaS平台，企业可以将来自不同终端的数据进行集中管理与分析，形成一个全面的用户行为和交易数据图谱。这些数据不仅能帮助企业精准识别用户需求、优化产品和服务，也能为个性化营销提供坚实的基础。通过数据分析，企业能深入了解不同终端用户的消费习惯，进而制定针对性的营销策略，提升用户的购物体验与忠诚度。

随着5G技术的逐步普及，移动电商的发展迎来了新的机遇。5G技术的高速率和低延迟特性，将进一步推动多端融合的深化。SaaS平台将能够更好地支持高带宽、高并发的业务需求，为企业提供更加稳定和高效的技术支持。移动电商企业将在5G技术的加持下，实现更加复杂的业务场景和更加丰富的用户交互方式，如虚拟现实和增强现实等新兴技术的应用，从而创造更加多元化的购物体验。

第五节　案例分析：京东的人工智能与大数据驱动的营销创新

京东，作为中国领先的综合电商平台，其成功的背后离不开AI与大数据技术的深度应用。这些先进的技术不仅提升了京东的运营效率，也极大地改善了用户体验，推动了平台的业务增长。在京东的商业模式中，AI与大数据的创新应用贯穿了从用户访问平台到最终购买的整个过程。通过精准的数据分析，京东能够根据用户的历史行为、购买记录、搜索偏好等数据，为其提供个性化的推荐内容。这种精准的推荐系统，帮助用户更容易发现符合其兴趣和需求的商品，同时提高了平台的产品曝光率，使得用户更倾向于在京东上进行购物。

京东利用大数据分析用户的浏览历史和购买行为，通过深度学习和算法优化，实现了智能推荐。这不仅仅是简单地将相关产品推送给用户，而是通过对用户需求的深入挖掘，提供定制化的购物建议。这样的推荐系统能够捕捉到用户潜在的需求，使其购物体验更加个性化，增强了用户的满意度和忠诚度。例如，如果用户经常购买某一品牌的电子产品，系统会根据这一行为推送该品牌的其他相关产品或者相似产品。这种精准的个性化推荐，显著提高了转化率，因为用户接收到的都是他们可能感兴趣的商品，减少了在大量商品中筛选的时间和精力，从而加速了决策过程。

除了在用户体验上做出创新，京东还在物流与仓储管理中广泛应用了大数据和AI技术，进一步提升了平台的竞争力。京东的物流体系一向以高效著称，这与其背后的大数据技术密不可分。通过对用户购买行为的深度分析，京东能够预测消费者的购买需求，进而调整库存和配送策略。这种基于大数据的预测系统，可以帮助京东在全球范围内进行精准的库存管理，避免了商品缺货或过剩的现象。具体来说，当某个商品在某一地区的需求量上升时，系统能够实时调整仓储和配送计划，将更多商品调度到需求较大的地区，从而提高物流效率，缩短配送周期，进一步优化了用户体验。

AI与大数据的结合使京东在运营上实现了精细化管理和高效决策。智能算法不仅能够优化库存管理，还能提升物流网络的效率。通过对消费者购买模式的预测，京东能够提前做好商品的备货工作，确保每一位消费者都能在最短时间内收到商品。比如，京东根据用户的购买周期预测其未来可能的需求，从而在合适的时间提前准备好商品，避免了因库存不足而导致的延误问题。这种高度精准的调配能力，使得京东的物流系统能够应对大规模的订单量并及时交付，增强了用户的购物满意度和平台的信誉。

京东的AI与大数据技术不仅优化了商品推荐和物流配送，还为整个平台的运营提供了强有力的数据支持。在每一次用户购物、浏览或搜索时，系统都会收集大量的数据并进行实时处理。这些数据不仅能够帮助平台优化现有的产品和服务，还能够为未来的战略决策提供依据。通过分析不同消费者的行为模式，京东能够在大数据的支持下精准制定促销策略、优化广告投放，以及改善用户界面的设计等。这种数据驱动的策略使京东能够及时响应市场变化，快速调整其营销策略，以便在竞争激烈的电商市场中占据领先地位。

通过AI与大数据的深度整合，京东成功提升了平台的运营效率，也优化了用户的购物体验。无论是在商品推荐、物流配送，还是在库存管理和促销策略的制定上，京东都展现了其强大的数据分析和技术创新能力。这种创新不仅提升了京东在市场中的竞争力，也使其能够在消费者心中建立起更加牢固的品牌形象。在未来，随着人工智能和大数据技术的不断发展，京东有望继续在这些技术的应用上取得突破，进一步推动电商行业的发展，同时也为用户提供更加智能化和个性化的服务。

京东的成功经验证明了，在移动电子商务中，技术创新和数据驱动的营销策略是平台成长和竞争的关键。通过不断地优化技术和提升用户体验，京东不仅在电商市场上占据了巨大的份额，还在用户中树立了良好的品牌形象。这种智能化、数据化的运营模式，无疑为其他电商平台提供了宝贵的参考，并为整个行业的未来发展指明了方向。

▶ 案例讨论问题

1. 京东如何通过大数据分析来提升用户体验？请结合具体的技术应用进行分析。
2. 在京东的营销策略中，AI技术与大数据如何协同工作，以提高消费者的购买转化率？
3. 京东如何利用AI与大数据优化物流和仓储管理？其影响了哪些方面的运营效率？
4. 如果你是京东的营销负责人，你会如何进一步优化人工智能推荐系统，提升用户黏性和转化率？

习　　题

（一）选择题

1. 在移动电子商务中，人工智能主要应用于下列哪一方面？（　　）
   A. 供应链管理　　　　　　　B. 用户数据分析与推荐
   C. 商品定价　　　　　　　　D. 售后服务
2. 下列哪项技术能够帮助电商平台提升精准营销效果？（　　）
   A. 人工智能　　　　　　　　B. 虚拟现实
   C. 区块链　　　　　　　　　D. 无人驾驶技术

3.下列哪项是大数据在电商平台营销中的应用？（　　）
A.商品展示优化　　　　　　B.网站界面设计
C.库存管理　　　　　　　　D.用户行为预测与定制化推荐

（二）填空题

1.京东通过大数据与人工智能的结合，能够根据消费者的_____和_____为其推送个性化的商品推荐。

2.人工智能的推荐算法能够根据用户的_____、_____以及_____来提高商品推荐的精准性和效率。

3.通过利用大数据分析，京东能够优化其_____与_____管理，提升物流配送效率。

（三）简答题

1.京东在利用大数据和人工智能方面的创新，如何提升用户购物体验？

2.结合案例分析，阐述人工智能与大数据在电商平台中的营销策略应用，如何帮助电商平台实现个性化推荐和精准营销。

3.京东如何通过人工智能技术优化物流管理，提升配送效率？请举例说明其影响。

参 考 文 献

[1] 王淑华. 电子商务基础与应用[M]. 北京：科学出版社，2009.

[2] 王珺怡. 任务驱动法在中职H校电商《网络营销实务》课程中的应用研究[D]. 昆明：云南师范大学，2022.

[3] 周文苑. 互联网时代跨境电商营销中的客户服务策略研究：评《跨境电商营销实务》[J]. 科技管理研究，2022，42（5）：1.

[4] 张薇. 基于移动微型学习的高职《电子商务实务》课程学习资源的开发研究：以苏州健雄职业技术学院为例[J]. 现代营销：学苑版，2016.

[5] 麦艳云，李勇伟，陈兴华. 移动电子商务营销实务[M]. 北京：电子工业出版社，2017.

[6] 凌云. 网络营销实务大中专中职社科综合[M]. 2版. 北京：中国人民大学出版社，2022.

[7] 陶玉琼. 电子商务基础与实务[M]. 北京：北京理工大学出版社，2019.

[8] 李杏丽，李雅莉，崔振魁. 电子商务理论与实务[M]. 西安：西安交通大学出版社，2021.

[9] 杨毅玲，张帆. 电子商务实务[M]. 北京：电子工业出版社，2017.

[10] 游宇，白金英，侯红山. 电子商务实务[M]. 北京：清华大学出版社，2017.

[11] 徐珉钰，孙伟仁. 项目化教学方法在市场营销专业《推销理论与实务》课程中的应用[J]. 科教导刊：电子版，2017（24）：2.

[12] 管静怡，张琳. 试谈国际贸易实务"电子化"趋势[J]. 营销界，2020（24）.

[13] 董振杰. 基于电子商务的财务会计理论与实务分析[J]. 现代营销：经营版，2021（5）：2.

[14] 陈媛. 服装网络营销控制研究的理论与实践：评《Web 3.0时代的服装网络营销：理论与实务》[J]. 染整技术，2018，40（6）：1.

[15] 张敏. 电子商务背景下的塑料企业网络推广策略研究：评《网络推广实务》[J]. 塑料工业，2022，50（7）：186.

[16] 周星宇 夏巾擎. 中职"网络营销实务"课程思政探索与实践研究[J]. 电脑迷，2023（4）172-174.

[17] 李维. 网络营销实务课程素养教育实施策略与路径研究[J]. 中国电子商务，2023（22）：69-72.

[18] 越继泓. 电商营销平台的法律义务研究[J]. 电子商务评论，2024，13（3）：6939-6945.

[19] 余万. 电子商务实务课程混合式教学模式初探[J]. 现代营销：经营版，2019（3）：1.